Estratégias da arte em uma era de catástrofes

Estratégias da arte em uma era de catástrofes

MARIA ANGÉLICA MELENDI

Cobogó

Para mis compañeros,
los que están aquí y los que se fueron sin poder despedirse

[...] uma espécie de desconforto que sempre me fora conhecido: o de ser um sujeito jogado entre duas linguagens, uma expressiva, outra crítica...

ROLAND BARTHES

A memória como dispositivo

> No trabalho de fotógrafo, sempre me encantou o instante em que as sombras da realidade parecem surgir do nada sobre o papel em exposição, tal como recordações, disse Austerlitz, que nos ocorrem no meio da noite em que tornam a escurecer rapidamente caso se tente agarrá-las, à maneira de uma prova fotográfica deixada muito tempo no banho de revelação.
>
> *AUSTERLITZ*, W.G. SEBALD

As linhas em movimento que contornam a produção artística contemporânea não são da mesma matéria. Os gestos mais tradicionais de abordagem, fechados apenas em categorias formais, não conseguem dar corpo ao conjunto de relações acionadas pelas obras e seus contextos. Isso faz com que entrem em cena disciplinas como filosofia, política, psicanálise, literatura e história, entre outras, além de todo o conjunto de questões da história da arte.

Esses campos – solicitados na urgência das forças que movem o tempo presente com suas densidades e complexidades – podem se tornar estratégias de aproximação, reflexão e crítica das obras de arte, ampliando suas formas de compreensão para revelar modos de estar e habitar criticamente o mundo.

Para organizar o presente volume que agora apresentamos, com uma expressiva parte das reflexões de Maria Angélica Melendi, foi preciso tomar um conjunto específico de linhas que se abre em torno do conceito de arquivo, desenhando uma cartografia das relações entre arte contemporânea, memória, história e política. O pensamento, construído de forma crítica e dinâmica, dialoga com a tradição, mas também assume uma inquietude que interpela o tempo presente em sua dinâmica em busca de outras formas de compreensão.

O arquivo, aqui, não é tomado somente como um conceito, vai além e opera como um dispositivo, no sentido dado por Foucault e Deleuze, constituindo vetores de força e fuga na abordagem contemporânea da arte, gerando potentes passagens entre distintos campos teóricos.

Escapamos de uma possível ordem cronológica e, tomados por essa visão do arquivo, aproximamos textos em torno de questões temáticas e tensionamentos que, se por um lado reforçam ideias reincidentes que pouco a pouco formam um complexo sistema de pensamento, por outro abrem diálogos profícuos com artistas, obras e exposições, elaborando uma cartografia de certa parte da produção contemporânea. Cinco pontos circunscrevem essa cartografia, explorando aspectos transversais que articulam e aproximam os conteúdos em uma visão política e crítica das formas de produção e inserção da arte no mundo.

No primeiro desses cinco pontos, "Estratégias do pensamento", os textos formulam reflexões que tomam a teoria crítica e a política na abordagem das questões da estética e da arte, especialmente na América Latina, desenhando elaborações teóricas que solicitam aspectos da história e da crítica de arte.

Em seguida, desdobram-se pontos que tomam a memória como ponto de partida, em seus muitos dimensionamentos e aproximações. As muitas dimensões da política orientam o tópico seguinte. Em "Políticas da memória" as relações entre corpo, arte e memória organizam as reflexões. Ganham espaço a arte brasileira e as coerções da ditadura militar no Brasil, assim como as narrativas subjetivas acionadas pela morte de Eva Perón, gerando reflexões que trazem relatos de experiências pessoais como fragmentos dispersos da memória, dando outros sentidos e dimensões à história oficial.

No tópico seguinte, o jogo com a memória se aproxima do arquivo. Em "Arquivos", obras de Rosângela Rennó, Jorge Macchi e Jochen Gerz, entre outros, revelam as importantes derivas pelo arquivo como forma de acionar as potências dos processos de rememoração construídos pela arte.

As dimensões mais ordinárias da memória e sua relação com os poderes estabelecidos, o pensamento de Derrida e Hal Foster e os destinos da história alinham os textos em "Monumentos".

Os modos como a arte pode redimensionar as experiências com suas inserções nos espaços da cidade e dos museus, gerando novos territórios, motivam o último ponto da cartografia. Em "Espaços da memória", a noção de heterotopia desenvolvida por Foucault em *Outros espaços* (1967) torna-se, de forma sutil, o eixo que organiza os textos fechando o volume.

As reflexões de Maria Angélica Melendi nos mostram, com extremo rigor e precisão, as tramas que constituem o pensamento contemporâneo da arte. Os recortes acionados nos ensaios que constituem este volume fazem emergir uma peculiar visão crítica das relações entre arte, política e história com uma potência singular de reverberar nos agenciamentos que, de alguma forma, constroem nossos territórios e vivências no mundo.

Eduardo de Jesus
Professor do Programa de Pós-Graduação em Comunicação Social da UFMG

Introdução

Eric Hobsbawm observa que, para ele, o dia 30 de janeiro de 1933 não é simplesmente a data em que Adolf Hitler tornou-se chanceler da Alemanha, mas também uma tarde de inverno em Berlim, quando ele, um jovem de 15 anos, e sua irmã mais nova voltavam da escola para casa "e em algum ponto do trajeto viram a manchete. Ainda posso vê-la, como num sonho".[1]

Os acontecimentos políticos, considera Hobsbawm, são parte da textura de nossas vidas, não são apenas marcos, "mas aquilo que formou nossas vidas tanto privadas como públicas".[2] No livro *Era dos extremos: o breve século* XX, o capítulo "Era da catástrofe" compreende de 1914 até o fim da Segunda Guerra Mundial. A *era das catástrofes*, presente no título deste livro, porém, segue outra cronologia. Para mim, o dia 16 de junho de 1955 não é somente o dia em que aconteceu o Massacre da Plaza de Mayo, em Buenos Aires, quando aviões da Marinha comandados por um grupo de militares e civis contrários ao governo do presidente Juan Domingo Perón bombardearam e metralharam a praça, matando mais de 308 pessoas e ferindo mais de setecentas, entre civis e militares. É também o dia em que minha mãe foi me buscar na escola primária antes do horário de saída. Ao atravessar o parque que separava a escola de minha casa, vi, assustada, os aviões que, saídos da Base Aérea de Morón, cruzavam o céu em direção à Casa Rosada. Ainda posso vê-los, como num filme.

---

1 HOBSBAWM, E. J. *Era dos extremos: o breve século* XX*: 1914-1991*. São Paulo: Companhia das Letras, 1995, p.14.

2 Idem.

A *Shoah*, Hiroshima, Vietnã; às catástrofes citadas pela maioria dos intelectuais – de Adorno a Hobsbawm, de Shoshana Felman a Andreas Huyssen – é urgente agregar as que aconteceram no âmbito latino-americano, começando pelo extermínio dos americanos nativos e a escravidão dos africanos – e a exclusão que persegue até hoje os descendentes de ambos –, e passando pela Guerra da Tríplice Aliança, a ingerência norte-americana nos países do continente que os levou a invadir a República Dominicana em 1965 e Granada em 1983, e o apoio, ainda norte-americano, a ditaduras brutais, como a de Pinochet, no Chile, e as dos generais argentinos, uruguaios e brasileiros na segunda metade do século XX.

Em uma das notas preparatórias às *Teses*, de 1940, Walter Benjamin observa: "A catástrofe é o progresso, o progresso é a catástrofe. A catástrofe é o contínuo da história."[3] Quem sabe do contínuo da história, porém, são os vencidos, pois para eles o passado não é senão uma série interminável de derrotas. O Anjo da História, o *Angelus Novus* – "um anjo torto desses que vivem na sombra"[4] – vê acumular-se ante seus olhos os escombros: ruína sobre ruína, fragmento sobre fragmento, enquanto ele é impelido para o futuro por uma força chamada progresso.[5]

Nesse cenário de destroços, a arte parece ser um dos únicos lugares onde é possível interiorizar os conflitos e elaborá-los como experiência. Ao provocar rupturas, perturbações, percepções alteradas, a obra de arte despertaria um estranhamento que nos impregnaria com o conhecimento da realidade social. A arte contemporânea tem demonstrado possuir uma potência de elaborar imagens que logram uma certa intermitência temporal, pois, fugindo dos discursos formal e meta-artístico, se debruça, muitas vezes, sobre assuntos escamoteados pela narrativa histórica, tanto do passado recente quanto do distante.

---

3 BENJAMIN, W. *Gesammelte Schriften*, I, 3, p. 1244 (notas preparatórias para as *Teses*).

4 ANDRADE, C. D. "Poema de sete faces". In: *Alguma poesia*. Belo Horizonte: Edições Pindorama, 1930.

5 BENJAMIN, W. "Sobre o conceito de história". In: *Obras escolhidas: Magia e técnica, arte e política*. São Paulo: Brasiliense, 1986, p. 226.

Sem dúvida, abordar o eixo da memória e do testemunho, em detrimento do eixo diacrônico dos gêneros e dos *media* consagrados, implica politizar a arte e ir contra desejos mais ou menos estabelecidos de depurar a arte da política. Se toda arte funciona como construtora de conhecimento, a arte atual, ao privilegiar esses conceitos, elabora um saber absolutamente ligado ao seu momento e seu contexto.

Neste grupo de ensaios, escritos ao longo do que vai do século XXI, persigo uma questão que me acompanha desde os anos 1970: qual seria a eficácia da arte em produzir modificações na esfera social? A palavra eficácia parece estranha ao campo das artes, mas a tomo do texto apresentado por León Ferrari "El arte de los significados", apresentado no primeiro encontro de Tucumán Arde, em 1968.

> *El arte no será ni la belleza ni la novedad, el arte será la eficacia y la perturbación. La obra de arte lograda será aquella que dentro del medio donde se mueve el artista tenga un impacto equivalente en cierto modo a la de un atentado terrorista en un país que se libera.*[6]

Os artistas latino-americanos daquelas décadas estavam preocupados com a eficácia da transmissão de conteúdos num espaço social ampliado, a partir de objetos ou ações que possibilitassem o envolvimento imediato da população. Para eles, a arte teria uma função específica, e essa função era social e, por consequência, política. A reorganização dos sentidos e a inserção deles em circuitos diferenciados foram estratégias que tiveram como objetivo minar a recepção passiva do espectador para transformá-lo num participante ativo na circulação da informação, o que os levou a mudar o conceito restrito de apreciador/consumidor de arte para o de receptor/criador. Nos tempos sombrios em que estamos vivendo,

---

6 "A arte não será a beleza nem a novidade, a arte será a eficácia e a perturbação. A obra de arte lograda será aquela que dentro do meio em que o artista se move tenha um impacto equivalente de certo modo ao de um atentado terrorista em um país que se liberta." Disponível em: http://aurelio.arte-redes.com/web-ind/leon-ferrari-arte-significados.html.

temo que essa eficácia tenda a ser cada vez mais insignificante. Restaria-nos apenas a possibilidade de perturbação.

Em outras línguas, a palavra *pesquisar* tem uma origem diferente: *ricercare*, no italiano, *rechercher*, no francês, *research*, no inglês, parecem-me menos policialescas que o *investigar* ou *pesquisar* do espanhol e do português. Prefiro pensar que o pesquisador é um buscador, aquele que persegue alguém ou alguma coisa que se distancia, assim que parece ter sido apreendida. Durante essas buscas, atravessaram meu caminho objetos, artistas, pensadores que não estava procurando, mas que clamaram, cada um no seu momento, para serem vistos ou ouvidos. Assim, perseguindo, percebi que, já que a arte quase não parecia ter nenhuma eficácia imediata na sociedade neoliberal, poderia ser o suporte adequado para o testemunho, a rememoração e a construção de uma memória ativa e ativada. O arquivo, a biblioteca e o museu, repositórios de memórias materiais, foram criados como formas emotivas, objetos do afeto que nos fariam refletir sobre um mundo que utilizara os dispositivos de coleção, da acumulação e do arquivamento para fazer memória. A alegorização da coleção, do inventário, do arquivo, do museu e da biblioteca, num momento em que todos eles parecem estar em processo de obsolescência ou desintegração, marcaria não só o final de uma época, como também o colapso das atuais formas de vida e de sociabilidade. As instituições seculares, arruinadas, rasuradas, fragmentárias, definitivamente incompletas, impõem-se como emblemas da memória ativa, aquela que não convoca apenas o corpo do cidadão, mas também que o mobiliza e o integra na comunidade daqueles que resistem ao esquecimento. Artistas como Thomas Hirschhorn, Anselm Kiefer, Rachel Whiteread, Marcelo Brodsky, Alfredo Jaar, Rosângela Rennó, Marilá Dardot, Lais Myrrha e muitos outros trabalham nesse sentido.

A memória, ferramenta indispensável para a construção de identidades, foi, porém, manipulada de um a outro lado e, se às vezes pecou-se pelo excesso de monumentos, outras erigiram-se monumentos incompreensíveis e desconcertantes. De todo modo, o século XX assistiu à construção de monumentos para os vencidos. Junto ao monumento, o arquivo mostrou-se como o repositório indispensável dos momentos perdidos, e muitos artistas procuraram em arquivos esquecidos ou mortos a imagem perdida, a carta olvidada, o dado subtraído pela velocidade febril das novas mídias. Rosângela Rennó examina os arquivos do Carandiru, Marcelo Brodsky os da Escuela Superior de Mecánica de la Armada (Esma), Voluspa Jarpa os da CIA... Abrir os arquivos do mal e exibi-los é um imperativo para aqueles que apostam menos na estética que na ética.

O redimensionamento da arte conceitual na Europa e nos Estados Unidos, depois dos anos 1980, mostrou que há uma necessidade disseminada de repensar as práticas utópicas dos anos 1960 e 1970. Os movimentos que surgiram nessa época – Conceptual Art, Art & Language, Arte de Sistemas, Arte de los Medios, Nova Objetividade – incorporaram a palavra dita, manuscrita ou impressa como material privilegiado. Enquanto nos Estados Unidos e, em geral, na Europa, esse *textual turn* questionava o sistema das artes e seu culto pelo objeto único e precioso, na América Latina as situações de repressão e os conflitos sociais específicos conduziriam a outras opções. Assim, a arte latino-americana abre-se para a investigação dos problemas locais através de práticas de denúncia, interferência e inserção em circuitos não artísticos. As obras de Alberto Greco, Hélio Oiticica, Cildo Meireles e León Ferrari, entre outros, tendem mais a reinscrever e reorganizar sentidos – *arte de los significados* – que a produzir objetos estéticos. O caráter desconstrutivo desses trabalhos (propostas, projetos, proposições) inclui quase sempre a participação ativa do espectador, que deveria colaborar na criação da obra. O conceitualismo latino-americano, como quer Luis Camnitzer, ao criar estratégias pontuais de intervenção e recodificação, parece ter antecipado as práticas pós-modernas dos países hegemônicos.

A vertente da arte político-conceitual latino-americana nascida na década de 1960 recusou, em parte, a imagem, e se construiu através de práticas textuais transgressoras. Essa tradição contestatória é colocada em discussão nos anos 1990, quando a vertente política renasce, não mais como prática de transgressão e de oposição ao poder, mas de intervenção e resistência. Evidentemente os momentos políticos são diferentes, e a arte da pós-ditadura parece escamotear a conflituosa relação que existia entre os artistas dos países latino-americanos que optaram por fazer uma arte de participação social e política e as instituições do sistema de promoção, divulgação e comercialização das artes plásticas, sustentado na época pela iniciativa empresarial menos transnacional que nacional. Esse conflito faria com que muitos desses artistas abandonassem total ou temporariamente as artes plásticas e se dedicassem à oposição direta ao sistema, no campo da ação política partidária ou da luta armada. Os outros, na pátria ou no exílio, continuariam trabalhando, através de estratégias de interferência e resistência, na procura por produzir um conceito do político relevante no contexto em que viviam.

O retorno do político explícito – toda arte é política, declaradamente ou não –, que se observa nos últimos anos, é, porém, relativizado por aquelas instituições, agora conservadoras – o museu, a universidade, o arquivo–, que exercem uma grande atração sobre artistas e críticos. Essas instituições são importantes porque ainda mantêm uma posição simbólica aparentemente sustentada pela cultura democrática, cujo cerne é, de fato, a própria noção de cidadania. O grande desafio para o artista contemporâneo seria conceber as instituições como lugares de negociação e reunião, nos quais ele teria que se apropriar do prestígio institucional sem abrir mão de sua autonomia.

O questionamento das grandes narrativas unificadoras e do discurso centralizador de uma arte universal expandiu-se para outros grupos minoritários que começaram a redefinir sua posição no intercâmbio cultural globalizado. Conscientes de sua existência nômade e de sua identidade fragmentada, esses artistas fazem da sua condição periférica um ponto de partida para trabalhos que testemunham a pluralidade das fontes e afirmam as identidades em construção.

Cambaleando entre a sedução da instituição e seus desejos de liberdade criativa, o artista contemporâneo teria que dar conta, também, das demandas de identidade e memória que provêm tanto dele mesmo quanto do sistema das artes.

Sabemos que o século XX começou com fabulosas utopias futuristas e terminou imerso na nostalgia. Vemos, estarrecidos, que nossas esperanças de futuro não só morreram, mas foram abortadas antes de ver a luz. Por isso voltamos, uma e outra vez, ao passado recente, para buscar, nessas recordações, algo que deixamos passar sem perceber, o germe da catástrofe que nos assola, a peça que falta para dar, de novo, sustentação ao sonho. Através de uma complexa rede de futuros antecipados e passados reconstruídos, cada época sonha com a próxima, mas esse sonho só é possível através da rememoração e da contínua reconstrução do passado imediato. Trata-se de buscar em nós a marca do outro ausente, uma escrita materializada que nos autorize a nomear.

I ESTRATÉGIAS DO PENSAMENTO

Da adversidade vivemos ou Uma cartografia em construção

> [...] *no cambiar lo propio con lo ajeno, sino, por el contrario, hacer de lo ajeno una sustancia propia* [...][1]
>
> TORRES-GARCÍA

> *Ay! si algún día le crece,*
> *Como los pies,*
> *La cabeza.*[2]
>
> ALFONSINA STORNI

DESENHANDO O MAPA

Putting the Americas on the Map, Putting Latin American Art on the Map, Turning the Map.[3] A partir das comemorações do quinto centenário da descoberta da América, exposições, livros e publicações diversas, nos Estados Unidos e na Europa, abordaram a produção cultural e artística da América Latina. Sintomaticamente, ao falar da América Latina, entidade imprecisa que ainda povoa o imaginário dos países hegemônicos com fantasias de paraísos selvagens e de reservas ecológicas ameaçadas, a alusão ao mapa é um *tópos* recorrente. Alguma coisa parece escapar à ciência cartográfica, que,

---

1 "Não trocar o que é próprio pelo que é alheio, mas, pelo contrário, fazer do alheio uma substância própria" [tradução livre].

2 "Ai! Se algum dia cresce-lhe, / Como os pés, / A cabeça" [tradução livre].

3 As expressões são, respectivamente, o título de um capítulo (Mignolo, 1995), o título de um artigo de Gabriel Pérez-Barreiro ("New Art from Latin America", 1994) e o nome de uma exposição na Camerawork Gallery (Londres, 1992).

desde 1492, está tentando colocar a América Latina no espaço simbólico do mapa global.[4]

Dois mapas, dois desenhos singulares – *Adieu à Florine* (1918), de Marcel Duchamp, e *El Norte es el Sur* (1935), de Joaquín Torres--García – apontam, no século XX, para essa questão cartográfica.

Em 1918, Marcel Duchamp, que estava morando em Nova York, viaja para Buenos Aires, fugindo da guerra. O desenho *Adieu à Florine*, dedicado a sua amiga e pintora Florine Stettheimer, está datado do dia de sua partida. Nova York e Buenos Aires, começo e fim da viagem, destacam-se no mapa do continente. Um grande ponto de interrogação abre-se sobre a América do Sul.

El Norte es el Sur, de Joaquín Torres-García, é traçado anos depois, quando o artista uruguaio retorna a Montevidéu, depois de mais de quarenta anos na Europa e nos Estados Unidos. O *Mapa invertido*, ou *El Norte es el Sur*, é uma imagem-manifesto[5] de força singular. O conceito do mapa invertido, poderoso símbolo da afirmação de nossa identidade cultural, foi concebido em fevereiro de 1935. A primeira imagem dele apareceu em *Círculo y cuadrado*, n. 1, 1936, a segunda, de 1943, em *Universalismo constructivo*, 1944.[6]

O pequeno desenho em nanquim sobre papel opera uma transgressão simbólica na cartografia clássica e, em consequência, na nossa imagem do mundo. Torres-García dirá:

> *Nuestro norte es el Sur. No debe haber norte para nosotros, sino en oposición al Sur. Por eso ahora ponemos el mapa al revés y entonces ya tenemos la justa idea de nuestra posición* [...]. *Desde ahora, el extremo alongado de Sudamérica apuntará insistentemente para el Sur, nuestro Norte.*[7]

---

4 Cf. MIGNOLO, W. "Putting the Américas on the Map", cap. 6. In: *The darker side of the Renaissance – Literacy, territoriality ans colonization*. Ann Arbor: The University of Michigan Press, 1995, pp. 259-315.

5 Cf. MANGONE, C.; WARLEY, J. *El manifiesto: un género entre el arte y la política*. Buenos Aires: Biblos, 1994, p. 124.

6 TORRES-GARCÍA, J. *Torres-García y 10 artistas del taller* (catálogo). Buenos Aires: Galería Ruth Benzacar, 1997.

7 RAMÍREZ, M. C. (org.) *El taller Torres-García: the School of South and its legacy*. Austin: Uni-

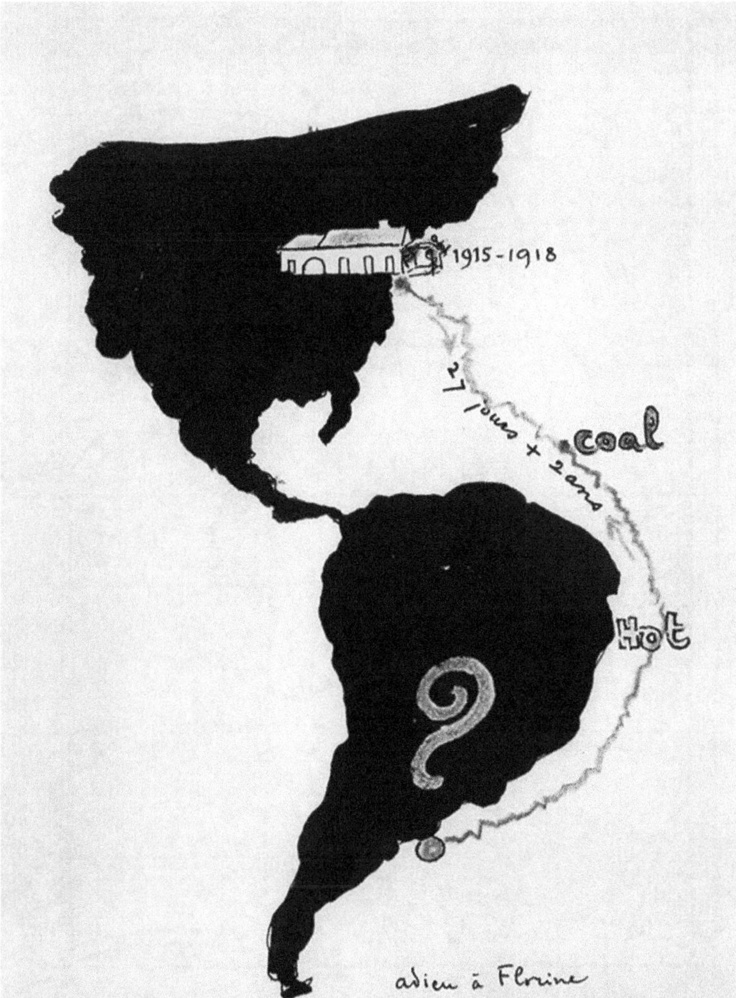

Marcel Duchamp,
Adieu à Florine, 1918

Joaquín Torres-García, *Mapa invertido*,
1946, desenho.

Colocar o polo Sul na parte superior do mapa, convencionalmente usada para indicar o Norte, produz uma mudança de sentido. Os navios *subirão* para o Sul e *descerão* até o Norte. O Leste, o oriente vermelho – como corresponde –, estará à esquerda. Muito mais que um jogo engenhoso, o deslocamento semântico dos pontos cardeais produz múltiplas associações simbólicas. A nova bússola que aponta para o Sul indica também um lugar ao que se ascende, o paraíso. Descer ao Norte é também uma descida aos infernos.

La Escuela del Sur representa a primeira tentativa sistemática e coerente de construção de uma tradição artística autônoma na América Latina a partir da perspectiva das artes visuais. O projeto de Torres-García pretende sintetizar dois elementos aparentemente inconciliáveis: o passado pré-hispânico americano e o legado modernista da arte universal ocidental e não ocidental.[8] Esse projeto parece encerrar um paradoxo: retorna-se ao passado, na procura dos elementos necessários para se construir a arte do futuro. Esse passado, porém, é interditado. Para um artista que nasceu no Uruguai, onde quase não restaram traços de cultura indígena, e que passou mais de quarenta anos na Europa, o passado pré-hispânico constitui-se, sobretudo, como a única instância consciente a partir da qual é possível construir o conceito de identidade cultural latino-americana.

O referente pré-colombiano – pictogramas, símbolos totêmicos, signos estilizados – incorporar-se-á como ato de afirmação e identificação cultural a um novo paradigma da América Latina, em oposição à iconografia social/nativista do muralismo mexicano.

Ao inverter cartograficamente a relação centro-periferia, Torres-García aponta para a natureza relativa da noção de identidade. Um artista, um indivíduo ou um grupo podem construir sua iden-

---

versity of Texas Press, 1992, p. 53. "Nosso norte é o Sul. Não deve haver norte para nós, a não ser em oposição ao Sul. Por isso agora colocamos o mapa invertido e então já temos a ideia exata de nossa posição [...]. A partir de agora, o extremo alongado da América do Sul indicará insistentemente em direção ao Sul, nosso Norte". [tradução livre].

8 Cf. RAMÍREZ, *op. cit.*, p. 256.

tidade cultural, recortando os elementos que correspondem às suas experiências e necessidades.

A partir do século XVI, a tarefa de colocar a América no mapa não teve como objetivo principal determinar a forma verdadeira da Terra, mas controlar territórios e colonizar a imaginação dos povos de ambos os lados do Atlântico. Expansão econômica e tecnológica e determinação de centros de poder, mais do que busca da verdade, caracterizam tanto a cartografia europeia do período colonial como a cartografia nacional da América contemporânea.[9] Nesse sentido, a redefinição do lugar da arte e da cultura latino-americana, feita por Torres-García a partir de uma operação cartográfica, é, de alguma maneira, um laço na rede de futuros antecipados e passados reconstituído à qual alude Hal Foster.[10] A eleição do acervo sígnico e simbólico dos povos pré-colombianos como arquivo iconográfico e teórico do Sul obedece a necessidades de relocação mais conceptuais e ideológicas que formais.

É impossível, hoje, interpretar as relações culturais como simples relações de interdependência. A América Latina também se constituiu (e ainda se constitui) como o "outro" nos imaginários europeu e norte-americano. Narrativas fragmentadas, espaços relocados, imagens desmontadas configuram-se e reconfiguram-se incessantemente, numa espécie de caleidoscópio de moto-contínuo. A ambiguidade ideológica dos movimentos culturais da segunda metade do século XX brota dessa configuração e reconfiguração, dessa rede de atrações e de repulsas por esse "outro" a ser devorado, a nos devorar.

O Norte, para o qual se deveria descer em busca de nutrição, de conhecimento, de lembranças, subia até nós, seduzia-nos com seu canto de sereia e ameaçava-nos com o extravio eterno.

O desenho de Duchamp é pouco conhecido; o de Torres-García, com a força de um manifesto, tem sido reproduzido e citado por

---

9 Cf. MIGNOLO, W., *op. cit.*, pp. 219 e ss.

10 Cf. FOSTER, H. *Recodificação, arte, espetáculo, política cultural.* Trad. Duda Machado. São Paulo: Casa Editora Paulista, 1996, p. 29.

artistas, críticos e escritores deste e de outros continentes. Trabalhos como *Verde Sur* (1993), de Nicolás García Uriburu; *A nova geografia / Homenagem a Torres García* (1971-1979), de Rubens Gerchman; a capa de *Beyond the Fantastic* (1996); e todo um segmento da 1ª Bienal de Artes Visuais do Mercosul (1997), a Vertente Cartográfica, partem do traço fundacional do artista uruguaio: o pequeno mapa desenhado em nanquim, no qual o extremo sul da América aponta para a parte superior da página.

A questão de Duchamp ficaria em aberto. No *mundus ignotus* dos pampas, não houve interlocutor para *Monsieur* Marcel, que, aliás, não deve ter procurado muito por um. Torres-García muda o ponto de vista, *nuestro Norte es el Sur*. Seu gesto desconstrutor parece ecoar ainda hoje: olhar para o Sul, nosso Norte.

Na apresentação de *Politics/Poetics – documenta x: the book*, publicado contemporaneamente à exposição documenta x, em Kassel, Alemanha, declara-se a intenção de "indicar um contexto político para a interpretação das atividades artísticas no final do século xx, através de uma montagem de textos e documentos do período imediatamente posterior ao pós-guerra até os dias de hoje".[11] Antecedendo a folha de rosto, o livro começa com um resumo gráfico do período: textos de Brecht e Céline superpostos a imagens de cidades bombardeadas, um poema de Celam sobre as fotos do Holocausto, Lévi-Strauss e as cidades reconstruídas, a queda do Muro de Berlim.

Há também dois mapas. O primeiro, *Die Weltmächte im Kalten Krieg – 1945-1962*, exibe a divisão do mundo nas áreas de influência das grandes potências durante a Guerra Fria. Azul-claro, amarelo e branco: os países alinhados com os Estados Unidos, a União Soviética e seus satélites – os países orientais sob governos comunistas, os não alinhados. A projeção esférica e o corte da edição fazem com que a América do Sul, colorida de azul-claro, desapa-

---

11 DAVID, C.; CHEVRIER, J. F. (orgs.) *Politics / poetics – documenta x: the book*. Ostfildern-Ruit: documenta / Cantz Verlag, 1997, p. 24.

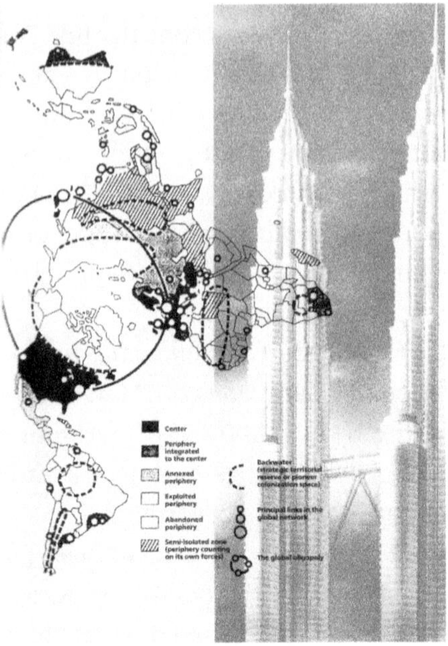

"Centros e periferias no mundo (1992). Uma rede hierárquica", catálogo documenta X

reça sob as legendas que estabelecem as áreas aliadas aos Estados Unidos. O mapa prescinde também do sul da África e da Austrália.

O segundo mapa, datado de 1992, leva por título *Centers and Peripheries in the World. A Hierarchical Network*. A situação é muito mais complexa. O mapa, que reflete a nova ordem mundial, abre-se também a partir do vazio do polo Norte. O risco que marca o centro (*O Oligopólio Global*) passa por Nova York, Chicago, San Francisco, Tóquio e Berlim. O resto é periferia: periferia integrada ao centro, periferia anexada, periferia semi-isolada. O mapa ainda registra os *links* da rede global e as reservas territoriais estratégicas ou espaços de colonização pioneira (*strategic territorial reserve or pioneer colonization space*). Na América do Sul, a Amazônia e uma longa e estreita faixa que se estende ao longo da pré-cordilheira argentina até a Terra do Fogo estão incluídas nessa classificação.

O desenho do mapa, esquemático, impreciso, sem a Antártida nem as ilhas Malvinas, entre outras falhas, sobrepõe-se, em parte, à foto de umas torres gêmeas e cristalinas, unidas por uma passagem transparente. Não há nenhum dado sobre a origem do mapa, nem o lugar onde essas torres se elevam (são as Torres Petronas, na época o edifício mais alto do mundo, em Kuala Lumpur, na Malásia). Claras e luminosas, muito próximas das utópicas catedrais de cristal de Feininger e das perspectivas futuristas de *Metrópolis*, as torres parecem apontar para um futuro brilhante, uma espécie de contraponto ao mapa estilhaçado.

Na América do Sul, onde Marcel Duchamp colocou um enorme ponto de interrogação, o anônimo cartógrafo indicou as áreas de periferia anexadas (a quê?), exploradas (por quem?) e abandonadas, os principais *links* da rede global (Lima, Santiago do Chile, Buenos Aires, São Paulo, Rio de Janeiro, Caracas) e as reservas territoriais estratégicas. Entre a pergunta de Marcel Duchamp, feita em Nova York, e a proposta da documenta X, desenhada em Berlim, passaram-se mais de oitenta anos. O mapa invertido de Torres-García, na mostra 1ª Bienal do Mercosul, em Porto Alegre, ou na capa de *Beyond the Fantastic*, parece insistir, ainda hoje, num desejo de identidade.

Para além das cartografias, o conceito de América Latina (ou América Ibérica) existe como categoria de conhecimento, desde, pelo menos, as últimas décadas do século XIX, e a revisão e a crítica desse conceito têm sido constantes. Domingo F. Sarmiento, Andrés Bello, Rubén Darío, José Martí, múltiplas vozes narraram, no século XIX, das várias *patrias chicas*, a utopia da *Patria Grande*.[12]

Como conceito cultural, a América Latina é uma locução que encerra em si ambivalências e contradições. Ao unir, sob uma única qualificação, um aglomerado de culturas, línguas e etnias, o termo obscurece mais do que revela.

Num primeiro momento, essas palavras servem para denominar o grupo de nações americanas que falam predominantemente espanhol e português, e que estão unidas tanto pela experiência

---

12 Cf. ACHUGAR, H. "Leones cazadores e historiadores, a propósito de las políticas da memoria y del conocimiento", *Revista Iberoamericana*, Pittsburgh, n. 180, jul-set 1997.

do autoritarismo colonial quanto pela relação de dependência para com os conglomerados econômicos internacionais. Numa segunda acepção, utiliza-se negativamente para designar o que não é América do Norte: um lugar exótico, ao sul do rio Grande, que se estende muito além da fronteira com o México. Esse aspecto dialético é fundamental para pensar a existência de uma arte latino-americana paralela ou diferente das correntes hegemônicas.

A modernidade definiu-se como universal, ainda que mantendo sua prerrogativa de grupo cultural fechado. Assim, dentro do contexto do modernismo, nação e geografia não eram vistas como critérios necessários de inclusão. No seu conceito mais restrito, a arte modernista foi produzida por um grupo de artistas que trabalhava em algum lugar situado entre Paris e Nova York. Poucos artistas latino-americanos – Roberto Matta, Joaquín Torres-García, Wilfredo Lam – tiveram acesso ao panteão da modernidade. A maior parte dos artistas do continente foi condenada a deambular por uma região de sombras na qual a modernidade podia somente ser alcançada por meio da imitação. Os trabalhos dos muralistas mexicanos Diego Rivera, David Alfaro Siqueiros e José Clemente Orozco, que se opunham explicitamente aos conceitos do modernismo dominante, eram vistos como marginais ou subalternos em relação à arte moderna.

Por muitos anos, foi consenso, fora da América Latina, que a visualidade latino-americana devia estar ancorada na arte popular. As tradições vernáculas eram consideradas a única e autêntica manifestação da cultura do continente, uma visualidade atrelada à contínua e inconsciente conexão com o passado e produzida por anônimos artesãos, fora das culturas artísticas dos países do Norte. O ponto culminante dessa ênfase no popular foi a ideia de que o ensino e a prática constante de uma reflexão sobre o trabalho era algo de pouco autêntico num artista que trabalhasse no campo das artes visuais. Dentro dessa linha de pensamento, alguns artistas que incluíram elementos populares nos seus trabalhos – Frida Kahlo, Fernando Botero – ganharam reputação internacional como expoentes paradigmáticos da "arte latino-americana".

Hoje, as novas gerações de artistas têm de lidar, não sem conflitos, com essas noções problemáticas de identidade e autenticidade. Parece necessário examinar a ideia dessa definição da América Latina por oposição e questionar as expectativas de diferença e alteridade implícitas nela, tendo em conta que apontam para um tipo de sociedade estruturada a partir da desigualdade social e de relações de poder derivadas do autoritarismo colonial e perpetuadas pelos sistemas econômicos do final do século XX. Parece necessário desconstruir a ideia da "arte latino-americana", atualizando temas e assuntos de uma prática criativa que emerge conscientemente de um contexto híbrido. Uma prática que surge não de uma tradição modelar cristalizada, mas de uma autoconsciência da arte como diálogo entre o passado e o presente, o indivíduo e a sociedade, o conhecido e o desconhecido. Num mundo à deriva entre a fragmentação e a homogeneização, o contexto latino-americano ofereceria para o Norte um modelo possível de como operar com uma multiplicidade de etnias, desigualdades sociais e passados paralelos.

NARRANDO O TERRITÓRIO

Escrita nos centros hegemônicos, a história da arte da América Latina desenvolve-se como uma sucessão de viagens e deslocamentos, de roubos e empréstimos. Como o outro da Europa, a América Latina foi obrigada a uma subordinação cultural e política, dividindo-se na tensão entre liberdade e dependência. Se, na América do Norte, o puritanismo protestante dos fundadores barrou a grande arte representativa do catolicismo, a América Ibérica recebeu (e modificou) o legado artístico ocidental das sucessivas ondas colonizadoras. Manuelino, mudéjar, plateresco, clássico herreriano, barroco, rococó, neoclássico, eclético: uma multidão de estilos foi importada da metrópole. Cada lugar, porém, os interpretou de acordo com uma raiz própria e os recriou diferentes.

Os movimentos originados na periferia costumam se desenvolver num curso duplo de ação: se, por um lado, parecem fundados pelo legado da metrópole, por outro desenvolvem-se quase que totalmente afastados do seu centro irradiador. A pesada herança colonial e pós-colonial parece ter confinado as práticas artísticas em circuitos de cópia/repetição, adaptação/transformação e resistência/confrontação em relação aos modelos hegemônicos.

A partir dos anos 1920, a história da arte latino-americana pode ser vista como a busca consciente de espaços de intercâmbio entre a rede de circuitos econômicos e culturais que determinam a experiência dos artistas dessa região. As culturas periféricas importaram o modernismo da Europa, mas o deslocaram para uma agenda própria que previa a construção de identidades e a crítica social, cultural e política. Na América Latina, o modernismo incorporou a cultura popular e assumiu os conflitos de uma sociedade compartimentada. Assim, a relação entre a vanguarda política e a vanguarda artística foi uma questão crucial no continente, desde a Revolução Mexicana.

"*Éramos una visión, con el pecho de atleta, las manos de petimetre y la frente de niño*",[13] dirá Martí em "Nuestra América", texto publicado no México, em 1891. Éramos uma visão; porém, o desejo de uma América Latina unida, a *Patria Grande* de San Martín e Bolívar, "Nuestra América", de José Martí, parecia muito próximo de se concretizar nos anos 1960. Uma ideia imprescindível, um sonho coletivo ou uma alucinação compartilhada faziam com que todos acreditássemos na iminente existência de um território unificado, do sul do rio Grande à Terra do Fogo. Uma espécie de solidariedade terceiro-mundista impulsionava esse latino-americanismo; todos fazíamos parte do grupo dos condenados da terra.

Em 1961, a argentina Marta Traba publica "La pintura nueva en Latinoamérica", o primeiro estudo a abordar a arte latino-ameri-

---

13 "Éramos uma visão, com o peito de atleta, as mãos de almofadinha e a testa de criança." [tradução livre] – MARTÍ *apud* RETAMAR, R. F. *Martí*. Montevidéu: Marcha, 1970, p. 70.

cana de uma maneira global. Nessa década e na seguinte, autores como Juan Acha, Damián Bayón, Aracy Amaral, Roberto Pontual, Frederico Morais, Mário Pedrosa, Néstor García Canclini, entre outros, empenharam-se em construir teorias críticas da arte que abarcassem uma identidade continental.

Os amplos paradigmas – barroco, vocação construtiva, geometria sensível, mestiçagem – inseriam-se num fundo social e político, com ênfase na ideologia anticolonial e anti-imperialista. Pela primeira vez, junto à implantação de estratégias que tornassem a arte social e politicamente ativa, afirmou-se um ponto de vista latino-americano, em oposição à perspectiva europeia/norte-americana dominante.

Nessa década, de 1960, parecia que as relações entre arte e artistas latino-americanos, praticamente inexistentes, poderiam se estreitar. Na América Latina, somente conseguia-se ver, como num espelho, o que já tinha sido visto e consagrado no Norte – Torres-García, Lam, Matta, Botero, Kahlo – sem quase nunca olhar para os lados. Os artistas do nosso continente se encontravam e se conheciam com mais frequência nos cafés de Paris ou nas exposições de Nova York que nos seus países de origem.

Os trabalhos de Hélio Oiticica e Lygia Clark nunca foram apreciados em Buenos Aires, apesar dos projetos de Romero Brest, que tinha tomado conhecimento dos artistas brasileiros na Europa, por intermédio de Pierre Restany e Max Bense.

Alguns contatos, porém, aconteceram. Frederico Morais cita o impacto que teve sobre os integrantes do Grupo Frente, liderado por Ivan Serpa, uma mostra de arte concreta argentina que passou pelo Rio de Janeiro rumo à Holanda, em 1953. A mostra do grupo Otra Figuración, na Galeria Bonino, dez anos depois, deslumbrou Antonio Dias e Rubens Gerchman.

Em decorrência desse último encontro, alguns dos artistas argentinos, como Antonio Berni e Jack Vañarsky, participariam da mostra Opinião 65, realizada no Museu de Arte Moderna do Rio de Janeiro (MAM-RJ). Nessa exposição, marco da arte participativa brasileira, foi abandonado o abstracionismo dominante e se apresentaram trabalhos mais ou menos comprometidos com uma postura política ou social. Cérès Franco, que organizou a mostra junto com o *marchand* Jean Boghici, diz no catálogo:

> Opinião 65 é uma exposição de ruptura. Ruptura com a arte do passado. O exemplo vitorioso da Pop Art americana e as realizações do Novo Realismo europeu encontram ecos no jovem artista de vanguarda e encorajam-no a contestar a famosa afirmação de Maurice Denis sobre a qual se baseou a pintura abstrata, relegando esta à história. A jovem pintura pretende ser independente, polêmica, inventiva, denunciadora, crítica, social e moral. Ela se inspira tanto na natureza urbana imediata como na própria vida, com o seu cultivo diário de mitos.[14]

O texto revela-se ambíguo. Ao mesmo tempo em que declara a independência da nova pintura, ressalta a adesão às novas correntes internacionais. Apregoa, porém, uma ruptura do jovem artista com a arte do passado, ao inaugurar uma genealogia para a arte do presente: a da arte norte-americana.

Ferreira Gullar, num texto contemporâneo à exposição, apoia abertamente o abandono do formalismo abstrato e a internacionalização da arte brasileira.

> Uma arte de opinião não pode, por sua própria natureza crítica, objetiva, tornar-se um movimento internacional sem eliminar os elementos peculiares a cada cultura, a cada país, a cada região. Os problemas da linguagem pictórica são preocupação de uma minoria, mas a guerra, o sexo, a moral, a fome, a liberdade são problemas de todos os seres humanos. Essa internacionalização é legítima.[15]

---

14 FRANCO, C. *apud* MORAIS, F. *Opinião 65: Ciclo de Expressões sobre Arte no Rio de Janeiro* (catálogo). Rio de Janeiro: Galeria de Arte Baney, ago 1990, p. 120.

15 GULLAR, F. *apud* PONTUAL, R. *Entre dois séculos: arte brasileira do século XX na Coleção Gilberto Chateaubriand*. Rio de Janeiro: JB, 1987, p. 350.

A utopia de um mundo sem fronteiras, sustentada pela esquerda mais radical, monta suas armadilhas naquele luminoso agosto de 1965.

Em Opinião 65, Hélio Oiticica inaugura uma arte de participação. Proibido de levar para as salas do MAM os passistas da Mangueira, vestindo os parangolés, ignora a censura e sai com eles, triunfante, acompanhando suas evoluções pelo Aterro do Flamengo.

Na década de 1970, a arte brasileira sai às ruas e convoca o povo. Oiticica mostra *Parangolé coletivo* (1967) e Apocalipopótese (1968), ambas no Parque do Aterro. No Rio de Janeiro, o MAM colocava-se como uma instituição atuante no contexto e já não limitada às elites. Nos eventos denominados Domingos de Criação, o museu oferecia ao público atividades e cursos gratuitos. Em Belo Horizonte, Frederico Morais organizava a mostra Do Corpo à Terra, que ocupou vários espaços urbanos, além do Parque Municipal. Mas, na década de 1970, a repressão acabaria com esse tipo de manifestação.

Em 1965, o ato fundador de Hélio Oiticica propõe colocar o povo, *os crioulos*, para dentro do museu e, já que o museu não aceita o povo, colocar a arte na rua. Anos mais tarde, em 1968, um grupo de artistas argentinos fará o mesmo, mas de uma forma muito diferente.

Os artistas da mostra Experiências 68, no Instituto Torcuato Di Tella (ITD), censurada pela polícia, decidiram, também, sair à rua com suas obras. Ao lançá-las pelas janelas, destruíram-nas. Depois dessa data, muitos dos participantes afastaram-se da arte, alguns temporariamente, outros para sempre. De alguma maneira, os artistas argentinos preferiram a luta aberta, fora do campo da arte, à desconstrução carnavalizada dos artistas brasileiros.

Urge fazer uma leitura comparativa das manifestações artísticas dos anos 1960 e 70, uma das mais férteis e originais da arte latino-americana. Muitos trabalhos e diversos conceitos parecem ter surgido e se desenvolvido simultaneamente em várias cidades latino-americanas. Parece possível, assim, detectar caminhos paralelos, mesmo que furtivos e distantes, no território quase inexplorado da arte latino-americana. Haveria mais do que uma coincidência entre a "*cultura mermelada*" de Juan Pablo Renzi e a "geleia geral" de

Torquato Neto? Quais seriam as afinidades entre os penetráveis de Hélio Oiticica e algumas das propostas de Santantonín? E entre os parangolés e *Todo lo que Juan Stoppani no se pudo poner*, a obra que Juan Stoppani mostrou em 1968 em Experiências 68, no Instituto Di Tella, em Buenos Aires? O conceito do artista como intelectual, apontado por Andrea Giunta, poderia ser aplicado no estudo dos processos de alguns artistas brasileiros?

O processo de internacionalização, antecipado em meados de 1960, se acelerou com a volta à pintura proposta nos anos 1980 a partir dos movimentos neoexpressionistas alemães, italianos e norte-americanos. Paralelos aos processos de redemocratização, foram sentidos e lidos como uma volta ao prazer do fazer – falava-se de uma pintura do prazer ou dos sentidos –, como oposto à arte conceitual e politizada dos anos 1970.

Nos últimos anos, a consolidação das comunidades latinas nos Estados Unidos, com a consequente latino-americanização da cultura norte-americana, e os movimentos migratórios dentro do continente desconstruíram certas noções de identidade cultural nacional. No final do século XX, a América Latina apresenta-se como um espaço de deslocamentos internos e externos, no qual as culturas de fronteira somam-se às culturas nativas, às culturas coloniais e às provenientes da aluvião migratória iniciada nos últimos anos do século XIX.

O questionamento das antigas noções de identidade latino-americana surge, também, num momento em que o multiculturalismo parece ameaçar os países hegemônicos. De alguma maneira, a utopia de uma América Latina única parece persistir, hoje, só no imaginário acadêmico do Norte.

Depois do trágico final das utopias dos anos 1960, assistimos a uma nova construção teórica da arte latino-americana que trabalha nas margens, ressignificando, apropriando e explorando estratégias que tentam a desconstrução dos mecanismos de poder.

Na atualidade, muitos artistas latino-americanos reencontraram suas raízes, continuaram e continuam a elaborar uma arte significativa, com a qual ainda pretendem ter uma participação ativa num espaço cultural mais amplo. A diáspora latino-americana rasurou fronteiras e domesticou línguas e linguagens, mas uma vertente política da arte, no sentido mais amplo, continua a aflorar nas zonas de conflito, rasurando identidades estereotipadas e negociando identidades em formação. Se considerarmos as tradições como "um conjunto multiplicado e filtrado de atos de fala, lembranças e esquecimentos",[16] é possível postular uma tradição de interferência no social e no político que se propaga, construindo uma imagem de si mesma e dos outros, na arte que se faz ao sul do rio Grande. Ao criar um trabalho/processo que não participaria dos paradigmas miméticos que norteiam as relações centro-periferia, essa arte latino-americana viria a encenar, paradoxalmente, uma pré-história da pós-modernidade.

A questão cartográfica retorna. Será possível superpor os mapas e vislumbrar esse território? Ou será necessário esquecer os velhos mapas e traçar outros? Entre perguntas e respostas, entre navegações e regressos, o território do Sul desliza – cartografia do desejo, espaço de projeção, margem, fronteira, Norte, quase sempre fora de lugar, como o "outro cultural" da tradição hegemônica.

ALGUNS CASOS: A BIENAL DO MERCOSUL, O INSTITUTO DE ARTE DAS AMÉRICAS E O MALBA

A 1ª Bienal de Artes Visuais do Mercosul, sediada em Porto Alegre, em 1997, colocou como um dos seus principais objetivos "ajudar a reescrever a história da arte latino-americana de um ponto de vista que não fosse euro-norte-americano", mediante uma intensa troca de obras e ideias entre artistas, críticos, historiadores de arte, diretores de museus, professores, *marchands*, colecionadores e público.

Essa primeira bienal, curada por Frederico Morais, apresentou instigantes recortes da arte sul-americana, já que dela participa-

---

16 MIGNOLO, W. D., *op. cit.*, pp. XV e XVI.

ram, além dos países do Mercosul – Brasil, Argentina, Paraguai e Uruguai –, Bolívia, Chile e Venezuela.

A curadoria apontava para as principais tendências na arte do continente, disseminadas em três exposições em diferentes espaços da cidade, sob os nomes de Vertente Cartográfica, Vertente Política e Vertente Construtiva. Outros dois segmentos investigavam a arte dos últimos anos: Último Lustro e Imaginário Objetual. Além desses recortes, exibiam-se também intervenções no espaço público, uma retrospectiva de Xul Solar e outra do Taller Torres-García. Mostrou-se documentação sobre Tucumán Arde, a Escena de Avanzada, o julgamento de Lincoln Volpini pelas forças da ditadura e a Geração AI-5.

Foram também realizados dois seminários internacionais: *Utopias latino-americanas* e *América Latina vista da Europa e dos Estados Unidos*, com a presença de críticos, artistas e curadores do continente.

O caráter investigativo da primeira bienal foi se diluindo nas mostras seguintes (1999, 2001, 2003), nas quais se deu mais ênfase à obtenção de uma visibilidade internacional, visando colocar a arte latino-americana no circuito hegemônico.

No ano 2000, como seguimento da Mostra do Redescobrimento, foi criada uma empresa de gestão artística, a Brasil Connects, que pretende difundir pelo mundo a arte brasileira. Entre suas façanhas, estão a megaexposição Brazil: Body and Soul, que teve críticas negativas da maioria da imprensa séria e custou 8 milhões de dólares ao país pelo aluguel do Guggenheim Museum e o envio da delegação brasileira para a Bienal de Veneza de 2001, que foi divulgada pela empresa com faixas que mostravam imagens estereotipadas do Brasil como bananas e imagens estilizadas de Carmen Miranda.

Os belos objetivos da 1ª Bienal do Mercosul, apontando para uma reescritura da História da Arte Latino-Americana, parecem ter ficado longe no atual processo de espetacularização das artes visuais.

Em 2001, foi fundado, em Belo Horizonte, o Instituto de Arte das Américas, com objetivos semelhantes, mas incluindo a América do Norte no mapa. Ainda é cedo para dar um diagnóstico dessa iniciativa, que se mostra promissora na instauração de um espaço de intercâmbio e reflexão sobre as artes do continente.

Nesse mesmo ano, inaugurou-se, em Buenos Aires, o Museo de Arte Latinoamericano (Malba). A proposta do fundador do museu, o colecionador argentino Eduardo Costantini é pensar a "latino-americanização" num sentido positivo, e, para tanto, a instituição pretende se colocar como um espaço de reflexão e resistência que transborde o conspícuo do empreendimento.

Ao se propor divulgar, conservar e difundir a arte latino-americana, educar o público acerca da diversidade dos países e dos artistas latino-americanos, a concepção do museu parece assumir a regionalização como uma questão geopolítica crucial, face ao mundo globalizado.

O edifício, localizado num dos bairros mais nobres de Buenos Aires, é o primeiro prédio na cidade construído especificamente para ser um museu. A mostra inaugural, Arte na América Latina, curada pelo primeiro diretor do Malba, Agustín Arteaga Domínguez (que foi também diretor do Museu do Palacio de Bellas Artes do México), expõe as obras da coleção Costantini junto a outras, emprestadas por colecionadores, por instituições e museus de outros países. Ver a arte latino-americana numa mostra desse porte permite estabelecer percursos, apontar genealogias, descobrir afinidades e conflitos.

Parece paradoxal que seja Buenos Aires a primeira cidade do continente a ter um museu dedicado especificamente à arte da América Latina, com todas as dificuldades que a cidade teve (e tem) para se reconhecer no seu perfil latino-americano. Na Argentina, "latino-americanização" é uma palavra pejorativa. Desse ponto de vista, ser latino-americano, hoje, significaria viver numa democracia instável, numa economia em crise, numa sociedade violenta e corrupta mergulhada num eterno e crônico subdesenvolvimento. Se o museu insere, de alguma maneira, a cidade de Buenos Aires no território sempre escamoteado da América Latina, também ressitua o Brasil ao confrontar sua produção com a da América Hispânica.

Na exposição de abertura do Malba, a arte da América Latina surge madura, plena de sentidos, voltada, na maioria das vezes, para seu próprio campo de significações; uma arte que procura estabelecer um diálogo dentro e fora do continente, sem subserviências nem concessões ao exotismo.

Muitos anos atrás, quando vi pela primeira vez uma reprodução do *Abaporu*, veio à minha memória a primeira estrofe do poema de Alfonsina Storni.

Buenos Aires es un hombre
que tiene grandes las piernas
grandes los pies y las manos
y pequeña la cabeza...[17]

De alguma maneira, ver o *Abaporu* – imagem fundacional do Brasil moderno – através desse poema era, para mim, estender uma ponte de sentidos entre a cidade que acabava de abandonar e o país que ainda ia conhecer.

Agora que o *Abaporu* está definitivamente em Buenos Aires, numa das salas do Malba, talvez ninguém lembre do poema de Alfonsina. Gosto de pensar que o antropófago encontrou finalmente seu lugar lá, no Sul, e que, de lá, recodifica as múltiplas versões de América Latina que convivem e se confrontam num mesmo território.

Texto originalmente publicado em: International Center for the Arts of the Americas at Museum of Fine Arts, Houston. Documents of the 20th-century Latin American and Latino Art. Disponível em <http://icaadocs.mfah.org/icaadocs/THEARCHIVE/FullRecord/tabid/88/doc/808351/language/en-US/Default.aspx>.

---

17 "Buenos Aires é um homem / que tem grande as pernas / grandes os pés e as mãos / e pequena a cabeça..." [tradução livre]

Sobre as ruínas do futuro

Aqui tudo parece que é ainda construção e já é ruína...

CAETANO VELOSO

[...] essa admiração era já uma forma de espanto porque de algum modo sabíamos naturalmente que os edifícios que crescem até o imensurável arrojam já a sombra de sua destruição e foram concebidos desde o princípio pensando em sua existência ulterior de ruínas...

W. G. SEBALD

I.

Em Berlim, na General-Pape-Straße, não muito longe de um conjunto de prédios residenciais de sete andares, se ergue o *Großbelastungskörper* [Corpo de carga pesada], um volume de concreto de 14 metros de altura e 12.360 toneladas de peso. O objeto é um cilindro de prova de 21 metros de diâmetro, construído em 1942, para testar a resistência do solo. Um cogumelo gigante de cimento (*Betonpilz*), cuja base, de diâmetro um pouco menor, está enterrada a 18 metros de profundidade.

Se atravessarmos a Kolonnenbrücke, podemos divisá-lo facilmente: uma massa de concreto entre as árvores. Não tem nenhuma identificação, nenhuma insígnia nazista, nenhuma inscrição; não está arruinado nem semidestruído; não tem sequer aquele encanto melancólico das ruínas que tanto desvelava Hitler e Speer. Compacto na sua intransponível opacidade, alguns o comparam

Großbelastungskörper [Corpo de carga pesada], fotógrafo desconhecido

Peter Eisenman, *Memorial aos judeus assassinados da Europa*, Berlim, Alemanha, 2005 aos opacos blocos de concreto do *Memorial aos judeus assassinados da Europa* de Peter Eisenman, no centro de Berlim.[1]

O *Betonklotz*, maciço de concreto, mencionado nas memórias de Albert Speer, foi construído por prisioneiros de guerra franceses. O cilindro seria um dos quatro pilares que sustentariam um arco neoclássico que, recoberto com mármore de Carrara, levaria inscritos os nomes de todos os soldados mortos na Primeira Guerra. Esse arco estaria situado no extremo de um largo bulevar de 120 metros de comprimento, no eixo norte-sul de Berlim, que culminaria, no outro extremo, na imensa cúpula da *Volkshalle*, coroada pela águia nazista segurando o mundo nas suas garras.

Já foi usado para pesquisas científicas, ja foi local de reunião de jovens e habitação de sem-teto. Propôs-se mantê-lo como lugar de recreação: um paredão de escalada com um café no topo. Em 1995, tornou-se patrimônio histórico. E lá persiste, uma massa obscura espreitando entre a vegetação, rejeitado pela história. Um resto, uma ruína: o membro amputado de um corpo que nunca vingou.

II.

Dizem que Nicolás Guillén, ao observar os reluzentes espaços de uma Brasília apenas inaugurada, exclamou: "Contemplo extasiado as ruínas do futuro!..." Ruínas não arruinadas, que, aos olhos do poeta, testemunhariam o ápice e o fracasso do projeto modernista da primeira metade do século XX. Provavelmente, Brasília nunca será uma ruína no sentido estrito. Brasília é apenas uma cidade congelada e imutável. O Plano Piloto, tombado, protegido pelas leis do Brasil e da Unesco, deve ser preservado sem modificações. Assim, edifícios e praças, ruas e jardins, murais e esculturas serão para sempre iguais a si mesmos. Ruínas do sonho utópico da modernidade.

---

1 Cf. BESHTY, W. e SCHWAB, E. "Stumped", *Cabinet Magazine*, n. 20, Ruins. Winter 2005-06. Acessado em 27 out 2007 e disponível em: http://www.cabinetmagazine.org/issues/20/beshty.php.

Num momento como o que vivemos, em que o atual não é mais moderno, o moderno já é um estilo que deve ser preservado. Brasília é não somente "a cidade mais moderna do século XX como, fundamentalmente, é um museu da modernidade".[2]

III.

Em Havana, como em outras cidades de Cuba, belas ruínas nostálgicas do passado colonial e da Primeira República coexistem com centenas de edifícios inacabados, deteriorados e, talvez, momentaneamente esquecidos. São esqueletos de prédios em processo de construção, abandonados logo que esta se iniciara; casas destelhadas, sem janelas; volumes incompreensíveis de concreto que surgem ante os passantes como as ruínas de um projeto político e social fracassado.

O artista cubano Carlos Garaicoa afirma:

> O encontro com esses lugares evoca uma estranha sensação: não são ruínas de um passado luminoso, mas de um presente incapaz. Olhamos para uma arquitetura que nunca foi finalizada, pobre na sua incompletude, proclamada ruína antes de existir plenamente. A verdadeira imagem do arruinado pelo abandono: as chamarei ruínas do futuro.[3]

Esses espaços negam sua essência e ocultam os objetivos reais para os quais foram pensados. Subsistem apenas pelo abandono, pela indeterminação; seu poder de sugestão prolifera além do imaginado.

Na 26ª Bienal de São Paulo, em 2004, Garaicoa apresentou a instalação *Autoflagelación, supervivencia, insubordinación:* uma espécie de cidade imaginária, construída a partir do confronto de edifícios existentes em Havana que nunca foram concluídos e

---

2 GORELIK, A. "Tentativas de compreender uma cidade moderna", *Block*, n. 4, 1999, p. 62.

3 GARAICOA, C. S/t. Acessado em 15 nov 2007 e disponível em http://www.universes-in-universe.de/car/documenta/11/brau/s-garaicoa.htm.

Carlos Garaicoa, *Autoflagelación, supervivencia, insubordinación*, instalação, 26ª Bienal de São Paulo, 2003

de edifícios inventados e projetados pelo artista. Setenta maquetes, colocadas sobre pedestais, das quais saem fios coloridos que, ao mesmo tempo em que as unem com projetos desenhados nas paredes, tecem um emaranhado labiríntico. Uma série de fotografias testemunha o estado atual dos edifícios começados pelas microbrigadas sociais,[4] mas que permaneceram inconclusos depois da queda do bloco socialista. O que Garaicoa propõe é construir sobre as ruínas do futuro uma comunidade ideal do possível.

"Minha obra realiza-se sob uma leitura histórica feita a partir do socialismo"[5], declara Carlos Garaicoa. Seu trabalho opera – para além de uma resposta da arte aos discursos históricos do poder – num interstício entre o ficcional e o factual, num espaço entre o desejado e o possível.

> Arrancar o segredo de uma cidade e revelá-lo é um dos objetivos de minha obra. Mais ainda, instaurar esse segredo como discurso crítico da sociedade contemporânea se converteu na necessidade que lhe dá corpo e a faz existir, entre essa ficção e o vazio da nossa memória fragmentada.[6]

IV.

O jovem escultor norte-americano Seth Wulsin – que vive na Argentina desde 2005 – finalizou *16 toneladas*, um trabalho realizado nas 48 janelas do pátio de recreação da Penitenciária de Caseros, Buenos Aires. Inaugurado em 23 de abril de 1979, durante a ditadura de Jorge Rafael Videla, o edifício, que está sendo derrubado por ordem judicial, apresenta grandes janelas compostas, cada uma, por 209 círculos de vidro grosso. Ao eliminar alguns

---

4 As microbrigadas sociais são organizações voluntárias cujo objetivo é construir vivendas e outras obras ou de conservá-las, reconstruí-las e remodelá-las.

5 Acessado em 15 nov 2007 e disponível em: http://www.cnap.cult.cu/galeria/artistas/garaicoamanso.htm.

6 Acessado em 15 nov 2007 e disponível em: http://www.cnap.cult.cu/galeria/artistas/garaicoamanso.htm.

Seth Wulsin, *16 toneladas*,
Buenos Aires, Argentina, 2006

vidros da trama, o jogo de claro-escuro entre os espaços com e sem vidro forma rostos. Nas janelas do prédio, onde se alojaram presos políticos em condições desumanas, durante o terrorismo de Estado, pode se vislumbrar uma série de semblantes humanos. Para vê-los, temos que nos movimentar ao longo dos paredões em ruínas; então, por um artifício de luzes e sombras, as faces aparecem e desaparecem sutilmente. À medida que os andares da prisão eram derrubados, os rostos caíam junto com os muros.

Wulsin trabalha a favor da destruição. O ato de fazer aparecerem esses rostos nas vidraças que seriam, em seguida, destruídas, era como fazer surgir, do horror desses espaços, as últimas feições humanas, as últimas testemunhas, os últimos olhares de um passado que nunca cessa de acabar; era outorgar-lhes a última visibilidade.

Os rostos que aparecem ao se retirar os vidros da fachada são muito parecidos com os das fotos de identidade ou as que se utilizam para denunciar o desaparecimento de alguém, em qualquer circunstância de catástrofe. Os retratos de desconhecidos, bastante próximos do aspecto das imagens numéricas, evocam, de modo velado, os trabalhos da década de 1980 de Chuck Close.

Efêmero, escamoteado, *16 toneladas*, apesar de suas dimensões grandiosas, não promove o espetáculo. Para ser visto e apreciado, necessita de um tempo demorado, de uma atitude cúmplice e de uma atenção redobrada. Sua breve existência – registrada, porém, em fotos e vídeos – e sua imaterialidade atual supõem a persistência da lembrança de quem a viu da rua, de quem viu os registros, de quem escutou ou leu as descrições.

"Dezesseis toneladas" é o nome de uma canção de Merle Travis sobre o sofrimento e a miséria da vida dos trabalhadores das minas de carvão. Escrita em 1947, evoca – "Músculos e sangue e pele e ossos / Uma mente que é fraca e umas costas bem fortes" – a fragilidade e a força humana, fragilidade e força que o próprio Seth utilizou para realizar a obra.

O trabalho de Wulsin explora de maneira diferenciada a fascinação pela ruína. Seth trabalha juntamente com o processo de aniquilação, martela com violência as vidraças, e, através da destruição, faz fulgurar as últimas imagens dos vencidos. Nessas imagens, a arte sobreviveria apenas como a incerta equação de um instante; elas existiriam, apenas, na breve duração entre sua criação e o momento da demolição.

Ligada aos fluxos intermitentes de construção e ruína das cidades, numa relação estrita com o reprimido e o deteriorado do contexto urbano, *16 toneladas* possibilita deixar as memórias à deriva, sem lugar fixo de inscrição, à mercê da recordação, pois, como o trabalho demonstra, o que foi escrito sempre poderá ser apagado.

V.

No dia 20 de junho de 2007, pouco depois de ter sido inaugurada a documenta XII, em Kassel, a obra *Template*, do artista chinês Ai Weiwei, começou a tombar e teve sua estrutura avariada, devido às grandes tempestades ocorridas na Alemanha em junho. A peça, situada no jardim, diante de L'Orangerie, entre as alas do Aue-Pavillon, era uma estrutura radial de 12 metros de altura, construída com portas e janelas de madeira, provenientes de templos chineses das dinastias Ming e Qing, derrubados para dar lugar aos grandes projetos imobiliários da atual República Popular da China.

O artista não lastimou demais a destruição de seu trabalho e decidiu não restaurá-lo, por acreditar que a tempestade contribuiu para a finalização da obra. Decidiu que não valia a pena lutar contra a superioridade das forças da natureza, pois a destruição e a fragilidade já faziam parte do conceito original da obra, que propunha uma restauração das memórias a partir da recuperação de restos de antigos lugares sagrados.

Essa decisão parece lógica no contexto das obras de Ai Weiwei, que frequentemente questionam a furiosa desaparição e destruição dos símbolos e costumes culturais nos tempos atuais em relação à sua preservação.

Ai Weiwei, *Template*, documenta XII,
Kassel, Alemanha, 2007

Para Weiwei, é por causa do inesperado "que a arte se torna bela". Roger Buergel, curador da documenta XII, destacou: "Por um lado, é uma catástrofe, por outro, as ruínas permitem agora fazer outras associações."[7] Como ruína, *Template* surge ante nós como uma nova imagem, na verdade, como a imagem de uma das questões da mostra: seria a modernidade nossa antiguidade?

VI.

Se o final do século XX foi marcado por uma intensa demanda de memória, a primeira década do século XXI despertou cominada por um estranho amor pelas ruínas. As ruínas do século XX, afirma Svetlana Boym, desvelariam as contradições internas das primeiras

---

7 BUERGEL, R. S/t. Acessado em 23 nov 2007 e disponível em: http://www.documenta12.de/aktuelles.html?&L=1.

vanguardas; as singularidades e as excentricidades que as definem, tanto quanto o elemento visionário e a busca da igualdade social.[8] O fascínio contemporâneo pelas ruínas revela-se como um paradoxo moderno a nos lembrar o inevitável fracasso das utopias.

As ruínas começaram a ser percebidas como resíduos valiosos do passado durante a Renascença. Os remanescentes arquitetônicos de antigas civilizações adquiriram o estatuto de testemunhos, ainda vivos, do passado. Mesmo tendo perdido seu significado e sua função, as ruínas foram investidas com atributos estéticos, políticos ou históricos do presente.

As ruínas perturbariam porque anunciam a iminente perda de sentido que ameaça toda obra humana; mas essa falha na significância transformar-se-ia numa vertiginosa proliferação discursiva. Assim, a ruína é um tropo de indagação sobre a própria origem; o lugar de estratégias de reflexão que podem nos dizer mais sobre quem as olha que sobre o que é olhado.

Georg Simmel acreditava que as ruínas denunciavam a ruptura do pacto entre o homem e a natureza.[9] As construções, erguidas à revelia do espaço natural, ir-se-iam se arruinando num processo em que a natureza parecia lutar contra o corpo estranho construído nela. Abandonado pelos humanos, o edifício esboroaria, derrubado pelo descaso e pela intempérie. A vingança consumava-se quando o monte de escombros era revestido pela vida vegetal e povoado pelas animálias que faziam dele sua guarida.

Se toda construção leva em si, como uma semente prestes a brotar, o cerne de sua destruição, as ruínas seriam o resultado dessa germinação monstruosa. A ideia romântica da ruína como uma reconciliação do espírito com a terra-mãe aponta para o retorno da arquitetura à natureza – "lugares de vida de onde a vida afastou-se".[10] O processo de deterioração temporal não ocultaria

---

8 Cf. BOYM, S. "De la torre de Tatlin a la arquitectura de papel", *Punto de Vista*, n. 88, Buenos Aires, ago 2007, pp. 20-27.

9 Cf. SIMMEL, Georg. "La rovina", *Rivista di Estetica*, n. 8, 1981. pp. 121-127.

10 Idem.

o trabalho do homem no informe da matéria bruta, mas estaria a criar novas formas contaminadas, totalmente significantes, compreensíveis, diferenciadas.

Na ruína, o equilíbrio entre natureza e espírito se destrói e a natureza prevalece. Surge, assim, um processo de luto que as habita com os espectros da melancolia. "A ruína cria a forma presente de uma vida passada, não com base nos seus conteúdos ou nos seus restos, mas com base no seu passado, enquanto tal."[11]

Intactas como o *Betonklotz* ou Brasília, eliminadas como *16 toneladas*, congeladas como os prédios de La Habana, espalhadas no chão como *Template* – projetos, cidades, edifícios, monumentos, ações, textos –, as ruínas do futuro nunca chegaram a existir em toda a sua plenitude, mas também nunca chegaram a ruir. Interrompidas, estáticas, paralisadas na sua incompletude preservada, vagando como fantasmas entre o mundo dos vivos e dos mortos; longe, ao mesmo tempo, do espírito e da natureza, mantêm uma vida em suspensão.[12]

VII.

Entre o final dos anos 1960 e o começo dos 70, artistas latino-americanos que viviam em países quase exclusivamente controlados por governos autoritários desenvolveram estratégias de ação que se dirigiram sobretudo contra o sistema político e, só mais tarde, contra as instituições da arte. Eventos como Apocalipopótese (1968), no Rio de Janeiro; Do Corpo à Terra (1970), em Belo Horizonte; Expe-

11 Idem.

12 Num artigo publicado no *Harper's Magazine*, em dezembro de 2001, "Nas ruínas do futuro", Don DeLillo vê o atentado contra o WTC como sintoma de uma doença religiosa, tecnológica, moral e econômica: a guerra entre o passado e o futuro. O atentado parece ter corrompido definitivamente nossa relação com o futuro, afirma: "Agora tratamos de dar nome ao futuro não com a atitude habitual de esperança, mas impulsionados pelo medo." Esse futuro em ruínas modificaria a história, pois a civilização do futuro está ameaçada por um estado teocrático sem confins, flutuante e obsoleto até o ponto de depender do fervor dos suicidas para alcançar seus objetivos.

riências 68 (1968), em Buenos Aires; e Tucumán Arde, em Rosário, (1968), para citar apenas alguns exemplos, respondiam não só a um desejo generalizado de participação ativa na vida política e social, mas também propunham uma expansão dos limites da arte.

No começo do século XXI, depois de alguns anos de regimes democráticos, observamos, na América Latina, o surgimento de novos tipos de ação que se aproximam daquelas práticas político-conceituais. Alguns artistas deste século parecem, em princípio, se opor às políticas de globalização neoliberal, mas, sobretudo, contestam situações pontuais: destacam os crimes ecológicos, a disseminação da violência urbana, o sucateamento das instituições culturais ou a voracidade do mercado de arte definitivamente instalado entre nós. A expansão dos limites da arte não os preocupa, já que ela parece ter se alargado e diluído de forma incontrolável. O seu desejo parece ser intervir no espaço urbano apenas para fazer surgir nele visões dissonantes, contestatórias, algumas vezes líricas, outras sarcásticas.

As manifestações de Seattle e Gênova, os movimentos contra a guerra no Iraque ou os realizados em diversos países por conflitos locais, como o caso Fujimori, no Peru, ou a crise de 2001, na Argentina, desenham uma sintonia com os acontecimentos políticos e sociais que provocaram essas estratégias nos anos 1960 e 70.

Devemos levar em conta, também, o uso cada vez mais frequente da internet nas práticas de comunicação e agitação, inaugurado, provavelmente, nos anos 1990, pelo movimento zapatista. As operações de resistência política e cultural feitas e divulgadas através da rede provocaram a identificação de grupos internacionais com as minorias discriminadas, oprimidas e exploradas que estavam começando a agir em Chiapas e instauraram uma prática cultural que, antes do que propor qualquer programa revolucionário, parece ter o poder de recodificar signos culturais. Como prática textual, plural e simbólica, o uso da rede demonstra-se capaz de se opor, nem que seja por um breve lapso de tempo, aos circuitos discursivos estabelecidos.

Se no caso da guerra no Vietnã o sistema de convocação de manifestações múltiplas levou anos para ser organizado, hoje a mobilização pode ser imediata. Por outro lado, os protestos e as manifestações obedecem a uma estrutura descentralizada, aparentemente sem ideologia dominante.

VIII.

A arte participativa dos anos 1960 e 70 – Hélio Oiticica e Lygia Clark, sobretudo, mas também Antonio Manuel, Lygia Pape, Cildo Meireles e outros – é considerada pelos artistas brasileiros contemporâneos uma espécie de cena arquetípica de origem. Essa produção, que permaneceu nas sombras durante algumas décadas, mas que hoje é objeto de insistentes releituras, é um núcleo de referência das práticas artísticas atuais no Brasil. Muitos dos textos e das obras desses artistas, ruínas de um futuro que não foi, estão servindo de base para a criação dos discursos contemporâneos.

Revisitar as obras e os escritos dos artistas dos anos de chumbo, tendo em vista as propostas da geração atual, servirá não só para traçar genealogias, mas também para descobrir o que foi subtraído, reprimido ou rasurado nas narrativas da história oficial. As práticas contemporâneas, por sua vez, ressignificariam a arte do passado destacando um potencial crítico que parecia ter sido descuidado, esquecido ou rasurado.

Retomar práticas artísticas do passado significa pensar o acervo da arte como um museu vivo, cujas peças podem ser atualizadas e recriadas indefinidamente. Significa também pensar, com Baudelaire, que a memória é o grande critério da arte.[13] Para o poeta, toda obra devia incorporar e evocar a memória dos seus precedentes. Considerando que o presente modifica nossas me-

---

13 BAUDELAIRE, C. *apud* FOSTER, H. *Design and Crime (and other diatribes)*. Londres: Verso, 2002, p. 67.

mórias do passado, as obras contemporâneas iluminarão, de alguma maneira, os sentidos das propostas pretéritas.

IX.

Muitos artistas contemporâneos operam por meio de ações diretas no espaço urbano, buscando, como queriam os situacionistas, uma religação afetiva com os espaços degradados ou abandonados da cidade, com o que foi expulso, apagado ou esquecido na afirmação dos novos centros.

O *revival* do situacionismo se manifesta através de protocolos de leitura anacrônicos, trazendo para o presente os conceitos que Debord formulou na segunda metade do século XX. Essa *moda cultural* já se insinuava no fim dos anos 1990 quando o situacionismo recuperara seu prestígio em cenáculos da alta cultura artística e arquitetônica.[14]

Nesses anos, Giorgio Agamben estabeleceu uma relação entre a noção de situação e a ideia nietzschiana do *eterno retorno do mesmo*. Declara que a situação não seria a espontaneidade criativa que foge de qualquer objetivação nem o vitalismo esfuziante; nem sequer a liberação da subjetividade, características que correspondem à situação da época e que constituem o aspecto mais retrógrado da INTERNACIONAL SITUACIONISTA.[15] A situação – a ação real de uma vanguarda negativa – não foi uma ação da "vanguarda da ausência pura, mas sempre uma encenação do escândalo da ausência com a finalidade de convocar para uma presença desejada".[16] Por isso, depois do ponto culminante da negação da arte, deveria advir um novo nascimento da arte.

---

14 Cf. GORELIK, A. "Políticas de representación urbana: el momento situacionista", *Punto de Vista*, n. 86, Buenos Aires, dez 2006, pp. 23-30.

15 AGAMBEN, G. In: DEBORD, G. *Commentari sulla società dello spettacolo* e *La società dello spettacolo*. Milão: Sugarco, 1990, p. 239.

16 JAPPE, A. O *"fim da arte" segundo Theodor W. Adorno e Guy Debord*. In: www.rizoma.net/interna.php?id=153&secao=artefato. Acessado em 23 fev 2008.

> Nossas únicas manifestações, mantendo-se raras e breves nos primeiros anos, pretendiam ser completamente inaceitáveis: de início, sobretudo por sua forma, e mais tarde, ao se aprofundarem, sobretudo por seu conteúdo. E elas não foram aceitas.[17]

Em *Panegírico*, uma espécie de relato autobiográfico, Debord inscreve seus gestos nos de uma genealogia de insurgentes que remonta à Antiguidade greco-romana; seus atos seriam uma reencenação dos cometidos por combatentes, subversivos e bandidos do passado. Essa marginalidade manifesta-se como uma incorporação ao grupo dos despossuídos: os que não têm nada a perder nem a ganhar. Sua vida, conta, transcorre entre "classes perigosas: os empreendedores de demolições, os rebeldes e os pobres",[18] os presos políticos e os comuns, os jovens suicidas, os assassinos e os assassinados. Essa convivência o fortalece e o faz persistir na crença de que "alguns crimes, de algum gênero novo, que certamente não se ouviu nem citar no passado, poderiam não ser indignos de mim",[19] pois está convencido da degradação de todas as condições sociais existentes.

As situações criadas, desenvolvidas a partir de derivas – percursos experimentais por ambientes urbanos diversos –, procuravam localizar, construir ou perturbar – a partir das experiências com a psicogeografia – as ações diretas do meio sobre a afetividade. No primeiro número do *Boletim da Internacional Situacionista*, publicado em 1958, define-se a psicogeografia como o estudo dos efeitos precisos do ambiente geográfico, dispostos conscientemente ou não, que agem diretamente sobre o comportamento afetivo dos indivíduos.

> Para fazer uma deriva, caminhe a pé, sem meta nem horário. Escolha pouco a pouco o percurso, não com base no que você sabe, mas com base no que você vê ao redor. Deve se sentir estranhado e olhar

---

17 DEBORD, G. *Panegírico*. São Paulo: Conrad Editora do Brasil, 2002, p.27.
18 Ibidem, p. 25.
19 Ibidem, p. 27.

cada coisa como se fosse pela primeira vez. Uma maneira de fazê-lo e caminhar com passo ritmado e o olhar levemente inclinado para o alto, de modo a ter no meio do campo visual a arquitetura. E deixar a rua na margem inferior da vista. Deve-se perceber o espaço como um conjunto unitário e se deixar atrair pelo particular.[20]

A apropriação do espaço urbano será feita através de manobras que procurem respostas à crise da vida cotidiana; essa aproximação não deixa de manifestar uma predileção pela conquista onde a arte da geografia e a arte da guerra entram em jogo.[21]

Na terça-feira 6 de março 1956 às 10 horas G. E. Debord e Gil Wolman encontram-se na rua dos Jardins-Paul e se dirigem ao norte tendo em conta as possibilidades de explorar Paris a certa latitude. Apesar das suas intenções, logo veem-se obrigados a derivar para o leste e atravessar a seção superior do 11º distrito...[22]

Considerado um dos principais movimentos que, no século XX, contestaram a noção de arte, o situacionismo é, para Mario Perniola, um dos dois caminhos que, desde o interior das artes, se dirigem em direção à filosofia.[23]

Para o filósofo, porém, a Internacional Situacionista foi a única que manifestou uma repulsa realmente efetiva. A Internacional Situacionista, criada em 1957 como mais uma vanguarda artística, deixou de sê-lo, anos depois, sob a condução de Guy Debord, quando todas as práticas artísticas foram condenadas como *an-*

---

20 DEBORD, G. "Teoría de la deriva". Texto divulgado na segunda edição da Internacional Situacionista, 1958. [tradução livre].

21 ARDENNE, P. *Un Art Contextuel: création artistique en milieu urbain, en situation d'intervention, de participation*. Paris: Flammarion, 2004, pp. 12 e 96.

22 Ibidem, p. 96.

23 Cf. PERNIOLA, M. *L'arte e la sua ombra*. Turim: Einaudi, 2000, pp. 79-101. Para Perniola, esses dois movimentos – o outro seria a arte conceitual de Joseph Kosuth – expandem notavelmente os limites da noção tradicional de arte e propõem problemas de difícil solução à teoria estética.

tissituacionistas. Essa reação provocaria o afastamento de artistas como Asger Jorn e Pinot Gallizio e do arquiteto Constant. Contudo, a escolha antiartística de Debord – que acabaria levando o situacionismo para um beco sem saída – não exclui o significado estético.

No âmago do atual interesse pelas práticas e teorias situacionistas, estaria a negação absoluta de qualquer projeto utópico no pensamento debordiano, cuja atenção está sempre centrada na denúncia ou na evidenciação do conflito presente e jamais numa possível harmonia vindoura. Essa dimensão de ausência de futuros, onde o presente aparece como o único lugar em que a eficácia das ações possa ter algum sentido, impregna a noção de situação sempre entendida em oposição à de espetáculo:

> Enquanto o espetáculo é uma relação social entre indivíduos mediada pela imagem, a situação é um evento, uma dimensão do acontecer que supõe uma forte experiência do presente e que comporta certa coincidência entre liberdade e destino.[24]

Essa interpretação, nunca formulada por Debord ou outros situacionistas, é proposta por Perniola, *a posteriori* da ideia primária de situação. Considerar a situação um evento, insinua Perniola, seria estar próximo de uma das duas maneiras de entender a arte para os gregos. Além da clássica conceitualização da arte como forma, há outra que a define como evento, ou seja, de uma perspectiva orientada para a experiência da fulguração, da surpresa. Para que o evento aconteça, é necessário que seja sentido como acontecido para si. Esse entendimento do evento vai além das concepções estéticas precedentes – "um singular entrelaçamento de contemplação e ação"[25] – e outorga uma importância decisiva à ação, separando-a do resultado prático. Se todo evento supõe um exercício, toda situação necessita de uma repetição, "por isso a situação

---

24 Ibidem, p. 82.
25 Ibidem, p. 85.

é um trânsito do mesmo ao mesmo através do qual se completa uma diferença radical".[26]

Se aceitarmos a situação construída como sendo um evento, pode-se postular que a negação da arte defendida por Debord não significa o abandono do horizonte estético. Ao propor a arte como exercício, a estética do evento nega a importância do objeto de arte e realça a do momento processual que conduz à existência do objeto, o momento produtivo que o realiza.

As proposições de Lygia Clark e Hélio Oiticica pertenceriam a essa estética do evento que não só levava a realização de objetos desimportantes, como geralmente dirigia-se à não produção de objetos. A partir de sua estada em Nova York, Oiticica se aproximou do pensamento situacionista, passou a citar Guy Debord em vários de seus escritos e chegou a propor um *Penetrável (P12)* com textos escritos e declamados retirados do clássico de Debord, *A sociedade do espetáculo* (1967). Ao voltar ao Brasil, em 1978, participou do evento Mitos Vadios, realizado pelas ruas de São Paulo, onde apresentou o *Delirium ambulatorium*, uma de suas últimas derivas urbanas. A peça consiste em "caminhar pela periferia da área-baldia demarcada durante a duração da performance". Carregaria com ele, para São Paulo, fragmentos de calçada e terra do Rio de Janeiro, assim como outros objetos.[27]

caminhar pela
periferia da área-baldia demarcada durante a duração da
performance: caminhar to and fro sem linearidade
ambulatoriar:
inventar coisas para
fazer durante a caminhada.[28]

---

26 Idem.

27 BERENSTEIN JACQUES P. "Elogio aos errantes. Breve histórico das errâncias urbanas". Disponível em: http://www.vitruvius.com.br/arquitextos/arq000/esp256.asp. Acessado em: 25 nov 2007.

28 OITICICA, H. S/t. Acessado em 23 nov 2007 e disponível em: http://www.itaucultural.org.br/programaho.

A deriva debordiana, através do *Delirium ambulatorium* de Hélio Oiticica em Mitos Vadios, 1978, impregna um dos imaginários das artes visuais contemporâneas no Brasil e suas relações com a cidade e a comunidade.

X.

O retorno do situacionismo, no final do século XX e no começo do XXI, pode ser mapeado em diversos autores. Em 1998, em *Esthétique relationnelle*, Nicolas Bourriaud elabora o conceito de "utopias de aproximação", entendendo por isso práticas artísticas que se estendem num vasto território de experimentações sociais. As "utopias de aproximação", ao pretender agir sobre um mundo regulado pela divisão do trabalho, a ultraespecialização e o isolamento individual, gerariam novas percepções e novas relações de afeto.[29]

Para o escritor francês, a arte contemporânea se proporia a desenvolver um projeto político enquanto se esforçaria para investigar e problematizar a esfera relacional. Dessa maneira, a exposição seria um território específico de intercâmbios, um lugar privilegiado onde se instalariam coletividades instantâneas, regidas por princípios diversos de acordo com o grau de participação do espectador exigido pelo artista, a natureza das obras, os modelos de sociabilidade propostos ou representados.

A arte contemporânea, antes que representar, se proporia a modelar, se inserir e agir dentro do tecido social, mais do que se inspirar nele. Desse ponto de vista, a obra de arte se constituiria como um interstício social, um espaço de relações humanas que, ao se integrar mais ou menos harmoniosa e abertamente no sistema global, sugeriria outras possibilidades de intercâmbios que aqueles vigentes nesse sistema.

---

29 Cf. BOURRIAUD, N. *Estética relacional*. Buenos Aires: Adriana Hidalgo, 2006. pp. 10 e ss.

A tarefa da arte no campo do intercâmbio das representações seria criar espaços livres, propor temporalidades cujo ritmo atravessasse aqueles que organizam a vida cotidiana, favorecer relacionamentos intrapessoais diferentes daqueles que nos são impostos pela sociedade da comunicação.

Bourriaud, porém, preocupa-se em diferençar a arte relacional do situacionismo, pois, como ele destaca, para Debord, o conceito de situação não inclui necessariamente a interação com os outros. Dentro da concepção de Nicolas Bourriaud, o espetáculo – "uma relação social entre pessoas mediatizada por imagens"[30] – atinge, em primeiro lugar, as relações humanas, por isso só poderá ser combatido por meio de novos modos de relações interpessoais.[31] O *tempo intercambiável* de Debord, que nasce do encontro entre o acúmulo de capital e a força de trabalho disponível, é, na realidade, um tempo comprável. Estabelecer-se-ia, assim, uma relação dada sob a forma de um contrato, e não como interação com o outro e com o mundo. A obra relacional, pelo contrário, modela um interstício social, atualiza o situacionismo e o reconcilia com o mundo.

XI.

Paul Ardenne se apropria do conceito de *arte contextual* do manifesto do artista polonês Jan Świdziński (1923): *A arte como arte contextual* (1976). Nesse texto, Świdziński refere-se a sua obra como nova estratégia da arte, documentando histórica e teoricamente as relações da arte com a sociedade, confirmando a importância do contexto e propondo uma nova maneira de elaborar a prática artística em relação ao real.

Arte contextual seria uma denominação que compreenderia todas as manifestações que optaram por colocar a obra em relação

---

30 DEBORD, G. *apud* BOURRIAUD, N., *op. cit.*, p. 106.
31 Cf. BOURRIAUD, N., *op. cit.*, p. 106.

direta com o real, sem nenhuma intermediação. De acordo com o historiador,

> [a] posição da arte contextual é, em resumo, se distanciar: da representação (arte clássica), dos desvios (arte duchampiana), da arte tautológica, que analisa e estuda a si mesma (arte conceitual). A arte contextual aposta em destacar o potencial crítico e estético das práticas artísticas ligadas mais à apresentação que à representação, práticas que proponham intervenções no aqui e agora.[32]

Essa arte, precária e ativista, convocaria outros sentidos além da visão e permitiria, aos artistas, aproximações sensoriais que os levassem a uma investigação renovada do sensível. O artista contextual se constituiria como um corpo em meio a outros corpos, não reivindicando para si nem para sua obra qualquer lugar de privilégio. Ele agiria no interior de uma sociedade entendida como associação, através de micropolíticas com quais estaria comprometido de maneira crítica. Ardenne considera que, para esses artistas, herdeiros do realismo histórico, a arte existiria apenas no instante de sua realização: ligada às coisas de todos os dias, numa relação estrita com o contexto.[33] Nesses casos, o artista faz uso da intervenção direta com o intuito de inserir-se e inserir seu corpo no âmago da vida política, no cerne da cidade entendida como pólis. A legitimação dessas manifestações fugazes se radicaria numa instância sacrificial, pela ação realizada num momento, sem resto que se traduza numa ausência consentida de futuro como pretendiam os situacionistas.[34]

Ardenne expande o campo da arte contextual para: os conceitos de situação construída, deriva e psicogeografia da Internacio-

---

32 ARDENNE, P. *op. cit.*, p. 12.

33 Cf. ARDENNE, P. "Art et politique: ce que change l'art 'contextuel'". In: http://www.cfwb/lartmeme.

34 Cf. ARDENNE, P. *Un Art Contextuel: création artistique en milieu urbain, en situation d'intervention, de participation*. Paris: Flammarion, 2004, pp. 93-97.

nal Situacionista; a *Fluxus Sneak Review* (1962), de Benjamin Patterson e Robert Filliou em Paris; e os primeiros *Free Flux Tours* (1976) em Nova York. Em *Fluxus Sneak Review*, considerado um evento de encontro psíquico e intercâmbio verbal, Patterson e Filliou, depois de anunciarem os lugares e a hora das suas intervenções, discutiram com os passantes que ignoravam, quase sempre, o sentido de tal atitude. Os *Free Flux Tours* de Maciunas consistiam apenas em deambular pelas ruas de Nova York sem nada para fazer.

Hoje, os deslocamentos do artista pela cidade, com ou sem ações preconcebidas, lançam as bases já não de uma estética, mas de uma outra ética. Nela, a proximidade é vista como uma relação de afeto e, através de práticas de intersubjetividade ou criação coletiva, os artistas se dispõem a recombinar os signos, jogar com eles. Não pretendem alcançar a Verdade, mas apenas criar intervalos significativos no cotidiano, vê-los aparecer e se desmanchar. Não intentam a revolução, sabem que não podem mudar tudo: corrigem alguma frase aqui, destacam uma cor lá e, cientes que a linguagem da arte é uma linguagem de alteridade, preocupam-se em serem escutados e compreendidos.[35]

A ênfase na ação parece desprezar a criação de uma obra permanente e apontar para a substituição desta por um fato multiplicável ou um acontecimento transmissível. Esses procedimentos estariam a negar o pressuposto modernista do artista como herói e atualizariam o conceito do artista como "protagonista social", que teve seu auge entre 1960 e 70.

Alguns artistas hoje propõem uma arte que não se reivindique como uma criação maior, que aposte no menor, no sentido de Deleuze e Guattari, um menor onde tudo é político e tudo é coletivo. "Escrever como um cão que faz seu buraco, como um rato que faz sua toca",[36] partindo de "sua própria situação periférica,

---

35 Ibidem, pp. 34 e ss.

36 DELEUZE, G. e GUATTARI, F. *Kafka. Por uma literatura menor.* Rio de Janeiro: Imago, 1977, p. 28.

do seu próprio ponto de subdesenvolvimento, seu próprio patoá, seu próprio terceiro mundo, seu próprio deserto".[37]

XII.

Um dos trabalhos mais comentados durante a documenta XII foi *Fairytale* [conto de fadas], do artista chinês Ai Weiwei. A ação consistiu em levar 1001 visitantes chineses para Kassel. Os visitantes – oriundos de diferentes regiões da China – chegaram em cinco grupos, entre 12 de junho e 9 de julho. Weiwei levou também a Kassel 1001 cadeiras da dinastia Qing (1644-1911) colecionadas e restauradas por ele – uma para cada viajante –, que foram distribuídas em grupos pelos diversos pavilhões da exposição e serviram para discussões em grupo ou como local de descanso para os visitantes.

O artista transformou uma antiga fábrica de tecidos, perto do campus da universidade, em moradia. As paredes foram pintadas de branco e cortinas, também brancas, desempenhavam o papel de paredes temporárias que dividiam o espaço em vários dormitórios. Neles, quartos para dez pessoas, as camas estavam cobertas com tecidos coloridos desenhados por Ai. Em cada um dos dois pisos do alojamento, havia amplas áreas com mesas comunitárias, próprias para as refeições, o chá e o carteado. O artista desenhou ainda os móveis e os utensílios, organizou as comidas e contratou os cozinheiros (correu o rumor de que também oferecia cortes de cabelo).

O mais interessante sobre esse trabalho é a relação entre presença física e invisibilidade. As pessoas estiveram realmente lá, misturadas ao resto dos visitantes. Selecionados através do site do artista, preferiram-se os candidatos que nunca tivessem saído da China nem falassem uma outra língua. Foram convidados traba-

---

37 Ibidem, p. 29.

Ai Weiwei, *Fairytale*, documenta XII,
Kassel, Alemanha, 2007

lhadores, estudantes, poetas, integrantes de bandas de rock, donas de casa.

O nome do trabalho, *Fairytale*, alude tanto aos contos escritos na cidade de Kassel pelos irmãos Grimm quanto ao fato de essas narrativas terem a função pedagógica de transmitir experiências e valores de lugares distantes. A viagem para o Leste foi, também, a realização de um conto de fadas para os participantes e remetia à própria partida de Ai Weiwei para o Ocidente em 1981.

Ao se inserir no real sem estetizações, a eficácia de *Fairytale* sobre os visitantes da documenta XII foi insignificante, se comparada às mudanças produzidas na vida dos viajantes chineses, que tiveram a oportunidade de viajar pela primeira vez para fora do país natal e assistir a um evento do qual também faziam parte. *Fairytale* aborda, de maneira sutil, o frágil equilíbrio entre individualismo e identidade cultural.

XIII.

> Tudo o que faço é político, mas não tenho que anunciá-lo.[38]
>
> AI WEIWEI

Nos dias de hoje, quando os caminhos naturais da arte e da política parecem ter mudado de lugar, a grande questão para muitos artistas reside em como desenvolver um processo de contestação no interior de um sistema que é capaz de neutralizar e incorporar qualquer perturbação. Uma estratégia adequada parece ser resistir a essa institucionalização, inserindo-se no cerne da instituição, contaminando-a com um vírus que não a destrua, mas que denuncie suas cicatrizes e suas chagas, suas forças e suas fraquezas. A recusa dos objetos e a fuga para a ação coletiva e/ou efêmera poderiam ser mais que uma solução final, apenas uma tática de sobrevivência.

As grandes instituições conservadoras – o museu, a universidade, a academia – exercem uma estranha fascinação sobre seus críticos mais radicais. Atraem porque ainda mantêm uma posição simbólica cujas raízes estão profundamente fincadas na cultura democrática e no espaço público: de fato, na própria noção de cidadania.[39] A história dos últimos anos nos ensina que qualquer posição que, hoje, atacasse radical e frontalmente as instituições se demonstraria vã, além de ingênua. A única atitude viável, então, nos levaria a concebê-las como espaços potenciais para o encontro e a negociação. Uma posição que significa se manter alerta para examinar as possibilidades de se apropriar de uma parte do poder institucional e, ao mesmo tempo, manter, em relação a ele, uma margem de autonomia razoável.

---

38 Cf. COGGINS, D. "Ai Weiwei's Humane Conceptualism", *Art in América*, set 2007.

39 Cf. SHOLETTE, G. "Fidelidad, traición y autonomía: Dentro y más allá del museo de arte de la posguerra fria". In: http://www.republicart.net/disc/institution/sholette01_es.htm. Acessado em 29 nov 2007.

Servir-se, então, da instituição, pois fora da instituição, certa arte corre o risco de se diluir no real ou deixar que isso aconteça? Talvez seja isso mesmo o que alguns desses artistas propõem agora: se fundir no real, ser no real. Essas obras antiartísticas, ordinárias, impermanentes, se dissolvem, de fato, como ações comuns da vida urbana, vida cotidiana. Julgá-los a partir de princípios estéticos, políticos ou didáticos é praticamente impossível, apenas poder-se-ia aferir sua eficácia imediata, quase sempre muito modesta no momento de sua execução. Se seguirmos a proposta de Bourriaud, apenas poderia ser levado em conta seu potencial de estabelecer relações afetivas, mesmo que efêmeras.

Talvez seja necessário nos colocarmos frente a esses trabalhos da mesma maneira que seus autores – uma maneira fluida, porosa, instável, descompromissada –, então poderemos reconhecê-los, vê-los e senti-los. Não devemos esperar muito deles no aqui e agora, apenas vislumbrar pequenas vibrações nas arestas do real – esse espaço frágil onde tudo se contamina e se deteriora – que nos façam suspeitar que alguma coisa esteja por acontecer.

XIV.

Tudo o que permanece de *Fairytale* são os registros em fotos ou vídeos, talvez a documentação: compra de passagens, bilhetes, tramitação de vistos, orçamentos, recibos. O albergue branco e luminoso que Weiwei dispôs para seus convidados não chegou a se impregnar com as memórias dos seus habitantes transitórios. Para o restante dos visitantes da documenta XII só ficarão as lembranças ou as fotografias enigmáticas das antigas cadeiras e a descrição de *Fairytale* no catálogo da exposição.

O trânsito invisível de pessoas passou pela cidade sem deixar rastros. A execução da ideia, uma situação construída, foi o que constituiu a obra. Mas, ainda assim, há um resto que permanece como lembrança, como relato, como registro.

Que tipo de resto é esse? Na linguagem cotidiana, a palavra "resto" significa o que sobra, o que fica de um todo do qual se retirou uma ou várias partes; implica um estado de insuficiência ou inferioridade em confronto com as coisas a que se dá valor. Mas se evocamos a etimologia latina do verbo *restare* – parar; não se afastar, ficar constantemente, persistir; resistir; sobreviver –, "resto" remete à ideia de estabilidade, firmeza, resistência. Poderíamos pensar que o resto (a ruína) na arte seria aquilo que, na experiência artística, se opõe e resiste à homogeneização, ao conformismo, aos processos de produção de consenso massificado.

Perniola acredita que, após o desaparecimento dos valores metafísicos que sustentaram a ascensão da arte como forma cultural fundamental, a cultura ocidental não conseguiu fazer o trabalho de luto. Incapaz de se separar de seu fundamento metafísico, não está conseguindo repensar a *grandeza* da arte em termos adequados ao novo contexto social, político, econômico e religioso.[40] As grandes obras do passado restaram como despojos desse passado e é impossível percebê-las, ainda, como modelos a serem seguidos. Toda tentativa nesse sentido demonstra-se inadequada e falida de antemão.

O conceito de *incorporação,* de Nicholas Abraham e Mária Török,[41] é utilizado pelo filósofo para descrever a situação da arte contemporânea. No trabalho de luto – uma introjeção –, o trauma da perda pode ser superado pela manutenção da lembrança do passado. Diferentemente do luto e da melancolia, na incorporação se instalaria, dentro do eu, uma entidade psíquica estranha, uma espécie de inconsciente artificial, que preserva "como se estivesse morta alguma coisa ainda viva, e secretamente operante",[42] uma tumba, uma cripta.

---

40 PERNIOLA, M., *op. cit.*, p. 97.
41 ABRAHAM, N. e TÖRÖK, M. *apud*, PERNIOLA, M., *op. cit.*, p. 99.
42 Ibidem, p. 99.

Aquele que leva dentro de si uma cripta oculta de si mesmo o fato de haver perdido alguma coisa, mascara a ferida porque ela é indizível, pronunciá-la causaria a morte. A cripta é um resto, uma ruína entendida não como sobra descartável, mas como bloco de realidade resistente; um lugar incluso no outro, mas não fundido com ele. Algo entre uma centelha e um resplendor, uma utopia realizada, mas silenciada e oculta.

Considerar as ruínas do futuro como incorporações crípticas tornaria impossível exibi-las, pois seu desvelamento instalaria de novo o conflito. Se for essa a situação em que se encontra, para os artistas contemporâneos, a arte dos anos 1960 e 70, o surgimento do conflito é iminente. Essa arte, lançada no comum olvido durante décadas, *superada*, como alguns arautos da arte dos anos 1980 costumavam dizer, começa a voltar, não do seu encriptamento passado, mas de um futuro que nunca se realizou. O que esteve enclausurado no esquecimento foi lentamente desvelado. Um substrato arqueológico inexplorado, "um tesouro escondido que brilha apenas na escuridão"[43] começa a aparecer e se revelar.

Hoje, proliferam pelo mundo fábricas abandonadas convertidas em moradias precárias, habitações desintegradas ocupadas por invasores; edifícios sem revocar com painéis, tubulações e fios expostos. Muitos desses espaços estão decorados com fotos da casa familiar, de lugares de antes do desastre, de velhos edifícios que alguma vez simbolizaram o orgulho das utopias realizadas.

As recentes releituras dos textos canônicos dos anos 1960 e a revalorização de projetos artísticos censurados ou abortados naquela década apontam para certa nostalgia contemporânea; nostalgia de um futuro que não foi, que já era ruína enquanto ainda parecia construção. As curadorias dos grandes eventos internacionais – documenta de Kassel, Bienais de São Paulo e Veneza – reiteraram explorações sobre a arte e os artistas desse período e fizeram reaparecer as manifestações utópicas dos anos 1960.

---

43 Ibidem, p. 101.

Este texto propõe examinar as demandas dos jovens artistas do século XXI e as respostas que, nesse sentido, as instituições de arte oferecem para a retomada, *a posteriori*, dessas questões.

Quando, em 1935, Claude Lévi-Strauss chega a São Paulo, constata que "as cidades do Novo Mundo[...] passam diretamente do viço à decrepitude, mas nunca são antigas".[44] Do Novo Mundo, o jovem etnólogo conhecia, até então, Nova York e Chicago, onde tinha estado em 1931. Prisioneiro de intensa excitação intelectual (como declara a Didier Eribon em 1988), viaja ao Mato Grosso sentindo que está "revivendo as aventuras dos primeiros viajantes do século XVI. Por minha conta, descobria o Novo Mundo. Tudo me parecia fabuloso: as paisagens, os animais, as plantas...".[45]

Causa espanto escutar nas palavras de Lévi-Strauss a expressão "Novo Mundo" repetida depois de mais de cinquenta anos. Como a América, o Brasil continua fazendo parte de um mundo onde o antigo não existe: apenas o decadente; um mundo onde o novo está sempre surgindo do nada e, se não permanecer eternamente novo, deverá ser destruído.

Em tempos como os nossos, em que o universal atravessa o individual, instaura-se uma crise profunda que corrói os fundamentos do conhecimento como um todo e o lança sobre um patamar onde a questão da memória é incontornável. A questão da memória não é só relevante em países que passaram por catástrofes recentes, porém, no âmbito da América Latina, o chamado à memória é uma demanda urgente.

Não penso a peça de Seth Wulsin como uma escultura, apesar do que o artista afirma. É verdade que tem da escultura o esforço físico, as ferramentas, a retirada de material, a monumentalidade das dimensões. Mas o procedimento é gráfico, para não dizer fotográfico.

O fato de um artista norte-americano fazer um memorial na Argentina me faz pensar que alguns dos valores dos anos 1960 e

---

44 LÉVI-STRAUSS, C. *Tristes trópicos*. Buenos Aires: Eudeba, 1970, p. 81.

45 LÉVI-STRAUSS, C. e ERIBON, D. *De perto e de longe*. São Paulo: Cosac Naify, 2005, p. 37.

70 permanecem latentes entre os jovens de hoje, o que me alegra. A peça de Wulsin pode também ser pensada para além do espaço restrito da Penitenciária de Caseros, Buenos Aires, Argentina. Prisões arbitrárias, torturas, violações dos direitos humanos não são só localizáveis ao sul do equador.

No entanto, são os trabalhos cujas relações político-sociais tornam-se mais dúbias, através de uma realização formal e conceitual mais interessante, que chamam mais a atenção. Giorgio Agamben aponta para a implacável lucidez do diagnóstico debordiano: "O espetáculo é o capital em tal grau de acumulação que se transforma em imagem."[46] Para o filósofo, a situação política em que vivemos é a forma extrema de uma expropriação do comum; o espetáculo inverte nossa natureza linguística. A linguagem constitui-se como esfera autônoma e já não revela nada, a não ser sua própria autonomia, sua implícita separação do mundo e dos homens. O fluxo imagético impede que se vejam as imagens, assim como a comunicabilidade impede a comunicação. Agamben, porém, encontra na destrutiva violência do espetáculo a possibilidade positiva a ser usada contra ele mesmo.

> A política contemporânea é o desolador *experimentum linguae*, que desarticula e dissolve ao largo do planeta tradições e crenças, ideologias e religiões, identidades e comunidades.
>
> Só aqueles que conseguirem cumprir esse experimento até o fundo, sem deixar que o revelador permaneça velado no nada que revela, mas levando a linguagem até a linguagem mesma, serão os primeiros cidadãos de uma comunidade sem pressupostos, nem Estado...[47]

Em 1970, Meireles declarava que não trabalhava mais com metáforas, mas com a situação real:

---

46 DEBORD, G. *Commentari sulla societá dello spettacolo*. Milão: Lugarco, 1990, p. 54.

47 AGAMBEN, G. In: DEBORD, G., *op. cit.*, p. 68.

> Era um trabalho que, na realidade, não tinha mais aquele culto do objeto, puramente, as coisas existiam em função do que poderiam provocar no corpo social.[48]

As estratégias de transgressão que o artista compartilhava com seus contemporâneos e que, além da negação do objeto, incluíam o questionamento da instituição como o espaço sagrado capaz de neutralizar qualquer ideia são hoje retomadas por muitos jovens.

Texto originalmente publicado em: Revista Blanco sobre Blanco. Miradas y lecturas sobre artes visuales, *n. 3, Buenos Aires, 2012.*

---

48 MEIRELES, C. *Cildo Meireles* (catálogo). Valencia: IVAM Centre del Carme, 2 fev a 23 abr 1995, p. 98.

Contra formalismos (outra vez?): algumas anotações

> Aqui a estória se acabou.
> Aqui, a estória acabada.
> Aqui a estória acaba.
>
> GUIMARÃES ROSA

> Mas a arte seria ter saudades de nossa casa, mesmo estando em nossa casa.
>
> SØREN KIERKEGAARD

I.

A palavra "formalismo" começa a ser ouvida em Belo Horizonte, sintomaticamente, nos últimos anos da década de 1990. Ela se insinua, sorrateira, entre as conversas de vernissagem, circula, tímida, nos ateliês e atravessa os corredores das escolas de arte. Então, nós somos formalistas? A acusação, porque disso se trata, provém de segmentos do sistema da arte considerados hegemônicos.

Mas, afinal, o que é formalismo?

II.

A primeira vez que escutei a palavra "formalismo" deve ter sido por volta de 1965. Nesses anos, o estruturalismo começava a adentrar as salas da Facultad de Filosofía y Letras da Universidad de Buenos Aires e o formalismo russo estava na base do seu desenvolvimento.

Ao surgir, por volta do início do século XX, na Rússia, como uma ruptura contra o romantismo tardio na literatura e o futurismo nas artes visuais, o formalismo era parte de um movimento mais geral que pretendia fazer as artes mais acessíveis às massas. O trabalho de arte era considerado a soma dos elementos formais que o compunham, abolindo, assim, a distinção entre forma e conteúdo. A forma seria, simplesmente, a organização dos materiais pré-estéticos.

III.

Theodor W. Adorno considera a forma estética "a organização objetiva de tudo o que no interior de uma obra de arte aparece como linguagem coerente".[1] De acordo com o filósofo, uma das leis da arte moderna é a busca por novos materiais, entendendo por materiais não a matéria física que constitui a obra (mármore, papel, tintas, tecido etc.), mas a cor, a linha, a figuração ou a abstração, os esquemas de composição, a incorporação de aspectos ou elementos provenientes de outros campos. Sendo o material historicamente definido, sua utilização depende do contexto histórico no qual o artista está inserido.

Ao conter uma formação histórica determinada, o material estaria entre o conteúdo e a forma. Material, conteúdo e forma devem ser pensados em relação de interdependência. Nesse contexto, a forma seria, então, "a mediação necessária para o conteúdo estético, pois este somente surge a partir da relação totalmente estruturada, elaborada dos materiais".[2]

---

1 ADORNO, T. *Teoría estética*. Madri: Taurus, 1980, p. 116.

2 FREITAS, V. *Adorno & a arte contemporânea*. Rio de Janeiro: Jorge Zahar, 2003, p. 43.

IV.

Em 1967, no ensaio *Queixas de um crítico de arte*, Clement Greenberg observa que o termo "formalismo" começa a ser utilizado nos textos norte-americanos sobre arte por volta dos anos 1960.[3] Sejam quais forem as suas conotações, para o crítico, a noção de formalismo parecia, em inglês, profundamente vulgar.

No começo dos anos 1970, porém, no artigo "A necessidade do formalismo", Greenberg utiliza o termo, sem essa conotação, ao apontar para uma certa ênfase no rigor artesanal que poderia ser detectada na arte modernista. Assim, o formalismo derivaria do aspecto rigoroso, "frio", do modernismo e constituiria uma das suas categorias essenciais, especialmente na pintura e na escultura.

Mesmo que, para Greenberg, a qualidade de uma obra de arte fosse inseparável de seu conteúdo e que esse conteúdo permanecesse sempre "indefinível, imparafraseável, indiscutível",[4] resta, contudo, a noção, implícita na palavra "formalismo", de que, numa obra de arte, tudo o que não pertence à esfera da forma pertence necessariamente à do conteúdo.

V.

Em "Uma visão do modernismo" (*Art Forum*, 1972), Rosalind Krauss narra que Clive Bell e Roger Fry sugeriam que poderia ser útil virar uma pintura de lado para que seu tema não interferisse na qualidade da composição. Para esses artistas, que haviam expressado frequentemente seu desprezo para com o conteúdo da obra de arte, a qualidade da obra residia exclusivamente nas suas relações formais: intervalos de cor e forma e o arranjo desses intervalos na composição do quadro.

---

3 FERREIRA, G. e MELLO, C. C. *Clement Greenberg e o debate crítico.* Rio de Janeiro: Funarte / Jorge Zahar, 1997, p. 120.

4 KRAUSS, R. *apud* FERREIRA, G. e MELLO, C. C., *op. cit.*, p. 121.

Para a autora, parece óbvio que "uma boa composição não vai render muita coisa além de uma boa composição; não vai gerar obras de arte".[5]

VI.

Em "Viva o formalismo (bis)" (*Art Press*, 1990), Yve-Alain Bois propõe reabilitar o formalismo, já não a partir de Greenberg, mas dos textos dos formalistas russos Tynyanov e Jacobson, escritos no final da década de 1920. Para eles, o formalismo tinha como objetivo estabelecer mediações entre o lugar semântico da obra, as suas estratégias formais e tudo o que é exterior a ela: o mundo, a luta de classes, a religião, a história, a biografia, a tradição.

Para o crítico francês, a mediação entre uma obra e o que ela não é não poderia nunca privilegiar o tema, já que este não seria mais do que um elo elementar na interminável cadeia semântica que constitui a tessitura da obra de arte. Essa mediação é de origem ideológica e, por isso, deve ser, em primeiro lugar, formal, pois a forma sempre é ideológica.

Segundo Bois, o historiador da arte contemporânea deveria exercer uma operação de resistência contra as teorias antiformalistas e político-sociais. Essa resistência reagiria à assimbologia generalizada, reabilitando o formalismo ao destacar "as tarefas da arte, sua dimensão epistemológica".[6]

VII.

Mas, afinal, de que estamos falando hoje, em Belo Horizonte, quando nos acusam ou quando acusamos alguém de formalista?

É evidente que não estamos falando de arte. Acredito que qualquer discussão sobre o formalismo escamoteia uma questão muito

---

5 Ibidem, p. 165.

6 BOIS, Y. A. *apud* FERREIRA, G. e MELLO, C. C., *op. cit.*, p. 248.

mais complexa: a construção de um discurso verbal sobre as obras de arte. A confusão generalizada entre a arte e o discurso teórico sobre ela, cada vez mais abundante, cada vez mais vazio e dogmático, é tão preocupante quanto "a incapacidade de perceber a infinita proliferação que forma o tecido da obra de arte".[7] Se pudermos definir de alguma maneira a arte, será somente através dessa infinita proliferação semântica. Formas e conteúdos que deslizam sobre uma superfície única de fita de Moebius, apontando sempre para uma falha, um vazio por onde os sentidos se multiplicam.

Na realidade, estamos falando de um determinado discurso sobre a arte e, como dizia Greenberg, esse discurso é de uma vulgaridade extrema ("*vulgarity with a vengeance*").[8]

VIII.

As mudanças instauradas no sistema das artes, a partir da segunda metade do século XX, ao se abrirem para a pluralidade e romperem com o eurocentrismo e o evolucionismo, apontaram para a criação de um circuito que não seria mais regional ou nacional, mas global. Se o sistema da arte da pós-modernidade atua, hoje, nesse sistema único e transnacional, os sistemas nacionais e locais disputam espaços, ainda que subalternos. Em um determinado território físico – a cidade de Belo Horizonte neste caso – articulam-se os cruzamentos do sistema global com os sistemas nacionais e locais.

Arlindo Daibert, num texto escrito provavelmente no final da década de 1980, reivindica o reconhecimento de uma diversidade na arte que se faz em Minas Gerais, apontando, da Juiz de Fora natal, a exclusão do sistema de artes mineiro de quem não se enfileirou no ciclo "Guignard / os discípulos de Guignard / Amilcar de Castro / os discípulos de Amilcar de Castro".[9] E conclui se pergun-

---

7 Ibidem, p. 247.

8 FERREIRA, G. e MELLO, C.C., *op. cit.*, p. 120.

9 DAIBERT, A. *Caderno de escritos*. Org. Julio Castagnon Guimarães. Rio de Janeiro: Sette Letras, 1995, p. 167.

tando: "E os pobres mineiros que nunca moraram na capital ou que deixaram Belo Horizonte (como Farnese de Andrade), perdem ou não têm direito à cidadania?"[10]

Esse sistema de exclusões ressoa mais grave e urgente no começo do século XXI quando se observa, mesmo que escamoteada, a permanência de questões cruciais que afetam a arte de Belo Horizonte e de Minas Gerais. Como ignorar uma espécie de elitismo criado a partir das genealogias modernistas de origem, como fugir dos paradigmas – determinados pelos discursos legitimadores, mas assumidos por muitos –, que determinam que a arte produzida em Minas Gerais deve estar indissoluvelmente ligada a um certo "bem-fazer" proveniente tanto da talha barroca como da habilidade dos artesãos locais.

IX.

Lido e escrito a partir do eixo barroco / Guignard / neoconcretismo, o discurso sobre arte em Belo Horizonte marginaliza qualquer produção que possa ser entendida como desviante dessa norma. O *formalismo mineiro*, se existe, parece residir na recusa em aceitar qualquer narrativa (literatices!), qualquer referência, qualquer tradição que se desvie do legado barroco / Guignard / neoconcretismo.

Na maioria das vezes, isso se manifesta por uma tendência dominante para a abstração pós-pictórica ou geométrica (explorando escassamente o conceito de geometria sensível) ou por uma aproximação tardia à *arte povera*, feita, na realidade, através do uso acrítico de materiais pobres.

X.

Nos últimos anos, porém, é possível detectar a emergência, em Belo Horizonte, de grupos embrionários de artistas que se con-

---

10 Idem.

figuram menos pela afinidade do trabalho que por uma empatia alinhavada através dos percursos urbanos e institucionais.

São, em geral, artistas que têm, também, interesses e atuação em outras áreas do conhecimento ou da arte, o que lhes proporciona a possibilidade de um trânsito interdisciplinar e multicultural. Dança contemporânea, arquitetura, literatura, comunicação visual, rádio, sociologia, música eletrônica e cinema aportam visões estrábicas que contribuem para a construção de trabalhos cada vez mais híbridos.

Numa rede intertextual de associações e citações, a linhagem dessa produção acumula genealogias diversas. Jorge Luis Borges, Italo Calvino, Georges Perec, Clarice Lispector ou Guimarães Rosa convivem com Marcel Duchamp, Joaquín Torres-García, Lygia Clark, Hélio Oiticica, Sophie Calle, Laurie Anderson e Pina Bausch numa cena múltipla que, através de redes informáticas e comunicacionais, os conecta com um amplo espectro musical que vai de John Cage a Arnaldo Antunes, passando pela bossa nova, o rock nacional e a *world music*.

Formados dentro da instituição, lecionando na instituição, mas em constante debate com seus limites, trabalham a partir dos paradigmas desconstrutores da arte contemporânea, fazendo releituras irônicas e afetivas do desenho clássico, do construtivismo, do pop, do conceitual, da pintura dos anos 1980, da arte do corpo. A aluvião multicultural se constitui como a urdidura de trabalhos híbridos que exibem, numa certa preferência pela baixa tecnologia, um desejo de intervir incisiva, porém poeticamente, não só no espaço urbano, mas também nas relações interpessoais, se apropriando do uso da imagem técnica e da palavra, mas não desprezando os gêneros tradicionais, para criar espaços de profundo lirismo, pontuar situações de abjeção, de escárnio, de alienação ou, simplesmente, de convívio gozoso.

Contudo, é interessante observar um certo preciosismo na execução das suas propostas – os curadores e críticos paulistas que frequentavam a cidade na década de 1980 apontavam, não sem certo desdém, para a "elegância" e o "decorativismo" da arte mineira – que poderia ser interpretado como um índice residual do projeto construtivo formal do qual se afastam.

Esses artistas sabem-se na periferia de um mundo onde quase tudo é periferia, mas não reivindicam nenhuma ancestralidade local que os legitime, pelo contrário, nos seus trabalhos, vislumbram-se os ecos distantes de um projeto utópico atravessado por um viés parricida.

XI.

Em 1949, Mário Pedrosa concorreu à cátedra de Estética e História da Arte da Faculdade Nacional de Arquitetura com a tese *Da natureza afetiva da forma na obra de arte*, inspirada nas teorias da Gestalt.

Em 1996, Rodrigo Naves publica *A forma difícil*, ensaios sobre arte brasileira. São abordados no livro Debret, Segall, Guignard, Volpi e Amilcar de Castro. O historiador identifica na arte brasileira certa fragilidade, certa timidez formal que foge aos pressupostos da arte modernista.

Em 2001, a Americas Society promove, em Nova York, uma série de eventos, *Forma Brasil*, onde apresenta um grupo de artistas, escritores e músicos brasileiros, considerado por um jornal paulista a "seleção cultural brasileira".

Em 2003, quando o MAC de Niterói abre a exposição Forma/Suporte, a partir da Coleção João Sattamini, propus uma reflexão sobre a relação entre o suporte e sua forma na construção do espaço plástico, com artistas como Abraham Palatnik, Emmanuel Nassar, Franz Weissmann, Ivens Machado, Joaquim Tenreiro, Lygia Clark e Rubens Gerchman, entre outros.

Em 2004, a exposição Beyond Geometry: Experiments in Form, 1940's-70's no Los Angeles County Museum (Lacma) se propôs a pesquisar como, nesse período, os artistas desenvolveram formas radicais de arte que contribuíram para a configuração de um período social e politicamente turbulento. Nessa mostra, a arte concreta sul-americana é confrontada com a internacional num campo teórico que privilegia as rupturas e os movimentos contraculturais.

Ao longo dos últimos cinquenta anos, o conceito de forma é utilizado repetidamente, quase sempre na sua acepção de: "configuração física característica dos seres e das coisas, como decorrência da estruturação das suas partes; formato, feitio, figura";[11] a primeira acepção que aparece no dicionário *Houaiss*.

A exposição do Lacma abre, porém, para novas reflexões ao relacionar um determinado conceito de forma com os contextos históricos em que ele se desenvolveu e os projetos contraculturais nos quais os artistas estavam envolvidos.

Mário Pedrosa, imbuído dos conceitos da Gestalt, propõe a superação da antítese subjetividade *versus* objetividade através do conceito de *natureza afetiva da forma*, pelo qual as qualidades fisionômicas (formais) das obras despertariam reações afetivas no espectador.[12]

XII.

Para Nicolas Bourriaud, a forma da obra contemporânea estende-se para além de sua forma material. Seus componentes estariam sempre em processo de nascimento, pois gerariam – interminavelmente – novas possibilidades de sentidos.[13] A forma seria, pois, um traço de união, um princípio dinâmico de integração: o lugar de um "encontro durável".[14]

Não poderíamos (ou não deveríamos) pensar nunca mais em objetos fechados em si mesmos, legitimados pelo peso de um estilo, de uma assinatura ou de uma cotação no mercado, mas nas relações que esses objetos – essas formações, conformações, in-

---

11 *Dicionário eletrônico Houaiss da língua portuguesa*. Sublinhado do autor.

12 Cf. PEDROSA, M. *Forma e percepção estética*. ARANTES, O.F. (org.) São Paulo, Edusp, 1997.

13 Cf. BOURRIAUD, N. *Estética relacional*. Buenos Aires: Adriana Hidalgo, 2006, pp. 10 e ss.

14 Ibidem, p. 12.

formações – estabelecem com os outros objetos e com os sujeitos num jogo interminável de negociações e agendamentos.

XIII.

Em *Atlas*, um dos seus últimos livros, Jorge Luis Borges – já completamente cego – vê como ninguém uma obra de Claes Oldenburg: *Split Button*, 1981, o botão de 4,9 metros de diâmetro, de alumínio pintado com verniz de poliuretano, instalado em Levy Park, na Universidade da Pensilvânia, na Filadélfia.

O velho escritor, que não conhecia quase nada de artes visuais e provavelmente nada de arte pop, considera a obra um monumento – esse é o título do texto –, no sentido utilizado por Foucault na *Arqueologia do saber*.

O *Split Button*, então, é, para Borges, o monumento criado a partir da aparição súbita de uma coisa simples. O tamanho daquele objeto vulgar, porém, necessitou ser aumentado para que essa revelação pudesse ser compartilhada por todos. Foi esse desejo de comunhão que impulsionou o artista a "executar o vasto e sereno círculo que vemos nesta página e no centro de uma praça da Filadélfia".[15]

Texto inédito.

---

15 BORGES, J. L. *Obras completas*. Tomo III – 1975-1985. Buenos Aires: Emecé, 1991, p. 123.

Território dos poemas silenciosos: o jardim de sendeiros que confluem

Sei que algumas pessoas pensam que a tradição é algo morto, contrário ao seu próprio desenvolvimento ou expressão, mas eu sempre achei a tradição absolutamente libertadora.

IAN HAMILTON FINLAY

Porque todo es juego y nada es juego.[1]

EDGARDO-ANTONIO VIGO

Hacer un poema como la naturaleza hace un árbol.[2]

VICENTE HUIDOBRO

Un laberinto de símbolos [. . .] *Un invisible laberinto de tiempo. A mí, bárbaro inglés, me fue dado revelar ese misterio diáfano.*[3]

JORGE LUIS BORGES

Nas colinas do sul da Escócia, longe dos circuitos da arte, existe um jardim. Lagos, arvoredos e canteiros agrestes desvelam e ocultam fontes, velhos bancos de pedra, colunas, santuários. O jardim chama-se Little Sparta, e um passante atento caminharia pelas suas trilhas pensando andar pelos quadros de Poussin ou de Lorrain.

---

1 "Porque tudo é jogo e nada é jogo" [tradução livre].
2 "Fazer um poema como a natureza faz uma árvore" [tradução livre].
3 "Um labirinto de símbolos [...] Um invisível labirinto de tempo. A mim, bárbaro inglês, me foi dado revelar esse mistério diáfano" [tradução livre].

Talvez a obra mais importante do poeta escocês Ian Hamilton Finlay, Little Sparta, inscreva-se na genealogia dos jardins ingleses do século XVIII, nos quais a estética do pinturesco propiciava o desvelamento paulatino de surpresas a partir dos passos do visitante. Olhar para Little Sparta pressupõe uma atitude peripatética, através da qual se vai constituindo um sentido, que nunca é fixo, que sempre é mutável. O visitante percorre as matas frondosas, beira os lagos e os canteiros de ervas floridas e então, inesperadamente, descobre o que há de oculto entre eles: gastos bancos de mármore com inscrições, pedras com frases quase cobertas pela relva, colunas e templos de estilo clássico, navios, tanques, armas da Segunda Guerra Mundial, às vezes da Alemanha nazista. No plácido lago dos nenúfares, um porta-aviões é uma fonte; na beira do pântano, emerge a torre de um submarino atômico: a escultura *Nuclear Sail.*

O desconcerto, a inquietação, a suspeita assaltam o viajante e começam a corroer, na sua mente, a idealização do mundo clássico operada pela cultura contemporânea. Assim, ele adverte que o jardim de Little Sparta é uma das moradas da morte.

Na enigmática pintura de Nicolas Poussin, *Os pastores da Arcádia*, 1655, dois pastores apontam para um túmulo no qual aparece gravada a frase *Et in Arcadia Ego*. Para Louis Marin[4], a epígrafe latina é o equivalente visual da clássica *oratio imperfecta*, uma sentença na qual uma das partes foi apagada. Na *oratio imperfecta*, o verbo era geralmente omitido, cabendo ao leitor completar o sentido ambíguo e indeterminado com a palavra perdida. Como nota Panofsky[5], nessa frase o sujeito perdido é a morte. *Et in Arcadia Ego* deve ser entendido como: até eu – a morte – estou aqui, na Arcádia.

Em Little Sparta, Finlay evoca Poussin, mas ordena as belas capitais latinas numa pedra na qual está entalhado um tanque nazista camuflado. O topo renascentista é relido pelo poeta, para

---

4 MARIN, L. L. *Calligram, essays in the new art history from France*. Londres: Norman Brysson, 1988.

5 PANOFSKY, E. *Significado nas artes visuais*. Trad. Maria Clara Kneese e J. Guinsburg. São Paulo: Perspectiva, 1976, pp. 378 e ss.

desconstruir as aproximações ecológicas neorromânticas que intentam trivializar nossa noção de natureza.

Menos uma elegia que um *memento mori*, os emblemas da morte de Finlay restauram o ciclo natural e o deslocam para o lugar da cultura. Na tradição anglo-saxã de Blake, Finlay atribui aos clássicos, e não aos bárbaros ou aos clérigos, a destruição e a guerra.

O espaço alegórico do jardim, emblema do paraíso terrestre e da inocência perdida, instaura-se, também, ao invocar esteticamente as origens meridionais da civilização greco-romana. No árido páramo da Escócia setentrional, o jardim mediterrâneo sobrevive com dificuldade. Assim, *Little Sparta* é um jardim transplantado, no sentido da *translatio* neoclássica: a transposição dos valores clássicos longe do berço mediterrâneo da cultura ocidental.

No amplo espaço gramado, perto do lago do templo, a vegetação reproduz a aquarela de Albrecht Dürer *Das große Rasenstück*, uma pedra entalhada com a assinatura do artista alemão completa a cena. Junto do lago superior, sobre uma pedra lê-se: *See* POUSSIN, *Hear* LORRAIN.[6] Ao utilizar a arte como um modelo para reconstituir a paisagem, Finlay dá uma volta no parafuso dos mecanismos da representação. Nossas fantasias sobre a natureza são problematizadas e questionadas até os seus limites. Nesse espaço bucólico, nada é natural e tudo é construído.

Um pequeno templo dedicado a Apolo, divindade da beleza clássica e da harmonia, ostenta, na sua fachada, escamoteado entre os atributos clássicos, o elemento discordante de uma realidade contemporânea:

> TO APOLLO
> HIS MVSIC
> HIS MISSILES
> HIS MVSES.[7]

---

6 ABRIOUX, Y. "El jardín como figura poética", *El Paseante*, Madri, n.13, 1989, p, 77.
7 Idem.

Dentro do templo, as alusões à Revolução Francesa parecem recuperar certa idealização bucólica dos seus ideais igualitários, mas as sentenças jacobinas *OUSAR! É A POLÍTICA DA REVOLUÇÃO* ou *O TERROR É A PIEDADE DA REVOLUÇÃO*, inscritas nas suas paredes, deslocam o aparente arcadismo para uma tradição clássica de extermínio e aniquilação.

Para o crítico francês Yves Abrioux,[8] "a 'tradução' moderna de Finlay mostra a inquietante estranheza de que está imbuído o lirismo no nosso mundo dessacralizado". Emblema da poesia lírica e da música, o *Apolo* de Bernini, refeito por Finlay, com uma submetralhadora nas mãos, transporta do passado para o presente histórias de violência e morte. Apolo retorna das regiões hiperbóreas, mas retorna transfigurado em Louis Antoine Léon de Saint-Just, o Apolo da Revolução Francesa, um anjo da morte que ronda as cidades destruídas e os campos de extermínio multiplicados por uma guerra que não cessa.

No extremo mais longínquo de *Little Sparta*, uma frase de Saint-Just, gravada em fragmentos de pedra, fecha o jardim e o poema: "A ordem presente é a desordem do futuro".[9]

Borges, em *El jardín de senderos que se bifurcan*, propõe um labirinto que é um romance. Onde se esperava uma construção de pedras ou tijolos, ou, pelo menos, um jardim, encontra-se um livro. "*Dejo a los varios porvenires (no a todos) mi jardín de senderos que se bifurcan*"[10], escreve Ts'ui Pen, e sua escritura cria, com palavras, um labirinto de tempos divergentes, convergentes, paralelos. Um labirinto temporal, "*un laberinto de símbolos*".[11]

Em *Little Sparta*, o poeta escocês constrói um jardim real, com seus canteiros de flores, seus arvoredos, seus lagos, suas ruínas. Mas esse jardim é um poema no qual, à diferença do jardim bor-

---

8 Ibidem, p. 84.

9 Ibidem, p. 86.

10 "Deixo aos vários porvires (não a todos) meu jardim de sendeiros que se bifurcam" [tradução livre].

11 BORGES, J.L. *Obras completas*. Buenos Aires: Emecé, 1974, p. 477.

Ian Hamilton Finlay, *Little Sparta/Cabeça de Apolo no jardim selvagem*, 1966-2006

Ian Hamilton Finlay, *Little Sparta*, 1966-2006

giano, os caminhos confluem. Se o romance de Ts'ui Pen pretendia-se infinito, interminável, o jardim inacabado de Finlay, jardim físico de terra e pedras, contém em si um germe de finitude, um ponto de corrupção e morte.

Vagas de sentido inundam o jardim, sempre em construção, sempre em ruínas. As vozes que ressoam nas alamedas vêm de outros tempos e espaços: Saint-Just, mas também Hölderlin, Pater, Rousseau, Corot, Piranesi, Poussin, Lorrain, Dürer… Esse jardim de terra arada, adubada e semeada, esse jardim florido e frutal é também arado e semeado com os textos que nele se inscrevem e se multiplicam. Um jardim que não é nunca pura presença, mas que jamais será pura ausência.

Como se não pudesse falar sua língua (mas qual é sua língua?), Ian Hamilton Finlay constrói sua obra com os fragmentos e as ruínas da linguagem dos outros. Essa estética do fragmento e da ruína, própria da sensibilidade romântica, evoca também o sentimento elegíaco de uma tradição artística que age por deslocamentos e inversões. Assim, os poemas de Finlay, ao reinscreverem o sentido das palavras dentro de uma materialidade física específica, deslocam o puramente verbal e, ao mesmo tempo, fazem com que a poesia retome suas raízes etimológicas de *poiesis*. O pacto poético é renegociado radicalmente. Ler um poema não se reduz a achar sentido numa lista determinada de significantes verbais. Seus textos visuais e vegetais exigem do leitor a articulação das relações entre um determinado conjunto de palavras (às vezes uma só palavra), o meio em que elas estão inscritas, os contextos espaciais e temporais a que remetem, o ambiente que as rodeia.

O poeta nasceu em Nassau, Bahamas, em 1925, e foi educado na Escócia até o começo da guerra, quando foi enviado às ilhas Orkney. Seu primeiro livro de poemas, *The Dancers Inherit the Party* (1960), foi escrito em inglês, mas havia alusões ocasionais ao dialeto "*orkney*". No seu segundo volume, *Glasgow Beasts* (1961), uma coleção de poemas sobre metamorfoses animais, Finlay escreve no quase impenetrável dialeto da classe operária de Glasgow, cidade onde estudou arte antes de ingressar no Exército. Em *Glasgow Beasts*, sua poesia começa a explorar a visualidade. A partir desse livro, o artista, em colaboração com outros artistas, artesãos e arquitetos, cria poemas numa ampla variedade de mídias – pedra, gesso, bronze, néon, bordados –, além de *Stonypath*, o jardim mais tarde rebatizado como *Little Sparta*, em processo desde 1967.

Artista ímpar como Finlay, o poeta catalão Joan Brossa vê seu trabalho legitimado também no circuito das artes plásticas.

Brossa, que escreveu seus primeiros poemas durante a Guerra Civil Espanhola, nas filas da Frente Republicana, conheceu, em 1941, Joan Miró, a quem atribui uma forte influência moral e estética sobre sua obra poética. Em 1948, o poeta catalão funda, com Antoni Tàpies, Joan Ponç, Modest Cuixart, Joan Josep Tharrats e Arnau Puig, a revista *Dau al Set*, uma das primeiras iniciativas de recuperação do espírito vanguardista no pós-guerra franquista. *Dau al Set*, a sétima cara do dado, unia interesses contemporâneos – o existencialismo, as novas tecnologias, o jazz – à magia, ao maravilhoso, ao demoníaco – motivos caros aos surrealistas.

O conceito de poesia de Joan Brossa compreende poemas escritos, poemas-objetos, poemas visuais, poemas "transitáveis" (realizados nas três dimensões do ambiente urbano) e, ainda, poesia cênica e ações-espetáculos, algumas das quais se assemelham às ações e aos *happenings* dos anos 1950 e 60. "*Es la imagen y no la palabra la que atesora la poesía*"[12], escreve o poeta na apresentação da sua peça teatral *Poemáncia*, 1981, "*un espectáculo visual, sin texto, que se mueve entre el music hall y el teatro*"[13].

Na Bienal de Veneza de 1997, os poemas-objetos de Brossa conviveram, mais uma vez, lado a lado com os objetos das artes plásticas. Nesses trabalhos, o poeta justapõe dois elementos provenientes da realidade cotidiana, muito distantes um do outro ou, pelo

---

12 "É a imagem e não a palavra a que atesoura a poesia" [tradução livre]. In: BROSSA, J. "Poemas objetos: el poeta prestidigitador", *El Paseante*, Madri, n. 10, 1997, s/p.

13 "Um espetáculo visual sem texto, que transita entre o music-hall e o teatro" [tradução livre]. In: Idem.

contrário, análogos. Assim, num poema, um par de algemas não é tal, porque uma das peças é um bracelete de brilhantes; noutro, o revólver atravessa o alvo, inutilizando-o e inutilizando-se.

Não há palavras nesses poemas; pelo menos, não há palavras escritas. Para Joan Brossa, "*les paraules sòn les coses*".[14] À ambiguidade dos signos, Brossa opõe a materialidade dos objetos, mas, com um passe de mágica, retira destes todo o peso e toda a opacidade. São o que são, mas também são outra coisa.

O alvo e o revólver entrelaçam-se numa relação impossível, porque o cano da arma atravessa o centro do círculo. Mas como não ver uma metáfora do ato sexual, cômica e perversa ao mesmo tempo, nessa penetração absurda e sutil?

No interior da garrafa de vidro há várias peças de um quebra-cabeça. Na boca da garrafa, há um funil, também de vidro, também com peças do quebra-cabeça. Ao olhar uma segunda vez, observaremos que o funil, em vez de favorecer a entrada das peças, a impede. Um selo de correio transforma a luva numa mensagem? No lugar da algema, a pulseira de diamantes sugere que há prisões suntuosas?

No rarefeito espaço poético de Brossa não há lugar para precisas citações literárias ou artísticas. Uma crítica irônica corrói como um vírus a linguagem verbal, matéria-prima do poema. Como Ramon Llull, *El Gran Fantástico*, o sábio catalão da Idade Média, seu conterrâneo, Brossa tensiona e confronta os campos do conhecimento a partir da possibilidade de uma arte combinatória. A magia, o transformismo, o jogo, o acaso esperam na sétima face do dado. Dau al Set, a face oculta e paradoxal, que se constitui como o ponto de partida de uma vertiginosa proliferação de sentidos. Como o mágico dos tarôs, como o prestidigitador, Brossa põe sua mesa sobre a terra plana. Sobre ela, exibe e escamoteia os sentidos escondidos nos objetos que manipula.

---

14 "As palavras são as coisas" [tradução livre].

Se o poema é, em princípio, uma transgressão do código da linguagem,[15] uma espécie de patologia da linguagem, num segundo momento percebe-se que a poesia destrói a linguagem para reconstruí-la numa outra ordem. Nessa outra ordem, parecem se colocar os projetos de Finlay e de Brossa, que reivindicam para si, com ênfase, o estatuto de poetas.

A poesia espacial contemporânea nasce com Mallarmé, que lança a teoria da "fragmentação da ideia estética em imagens alotrópicas".[16] Mallarmé reinaugura o uso plástico do espaço branco da página e a proliferação tipográfica que interrompe o processo discursivo tradicional. Para Octavio Paz, o legado de *Un coup de dés* é a possibilidade de uma forma: um poema fechado para o mundo, mas aberto para um espaço sem nome. Cabe ao poeta do futuro habitar o espaço aberto pelo poema de Mallarmé.[17]

Apollinaire retoma, nos seus textos teóricos, essa linha de pensamento, porém seus *Caligramas* reabilitam um figurativismo que ele próprio tinha considerado destituído pelo cubismo pictórico.[18] Os *Caligramas*, inscritos na tradição da *technopaegnia*, das *carmina figurata* ou dos labirintos barrocos, parecem se perder na pictografia, numa figuração artificial, imposta.

A poesia visual passa, na modernidade, por um processo de semantização da letra. A transparência do signo é questionada através de tipologias específicas para o desenho das letras. O significante torna-se opaco e antecipa, visualmente, sentidos outros. O aspecto significativo da tipografia foi explorado pelas vanguardas futuristas e dadaístas, mas, como lembra Panofsky, o tipograma, já na Renascença, é utilizado como elemento significante.

---

15 COHEN *apud* PADÍN, C. "Paralengua, la otra poesia: los quiebres en la tradición poética argentina del siglo XX", *Graffiti*, Montevidéu, v. 6, n. 55, ago 1995, s/p.

16 MALLARMÉ, S. *apud* CAMPOS, A., PIGNATARI. D. e CAMPOS, H. *Teoria da poesia concreta: textos críticos e manifestos, 1950-1960*. São Paulo: Brasiliense, 1975, p. 99.

17 PAZ, O. *apud* AGUILAR, G. "El combate tipográfico", Syc, Buenos Aires, n. 6, ago 1995, p. 54.

18 AGUILAR, G. *op. cit.*, p. 72.

> Quando Vasari estendeu seus esforços imitativos até a própria inscrição, o que o atraía não era, evidentemente, a inscrição gótica de um ponto de vista artístico [...] mas julgou que mesmo a forma das letras expressa o caráter e o espírito de uma determinada fase histórica.[19]

Nesse sentido, pode-se apontar para a utilização dos tipos góticos pelo nazismo e das capitais latinas, disseminadas nos muros da Itália, pelo fascismo, em oposição à tipografia Bauhaus, simples, austera e funcional.

Na América Hispânica, a poesia espacial nasce sob a estrela do poeta chileno Vicente Huidobro, que, no manifesto do *Creacionismo*, 1917, propõe "*hacer un poema como la naturaleza hace un árbol*".[20] O poeta parafraseava um antigo verso do povo aimará: "*No cantes a la lluvia poeta, haz llover*".[21] Um dos fundadores da revista *Nord Sud*, junto com Guillaume Apollinaire, Pierre Reverdy, Tristan Tzara e Max Jacob, Huidobro, nos poemas de *Hallalli*, 1916, e de *Equatorial*, 1918, explora a espacialidade da palavra e a abre para uma polifonia de sentidos.

O peruano César Vallejo, em *Trilce*, 1922, também constrói uma nova visualidade, a partir de variações tipográficas e de espaçamentos que operam semanticamente. Oliverio Girondo, na Argentina, explora o espaço como âmbito privilegiado da criação poética, ora adicionando imagens ao poema, ora interpenetrando o verbal e o visual. Na década de 1940, os poetas dos movimentos rio-platenses Arte Concreto Invención e Madí trabalhariam com o isomorfismo forma-conteúdo, muito próximo do que faria o grupo Noigandres na década de 1950.

Os poetas concretos brasileiros desse grupo – Augusto de Campos, Haroldo de Campos e Décio Pignatari – elaboraram um levan-

---

19 PANOFSKY, E., *op. cit.*, p. 289.

20 "Fazer um poema como a natureza faz uma árvore" [tradução livre]. In: HUIDOBRO, V. *Poesía y prosa: antología*. Madri: Aguilar, 1957, p. 39.

21 Não cantes à chuva, poeta, faz chover" [tradução livre]. Idem.

tamento crítico das experiências visuais na poesia, para instituir seu *paideuma*: a poesia ideográfica chinesa, através das leituras de Fenollosa, Ezra Pound, James Joyce, Mallarmé, e. e. cummings, e "pq NÃO OS FUTURISTAS? – 'processo de luz total' contra DADAÍSTAS? – 'o black out da história'".[22]

Claramente afiliada ao projeto de modernização do Brasil, a poesia concreta coloca o fazer poético no campo construtivo e funcional do design. Cria-se, assim, uma genealogia atípica[23] que, ao mesmo tempo em que relaciona a poesia à arquitetura, à pintura e à escultura, recupera para o poeta a função de fazer objetos úteis. Em "olho por olho a olho nu", Haroldo de Campos manifesta que a poesia concreta "substitui o mágico, o místico e o 'maudit' pelo ÚTIL".[24]

Uma relação profunda entre a poesia visual e as artes plásticas pode ser rastreada a partir dos movimentos de vanguarda: o cubismo interpretado pelos textos de Apollinaire, o movimento plástico que seguiu os manifestos futuristas de Marinetti, o trabalho conjunto de poetas e artistas plásticos no dadaísmo e no surrealismo. No pós-guerra, Ernst Gomringer foi, por vários anos, secretário particular de Max Bill, na célebre Escola de Ulm. A primeira exposição de poesia concreta de São Paulo, 1957, aconteceu logo depois da estada de Max Bill no Brasil, em 1953, por ocasião da sua participação na Bienal de São Paulo. No Río de la Plata, os grupos Arte Concreto Invención e Madí reuniam arquitetos, artistas plásticos e poetas.

Ian Hamilton Finlay estudou arte em Glasgow e declara-se admirador de artistas como Juan Gris, Braque, Léger, Metzinger e, entre os do passado, David, Puvis de Chavannes, Corot, Poussin, Lorrain.

Joan Brossa, que trabalha em colaboração com artistas plásticos como Antoni Tàpies, explora um espaço que se expande do poético para o plástico, o performativo e o cênico.

---

22 CAMPOS, A., PIGNATARI, D. e CAMPOS, H., *op. cit.*, p. 53.

23 AGUILAR, G., *op. cit.*, p. 66.

24 CAMPOS, A., PIGNATARI, D. e CAMPOS, H., *op. cit.*, p. 54.

Na América Latina, em meados da década de 1960, várias tendências da poesia experimental, como o letrismo francês difundido através da revista cubana *Signos*, dirigida por Samuel Feijóo, a poesia visual divulgada do México pelo artista plástico e poeta Mathías Goeritz, a poesia Visiva italiana, o espacialismo de Pierre Garnier, o poema/processo de Wlademir Dias-Pino, floresceram num espaço receptivo, aberto pelos poetas concretos no Brasil e pelo grupo Madí no Río de la Plata.

Os participantes da 2ª Expo Nacional do Poema/Processo, no dia 26 de janeiro de 1968, "realizaram um rasga-rasga de livros de poetas discursivos (Drummond, Cabral e seus satélites)",[25] nas escadarias do Theatro Municipal do Rio de Janeiro. Ligados à tradição concretista, esses artistas não separavam a poesia das artes plásticas.[26] Seguindo esse princípio, apresentaram seus trabalhos no evento "Arte no Aterro", no Museu de Arte Moderna do Rio de Janeiro e em exposições de arte e de poesia visual no Brasil e no exterior.

Em 1969, o artista argentino Edgardo-Antonio Vigo organizou, no Instituto Di Tella, a mostra Expo Internacional de Novíssima Poesia / 69, com trabalhos de poetas visuais e poetas fônicos da América Latina, da América do Norte, da Europa e do Japão. Nessa oportunidade divulgou seu texto "De la poesía/proceso a la poesía y/o a realizar".[27] Nele, estabelece a genealogia do poema/processo a partir do grupo Noigandres.

Ian Hamilton Finlay já observara que o componente visual da poesia concreta é mínimo. Para ele, o conceito do poema como objeto, do grupo Noigandres, é "uma metáfora realmente muito exata. Mas isso significa algo muito diferente de fazer poemas em objetos de vidro ou algum outro material".[28]

---

25 DIAS-PINO, W. *Processos, linguagem e comunicação*. Petrópolis: Vozes, 1971.

26 MORAIS, F. *apud* DIAS-PINO, W., *op. cit.*

27 VIGO, E. A. "De la poesía/proceso a la poesía y/o a realizar", *Diagonal Cero*, La Plata, n. 6, 1970, p. 5.

28 FINLAY, I. H. *apud* ZURBRUGG, N. In: ABRIOUX, I. "El jardín como figura poética", *El Paseante*, Madri, n. 13, 1989, pp. 74-90.

A práxis do poema/processo, considera Vigo, leva a uma abertura do campo poético para além do concreto, do tipográfico, do puramente visual e desemboca no objeto-poema. O objeto-poema, poema para ser visto, manuseado, gasto, é o oposto do poema-objeto da tradição dadaísta e surrealista, ainda fixado numa certa literalidade. Depois de analisar as possibilidades visuais e espaciais do objeto-poema, o artista argentino propõe dois desenvolvimentos sucessivos: o poema para armar e o poema a realizar. A proposta de Vigo consiste na "*activación más profunda del individuo, la realización por él del poema*".[29] O centro do fazer artístico é deslocado para o leitor/espectador – agora criador; o artista é um projetista (ou, como queria Lygia Clark, um propositor).

O projeto de Vigo insere-se na revisão dos mecanismos de criação, difusão e recepção da arte que se põem em marcha nesse período. Como Vigo, outros artistas (plásticos?), como Wlademir Dias-Pino, Luis Benedit, Horacio Zabala, Marie Orensanz, circularão por esse campo ampliado, agora interstício entre a arte conceitual e a poesia visual, como o haviam feito nas décadas anteriores Ferreira Gullar e Gyula Kosice.

Na última década, as tecnologias digitais e midiáticas demonstraram-se como espaços privilegiados para a subversão da linguagem poética. O grupo argentino Paralengua define-se como "un espacio poético aglutinador de aquellas propuestas que intentan una alternativa frente a la 'tradicional técnica' del soporte libro y la escritura impresa en los modos usuales".[30]

No site *Postypographica* e na revista *Xul* – homenagem a Xul Solar, artista plástico, escritor e criador da *panlengua* –, o grupo Paralengua propõe-se à ampliação do conceito do poético e à dis-

---

29 VIGO, E. A. *Anteproyecto de proyecto de un pretendido panorama abarcativo*. Buenos Aires: Fundación San Telmo, 1991.

30 "um espaço poético aglutinador daquelas propostas que buscam uma alternativa ante a 'técnica tradicional' do suporte livro e à escritura impressa nos modos usuais" [tradução livre]. In: ESTÉVEZ *apud* PADÍN, C. "Paralengua, La ohtra poesía", 24 abr 2017. Disponível em http://eksperimentaskribo.blogspot.com.br/2017/04/paralengua-la-ohtra-poesia-clemente.html.

Ian Hamilton Finlay, *UNDA*,
blocos de pedra entalhados, 1987

solução dos limites entre as disciplinas artísticas. Poemas interativos que se dimensionam no espaço virtual, palavras em movimento que se combinam e recombinam interminavelmente, imagens que são letras e letras que interagem com imagens. Signos em rotação, como queria Octavio Paz.

Da imobilidade atemporal da pedra, um poema-escultura de Ian Hamilton Finlay evoca o infinito ondular e o proliferar dos signos. *UNDA* (onda, em latim) é um poema de uma só palavra, instalado no campus da Universidade de San Diego (UCSD), na Califórnia.

UNDA consiste em cinco blocos de pedra, nos quais estão entalhadas, em várias sequências, as letras U, N, D, A e o símbolo de revisão ʃ, utilizado com o sentido de "trocar de lugar estas letras". Cada sequência de letras leva o símbolo, de tal maneira que, apesar da aparente desordem dos signos, cada bloco contém a mesma palavra: UNDA. Um signo sinuoso, como uma onda, serpeia pelas letras e as desloca para sua necessária ordem semântica.

UNDA foi construído com pedra calcária de Cotswolds, Inglaterra, escolhida pela similitude da sua cor com a dos penhascos perto do campus da UCSD. As pedras, cortadas rudemente, alinham-se com o horizonte distante do mar. Uns poucos eucaliptos e pinheiros foram plantados em cada extremo do poema-escultura. As novas árvores emolduram a peça, dialogam com as árvores ao longe e criam a sensação de um sítio especial. A onda que flui entre as letras e as organiza é, como as mesmas letras, um traço, um signo cujo dinamismo é assimilado ao fluir da natureza e do tempo e ao fluir natural da linguagem.

Afastado do espaço virtual, fixado ainda na concreta materialidade da rocha, Ian Hamilton Finlay também coloca em rotação os antigos signos inscritos na pedra. O processo poema-objeto-poema não para, e os caminhos, que se bifurcavam, agora confluem.

Texto originalmente publicado em: Pós – Revista do Programa de Pós Graduação em Artes da Escola de Belas Artes da UFMG, *v. 1, n. 2, Belo Horizonte, nov 2011.*

II POLÍTICAS DA MEMÓRIA

Corpos ausentes, corpos espetaculares: anotações e esboços sobre arte, corpo e memória

> *Dos o tres veces había reconstruido un día entero; no había dudado nunca, pero cada reconstrucción había requerido un día entero.*[1]
>
> BORGES

> [...] como num teatro verdadeiro, sem disfarce e sem máscara, o dejeto, como o cadáver, me indica aquilo que eu afasto permanentemente para viver. Porque a abjeção é, em suma, o outro lado dos códigos religiosos, morais, ideológicos sobre os quais repousam o sono dos indivíduos e a calma das sociedades.
>
> KRISTEVA

LEMBRO-ME

Lembro-me de que, numa viagem à Itália no final dos anos 1970, não cessava de reparar nas placas pintadas, gravadas, esculpidas na pedra ou fundidas em bronze que proliferavam nas ruas e vielas de grandes cidades e de pequenas aldeias. Não conservo nenhuma fotografia – há coisas que não se fotografam –, mas a lembrança das intermináveis listas de nomes das pessoas que tinham sido assassinadas pelos fascistas persiste. Numa esquina, num beco, no muro, na rua, os nomes, que impregnavam os espaços urbanos com as

---

1 "Duas ou três vezes tinha reconstruído um dia inteiro; nunca tinha duvidado, mas cada reconstrução tinha requerido um dia inteiro" [tradução livre].

memórias da morte multiplicavam-se, misturavam-se com antigas inscrições romanas, medievais, renascentistas ou barrocas, dialogavam com os grafites contestatórios e os cartazes publicitários.

A lembrança dessas inscrições, potencializada pelos acontecimentos dos mais de vinte anos que se passaram entre aquela viagem e hoje, denuncia, *a posteriori*, a existência latente de uma das preocupações centrais da cultura ocidental contemporânea: a preservação da memória.

Naquelas ruas italianas, saturadas pelas imagens de séculos de história, as simples placas com as pequenas listas – às vezes eram três ou quatro nomes – alcançavam uma visibilidade intensa. A simples enunciação – o fato, os nomes, a data – acionava os processos da memória ao mesmo tempo em que inscrevia, na cidade, aquilo que a cidade não devia esquecer.

MEMÓRIA TOTAL

Se o século XX nasceu sob o mito das rupturas radicais – os manifestos dos futuristas anunciavam a supremacia do mecânico sobre a beleza clássica e propunham queimar as bibliotecas e inundar os museus –, o século XXI começa obcecado pela memória.

A cultura modernista, de acordo com Andreas Huyssen, foi energizada por utopias de "futuros presentes" que poderiam ser entendidos a partir da construção dos paradigmas de modernização, incluindo neles as alegorias de purificação racial ou de classe que desembocaram nos genocídios e massacres do século XX. O ensaísta utiliza a noção oposta de "passados presentes" para pensar no deslocamento, na experiência e na sensibilidade do tempo que se opera a partir da década de 1980. Esses passados presentes, talvez formações reativas à globalização, constituem-se através de uma musealização instantânea do espaço cultural e apontam para um desejo impossível de recordação total.[2]

---

2 HUYSSEN, A. *Seduzidos pela memória*. Rio de Janeiro: Aeroplano, 2000, p. 7.

A conjectura de uma memória total, vislumbrada por Borges em *Funes, el memorioso*, é aterradora. Ireneo Funes, que não só lembrava de cada folha de cada árvore de cada serra, mas de cada uma das vezes que as havia percebido ou imaginado, não era, porém, capaz de pensar.

> *Pensar es olvidar diferencias, es generalizar, abstraer. En el abarrotado mundo de Funes no había sino detalles, casi inmediatos.*[3]

O excesso de memória bloquearia o pensamento crítico, pois imoderado amor ao passado impede que se viva o presente. Dessa maneira, a sociedade que conseguisse a recordação total estaria paralisada, presa para sempre numa rede infinita de lembranças, refém de uma interminável e dolorosa rememoração de detalhes irrelevantes.

MEMÓRIA ATIVA

Na contemporaneidade, nos países latino-americanos, a memória invocada parece ser de outra espécie. O termo *memória ativa*, criado por Eva Giberti, aponta para uma memória que se colocaria a serviço da justiça para se servir do passado sob o domínio da vida.

De acordo com Giberti:

> *La memoria conserva la temperatura y la vibración imprescindibles para salir al rescate de lo sucedido porque los seres humanos podemos quedar prisioneros de esa realidade corrompida en la que, por efectos del tiempo y el olvido, se desactivan los recuerdos de lo acontecido* [...] *porque cuando se carece de memoria se pierde la responsabilidad personal e institucional.*[4]

---

3 "Pensar é esquecer diferenças, é generalizar, abstrair. No mundo entulhado de Funes não havia mais que detalhes, quase imediatos" [tradução livre]. In: BORGES, J. L. *Obras completas – 1923-1972*. Buenos Aires: Emecé, 1981, p. 490.

4 "A memória conserva a temperatura e a vibração imprescindíveis para sair ao resgate do sucedido porque nós, os seres humanos, podemos estar prisioneiros dessa realidade corrompida na qual, por efeitos do tempo e do esquecimento, desativam-se as lembranças do

Essa memória se constituiria a partir de uma ação coletiva, consciente e constante que se faria efetiva através da reclamação. Para Giberti, essa reclamação é a função maior de uma memória que não cessa de se fazer ouvir. Uma memória que restituiria as redes de sentidos e, ao repor o que falta, o que não está, ou o que está no modo de não estar, resgataria do vazio aquilo que foi subtraído. A memória ativa se constituiria, assim, como uma memória ativada que permitiria aos homens refazer a esgarçada trama dos dias, suturar as feridas abertas pela violência do Estado e convocar para junto dos vivos os que já foram e os que ainda hão de ser.[5]

Para o psicanalista argentino Hugo Vezzetti, seria necessário contribuir para um trabalho de reconstrução da memória que nos envolva, que seja capaz de interrogar e, eventualmente, alterar as certezas e os valores que contribuíram para obscurecer a recuperação teórica desse passado. Nesse sentido, uma genealogia da violência e da ilegalização das instituições do Estado não poderia estar ausente de uma memória que deseje ser eficaz na construção de um futuro diferente.[6]

OS MUNDOS DO CORPO

Em 1999, no Ars Electronica Festival, em Linz, Áustria, entre fileiras e fileiras de computadores de última geração, distinguia-se uma plataforma isolada do público por uma corda de veludo. O que não seria incomum em outra exposição, parecia muito estranho nessa mostra. Mais ainda, uma placa com a palavra *Verboten* [proibido] mantinha o observador a distância.

A peça em questão era uma vitrine onde parecia acontecer uma partida de xadrez. (Como não evocar a foto da partida de

---

acontecido [...] porque quando não se tem memória, perde-se a responsabilidade pessoal e institucional" [tradução livre]. In: GIBERTI, E. "Memoria activa", *Página 12*, dez 1992. Disponível em: http://spot.net.ar/evagiberti/articulos.

5 Cf. TERÁN, O. "Tiempos de memoria", *Punto de Vista*, n. 68, p. 12.

6 Cf. VEZZETTI, H. "La memoria nos involucra", *Página 12*, disponível em: www.pagina12.com.ar/.

xadrez que Marcel Duchamp jogou com uma jovem nua atrás de uma vitrine, na década de 1960?) De um lado, uma máquina estava a ponto de movimentar a rainha branca. O oponente era um homem cujos olhos azuis fixavam o tabuleiro. Mas o homem estava esfolado, literalmente desprovido da pele, e tinha cérebro exposto. Em toda a extensão do seu corpo, músculos, tecidos e ossos eram visíveis. Mas o mais terrível dessa cena, organizada num claro contexto estético, era saber que o corpo do jogador era um cadáver dissecado.[7]

A instalação, chamada *Jogador de xadrez*, estava subintitulada *Arte anatômica*. O texto que acompanhava o trabalho descrevia uma nova descoberta científica, um processo chamado *plastination* [do grego: tornar plástico]. O processo, desenvolvido no Instituto de Anatomia da Universidade de Heidelberg pelo anatomista Gunther von Hagens, como uma tentativa de aperfeiçoar o método egípcio de embalsamamento através da conservação de substâncias orgânicas por meio de materiais plásticos, lograra manter inalteradas as células do corpo e o relevo das superfícies até o nível microscópico.

Em 1997, o dr. Von Hagens apresentou, pela primeira vez, em Mannheim, no Museu da Técnica e do Trabalho, na exposição Os Mundos do Corpo: Fascinação das Superfícies, mais de duzentos cadáveres humanos conservados por meio desse processo.

O mais notável, porém, é que esses corpos – pretensos modelos anatômicos – foram esculpidos em poses de estátuas clássicas, às vezes brandindo uma espada, outras esfolados, exibindo a própria pele como um troféu, abertos, expondo as próprias vísceras, ou jogando xadrez.

A tradição do modelo anatômico, geralmente feito em cera, nascida na Renascença e que perdurou até o século XIX, inseria-se na área da estética ou da teologia. Essas imagens – além de escul-

---

7 NEWMAN, M. "Chess Players Stripped Bare by the Scientists". *Even*. Disponível em: http://residence.aec.at/rhizome/12.html.

turas, eram produzidos desenhos e gravuras – eram realizadas por artistas de renome e excediam as estritas intenções da ilustração médica. Os médicos ou os cirurgiões da época não tinham a capacidade de intervir no corpo humano com os níveis de refinamento que as imagens ofereciam. A principal meta da representação anatômica era, então, a exibição da "suprema arquitetura" que residia na criação divina.

Nosce te ipsum[8] era o lema que guiava essas obras; a emblemática justificativa para a produção dessas imagens. As poses da Antiguidade greco-romana, ou da iconografia cristã, eram recriadas pelos artistas anatomistas na forma de *écorchés,* esfolados, como *Smugglerius, Écorché of Man in the Pose of the "Dying Gaul",* Thomas Pink, 1775, ou a *Crucifixão anatômica,* Thomas Banks, 1801.

Se em Leonardo da Vinci já emergia, sob a pele humana, o anonimato da anatomia, essa pulsão seria, depois, confirmada nas *Lições de anatomia*, de Rembrandt, e, mais tarde, em Géricault, desenhando nos necrotérios dos grandes hospitais, ou em David e Daumier, que registraram os espasmos dos condenados à guilhotina.

Mas esses artistas e outros que seguiram seus passos ainda permanecem no campo da representação ou do simulacro. Von Hagens, porém, invocando as esculturas anatômicas do passado, estetiza cadáveres humanos e os desloca de sua função de objetos de estudo de anatomia para o campo mais amplo e mais indefinido de objetos estéticos.

Quando visitamos museus, esquecemos muitas vezes que somos testemunhas mudas percorrendo galerias que conservam com impunidade os produtos ilícitos das rapinas de guerra, dos massacres étnicos, da violação de túmulos, do desmantelamento de santuários. E, se de alguma maneira, ainda tememos a maldição da múmia, nos tranquiliza saber que esses crimes e esses cadáveres se perdem na noite dos tempos.

---

8 "Conhece-te a ti mesmo".

Mas os corpos do dr. Von Hagens são nossos contemporâneos e, mesmo que ele ofereça todas as garantias da legalidade do seu trabalho – não se cansa de repetir que foram corpos doados à ciência –, nos inquietam e perturbam. As exposições despertaram indignação em muitos dos lugares por onde passaram, sendo consideradas doentias e macabras. Em Berlim, a Igreja Católica Romana da Alemanha rezou um réquiem pelas almas dos mortos.

É em nome da ciência, e não da arte, que o anatomista declara retirar os espécimes do anfiteatro anatômico e exibi-los pelo mundo. É em nome da ciência, e não da arte, que ele se propõe a criar um museu de corpos. Sua intenção é vã, os corpos *plastinados* exibem *tópos* artísticos demais para serem considerados objetos científicos contemporâneos. Por mais que o anatomista declare que seu trabalho pertence ao campo da ciência, suas obras são preciosas e intocáveis como objetos de arte e, como objetos de arte, são vistas e debatidas pelo sistema.

Nas últimas décadas, as artes visuais que, segundo Schopenhauer, se constituíam como um espaço de suspensão da dor de viver tornaram-se o campo da dor e da morte. A arte nunca é imoral, lembra Paul Virilio, mas "abandonar todo pudor, toda reserva, não é uma atitude imoral, é uma atitude perigosa".[9]

TO ABJECT/TO BE ABJECT

De acordo com Julia Kristeva, o abjeto é aquilo do que o eu deve se liberar para vir a ser um eu. Uma substância fantasmática, alheia ao sujeito, mas íntima dele, tão íntima que sua proximidade produz pânico. O abjeto aponta para a fragilidade de nossos limites corporais, para a precariedade da distinção espacial entre dentro e fora, assim como para a passagem temporal do interior do corpo materno à exterioridade da lei do pai. Espacial e temporalmente,

---

9 VIRILIO, P. *A bomba informática*. São Paulo: Estação Liberdade, 1999, p. 53.

a abjeção é uma condição na qual a subjetividade é problematizada e o sentido entra em colapso.[10]

Uma das questões da arte contemporânea é a possibilidade de representação do abjeto. Caberia, pois, se perguntar se é lícito exibir na cultura aquilo que se opõe radicalmente à cultura. A arte abjeta parece não poder evitar o uso instrumental e, portanto, moralista do abjeto.

Assim, haveria duas possíveis direções: a primeira é a de se identificar com o abjeto e se aproximar dele de alguma maneira, para dar testemunho da ferida, do trauma. A outra é representar a condição da abjeção para provocar sua operação, para capturar a abjeção no ato, fazê-la reflexiva, ainda que repulsiva por direito próprio.

O corpo desperdício, o corpo resíduo que a arte contemporânea nos apresenta – mímese, simulacro ou índice –, emerge da abjeção de suas próprias secreções e excreções. O que sai do corpo, dos seus poros e dos seus orifícios marca a infinitude desse corpo e provoca a abjeção. Como uma estranha floração, que não cessa de brotar e cair de um corpo que subsiste nesse estado permanente de perda, fezes, urina, mas também cabelos, unhas, restos de pele, saliva, sêmen separam-se do corpo para se transformarem em indícios, em testemunhas eternas de sua ausência.

Mas o que mais assume a abjeção do dejeto é o cadáver, elemento híbrido entre o animado e o inorgânico, um corpo sem alma, um não corpo. O cadáver, aquilo que caiu, que se desprendeu da vida, transforma violentamente a identidade de quem o confronta.

> É a morte infestando a vida. Abjeto. É algo rejeitado do qual a gente não se separa, do qual a gente não se protege da mesma maneira que de um objeto.[11]

---

10 FOSTER, H. *The Return of the Real*. Cambridge: The MIT Press, 1997, p. 153.

11 KRISTEVA, J. *Poderes de la perversión*. Buenos Aires: Catálogos / Siglo XXI, 1988, p. 10.

O abjeto perturba uma identidade, um sistema, uma ordem, não respeita limites, lugares, regras. É a ameaça do real que nos atrai e acaba por nos devorar.

UMA *PIETAS* CONTEMPORÂNEA

Em 1989, a imagem um pouco desfocada de um crucifixo que se vislumbra envolto apenas por um halo de borbulhas, num campo vermelho, perturbou o mundo das artes. O monocromatismo da fotografia – a cruz e as pequenas bolhas aparecem numa tonalidade rebaixada, entre vermelho-claro e laranja intenso – outorga um aspecto reverencial ao trabalho. O título, porém, desconstrói a imagem do ícone religioso ao apontar para um campo de sentido que não exclui a profanação e a blasfêmia. De fato, *Piss Christ*, 1987, foi proclamado blasfemo pela American Family Association, que organizou uma campanha junto ao Congresso dos Estados Unidos com o objetivo de controlar a distribuição dos fundos públicos para o apoio das artes.

O autor dessa fotografia, Andres Serrano, norte-americano de origem hispânica e formação católica, é fascinado por religião, por ícones religiosos e pelas releituras *kitsch* dos mesmos.

O artista começou seu trabalho apresentando imagens monocromáticas à maneira das pinturas modernistas. Grandes fotografias de espaços vermelhos, amarelos ou brancos que ao serem contextualizados como sangue, urina e leite eram deslocados do puro conteúdo formal para um campo de sentidos corporal.

Na série *Morgue (Cause of Death)*, 1992, Serrano fotografa os cadáveres num necrotério. As grandes fotografias exibem enormes fragmentos de corpos mortos, detalhes do que não queremos ver, do secreto, do proibido.

O tratamento teatral, estetizado – um fundo negro suntuoso, uma iluminação dramática –, contrasta com a crueza da morte violenta. As imagens, que num primeiro momento desafiam nossa capacidade de ver, em seguida, pela sua compulsiva beleza, nos impedem de desistir de olhar.

Da mesma maneira, as fotografias de Joel-Peter Witkin constituem-se como alegorias laicas de sacrifício, danças da morte encenadas por um visionário profano.

Uma verdadeira corte dos milagres atravessa suas imagens:

> Doentes, transexuais antes de serem operados, fenômenos de feira em atividade ou aposentados, indivíduos dotados de rabos, chifres, asas, barbatanas, garras, pés ou mãos invertidos, membros elefantinos, indivíduos que possuem um guarda-roupa completo de borracha, coleções privadas de instrumentos de tortura, de histórias de amor, de órgãos de animais, de seres humanos, ou provenientes de criaturas estranhas. Aqueles que portam os estigmas de Cristo.[12]

As fotografias do artista transitam por um território erótico e majestoso de imolação e sacramento, onde o sentido naufraga. Em algum ponto entre o sofrimento indizível do Cristo crucificado e a abjeção das torturas e dos genocídios contemporâneos, o ser humano parece atingir as profundezas abissais de um mal que não cessa.

As obras de Andres Serrano e de Joel-Peter Witkin, enquanto testemunhas do horror, mostram-nos os limites da condição humana e, ao provocar a perda simbólica do eu, proporcionam-nos os meios de recriar e reencontrar nosso eu. Ao se identificar com a abjeção, as imagens desses artistas alcançam uma *pietas* rara na contemporaneidade.

MEMÓRIA DOS CORPOS

O discurso da memória, minado incessantemente por um desejo de esquecimento que se alimenta do medo e da culpa, aparece

---

12 WITKIN, J.-P. *Joel-Peter Witkin*. Col. Photo Poche. Introd. Eugenia Parry Janis. Paris: Centre National de la Photographie, 1991.

como um subtexto na obra de vários artistas contemporâneos. Para eles, as experiências extremas do genocídio e da diáspora latino-americana, que culminaram no episódio atroz do desaparecimento de milhares de pessoas sob as ditaduras militares, implementado através de brutais e sofisticados processos de esquecimento e sutis políticas de amnésia, reconduzem a questão da memória a partir dos efeitos do poder sobre os corpos.

As práticas de tortura, assassinato e desaparecimento perpetradas pelos regimes ditatoriais do continente, a epidemia da Aids e a crescente violência dos grandes núcleos urbanos conceitualizam o corpo como um lugar onde se consumaria uma batalha que ultrapassaria as suas próprias margens e exibiria, nos seus fragmentos, resíduos de violência e rastros de traumas.

A irracionalidade e a injustiça da dominação reaparecem como crueldade na relação do sujeito com o corpo, seja o seu, seja o do outro. De acordo com Adorno e Horkheimer, o amor-ódio pelo corpo impregna toda a cultura moderna, que o reconhece como um bem a ser possuído e, assim, distingue-o do espírito, lugar do poder. O corpo como objeto é uma coisa morta, *corpus*, cadáver, tabu, objeto de atração e repulsão.[13]

O corpo, como lugar de interdição, é ardentemente desejado, ao mesmo tempo em que, por ser considerado inferior e servil, é menosprezado e maltratado. Exibido como lugar do sofrimento e da exclusão, doente ou ferido, repulsivo, às vezes morto, o corpo denuncia uma condição de abjeção.

Nessa perspectiva, a abjeção é um gesto político, que implica a narração e a exposição do corpo humilhado, do corpo-cadáver, e o retorno permanente de um corpo hipersignificado, que funciona como um suporte eficaz para a política cultural da sociedade pós-industrial. Sintetiza-se, nesse gesto, um sintoma obsessivo – que seria da ordem do patológico – e um reconhecimento da eficácia

---

13 Cf. ADORNO, T. W. e HORKHEIMER, M. *Dialética do esclarecimento: fragmentos filosóficos*. Trad. Guido Antônio de Almeida. Rio de Janeiro: Jorge Zahar, 1985, p. 217.

concreta da memória na busca do corpo ausente, do corpo subtraído – literal ou metaforicamente – pelo aparato do Estado.

SEMEAR A MEMÓRIA

O artista argentino Edgardo-Antonio Vigo opõe-se à representação da abjeção. Vigo é um pioneiro, na América Latina, do que foi conhecido, mais tarde, como Arte Conceitual. Seu conceitualismo, porém, desconstruía os paradigmas sobre as fontes de instrumentação da obra de arte e as relações do artista e da obra com os espectadores. Os conteúdos políticos dessas primeiras obras limitavam-se ao questionamento do sistema das artes, da crítica e do mercado. As circunstâncias sociais e políticas da Argentina dos anos 1970 e sua circunstância pessoal levaram Vigo a adotar uma postura fortemente engajada.

O Mail-Art, Post-Art ou Arte Postal – Vigo prefere Comunicación a Distancia Vía Postal – foi criado por Ray Johnson, no começo dos anos 1960. Johnson criou um circuito via postal, incorporando certas práticas dos futuristas, dos dadaístas e dos surrealistas. Esses artistas confeccionavam e enviavam cartões-postais irônicos, interferindo nas imagens com textos, desenhos, pinturas ou colagens. Um fluxo de Arte Postal tinha começado a circular pelo mundo, com as seguintes instruções: "add to and return to Ray Johnson".

De La Plata, Vigo integra-se a essa rede, que incluía vários artistas e poetas visuais latino-americanos: o chileno Guillermo Deisler, já falecido, o uruguaio Clemente Padín, o mexicano Mathias Goeritz e o venezuelano Dámaso Ugaz.

O desaparecimento do seu filho mais velho, Abel Luis, o Palomo, faz com que Vigo, através desse circuito de Comunicación a Distancia Vía Postal, difunda, no exterior, informações sobre as atrocidades cometidas pela ditadura argentina. Selos com o nome do filho, postais e cartas são enviados para todos os cantos do mundo, numa corrente de indignação e esperança. Nesse período, o artista participa das mobilizações das Madres de la Plaza de Mayo e promove a criação do poema coletivo "Sembrar la memoria para que no crezca el olvido", que se transformaria no lema das Madres.

Para ele,

> [h]á coisas, como a violência, que têm um sentido muito real. Essas coisas podem se comunicar só através da enunciação. Penso que a violência não tem que ser representada num ato criativo. Eu não posso ser testemunha da tortura nem obrigar os outros a sê-lo.[14]

Quando as realidades físicas da tortura e da abjeção se impõem, Vigo recusa-se a encená-las. Para o artista, o ato da enunciação deve bastar. A violência não pode ser reproduzida como um ato criativo. Só a subversão das palavras permitiria o distanciamento e a resistência.

CORPOS ESPETACULARES, CORPOS AUSENTES

A obra da artista visual brasileira Rosângela Rennó aponta, através da desconstrução de arquivos fotográficos, para a reatualização de memórias apagadas pelos processos amnésicos da sociedade pós-industrial.

A série *Vermelha*, 2000, é constituída por retratos de homens, jovens e meninos em uniforme militar. Soldados russos, prussianos, norte-americanos, brasileiros, membros da Juventude Nazista, alunos do Colégio Militar posam solitários, hieráticos, contra um fundo neutro.

As fotografias de figuras masculinas fardadas, extraídas de álbuns de família que a artista coleciona, abarcam um arco temporal que vai de finais do século XIX até a década de 1960. Rennó refotografou as imagens, tratou-as para que perdessem o contraste e lhes conferiu um intenso vermelho-sangue.

---

14 Entrevista concedida por Edgardo-Antonio Vigo à autora, junho de 1997.

Rosângela Rennó, *Untitled (mad boy)*, 2000,
da série *Vermelha*, 1996/2003, fotografia digital
(processo Lightjet) em papel Fuji Crystal Archive,
laminada, 180 x 100 cm

De acordo com a artista, essas fotos são exemplos do retrato burguês, mas, *a posteriori*, as imagens refotografadas proliferam sentidos e apontam para um universo significativo do qual pareciam estar afastadas. Destinadas à rememoração íntima dos afetos, esquecidas, depois, junto com o álbum de família em algum canto da casa e, finalmente, vendidas em mercados de antiguidades, as imagens dos homens e dos meninos fardados alcançam uma visibilidade outra.

Tristemente enfileirados, os vultos militares emergem das grandes fotos laminadas, sinistros e distantes, sombras que apenas se vislumbram na rica superfície escarlate. Como uma memória da abjeção, encharcados de sangue, atravessam o século. Uma genealogia da violência alinhava-se nessas imagens aparentemente inocentes.

Não podemos deixar de pensar que lá, na nossa casa, uma caixa ou um álbum esquecidos deve conservar alguma imagem semelhante. O tio-avô, aquele primo distante orgulhoso na sua farda, posando naquele retrato feito para salvaguardá-lo do aniquilamento espiritual.

A série *Vermelha*, ao recortar de cada álbum de família uma figura fardada e reinseri-la em outra série (outro álbum de família), aponta para uma retificação da memória. O trabalho de Rennó deixa entrever, para além da brilhante superfície vermelha, as imagens dos corpos que não podem ser representados, que não suportam a visão, que não podem se constituir como imagem. Solitários, mas juntos, esses corpos espetaculares apontam, de viés, para a memória dos corpos ausentes.

Texto originalmente publicado em: WESCHLER, *Diana (org.).* Poderes de la imagen. *Buenos Aires: Centro Argentino de Investigadores de Artes-*CAIA*, 2003.*

Entre censuras:
cenas da arte brasileira durante a ditadura

> Foi isso precisamente o que minha geração elegeu em 69. Desbunde ou guerrilha...
>
> ALEX POLARI

> Parece que, antes de qualquer coisa, o artista latino-americano deve decidir se é político ou não. Por isso, se torna tão absolutamente necessário que opte entre o ideológico-ilustrativo e o abstrato-irresponsável.
>
> CUAUHTÉMOC MEDINA

CENA 1

Agosto de 1965, Hélio Oiticica leva para as salas do Museu de Arte Moderna do Rio de Janeiro (MAM-RJ) as capas, os estandartes e as barracas de sua *Inauguração do parangolé*. Seus convidados, os passistas da Escola de Samba da Mangueira, são impedidos de entrar no museu. Rubens Gerchman recorda:

> Ele entrou pelo museu adentro com o pessoal da Mangueira, e fomos atrás. Quiseram expulsá-lo, ele respondeu com palavrões, gritando para todo mundo ouvir: "É isso mesmo, crioulo não entra no MAM, isto é racismo." E foi ficando exaltado. Expulso, ele foi se apresentar nos jardins, trazendo consigo a multidão que se acotovelava entre os quadros.[1]

---

1 GERCHMAN, R. *apud* PONTUAL, R. *Entre dois séculos: arte brasileira do século XX na Coleção Gilberto Chateaubriand*. Rio de Janeiro: JB, 1987, p. 350.

Parangolés de Hélio Oiticica na exposição
Opinião 65, Museu de Arte Moderna, Rio de Janeiro, 1965

Alguns parangolés levavam escritas frases como: "Temos fome", "Incorporo a revolta", "Teu amor guardo aqui", "Da adversidade vivemos...".

CENA 2

Agosto de 1970. Antonio Manuel, cuja proposta *O corpo é a obra* foi recusada pelo júri do Salão Nacional de Arte Moderna, sobe, completamente nu, no mezanino do museu, no dia da abertura. A polícia o retira da instituição.

> Um ato como o seu, Antonio, que é um ato em si, é que é um legítimo comunicador, já que a comunicação autêntica não se faz através de *medias*. Não é a *media* que se comunica com os outros – é o fato em si – a unidade fundamental irredutível do homem que se comunica com os outros.[2]

---

2 PEDROSA, M. "Conversa". In: *Antonio Manuel*. Rio de Janeiro: Funarte/Instituto Nacional de Artes Plásticas, 1984, p. 16.

Mário Pedrosa inscreve o ato de Antonio Manuel na gênese de uma revolução cultural em processo. Se a arte é a única coisa que combate a entropia do mundo,[3] seria, também, o único agente possível dessa revolução.

CENA 3

Abril de 1970. Em Belo Horizonte, Minas Gerais, Cildo Meireles e Artur Barrio participam dos festejos da Semana da Inconfidência, no evento Do Corpo à Terra. Cildo apresenta a obra *Tiradentes: totem-monumento ao preso político*, na qual dez galinhas amarradas a um poste foram queimadas vivas. Barrio distribui, no centro da cidade, às margens do ribeirão Arrudas, trouxas ensanguentadas contendo pedaços de carne e ossos. Imediatamente a polícia e os bombeiros são acionados e recolhem os despojos sangrentos.

IMPRESSÕES DE VIAGEM

> Eu me lembro dos hoje "incríveis anos 1960" como um momento extraordinariamente marcado pelos debates em torno do engajamento e da eficácia revolucionária da palavra poética, palavra que naquela hora se representava como muito poderosa e até mesmo como instrumento de projetos de tomada de poder.
>
> HELOÍSA BUARQUE DE HOLLANDA

Assim começa o primeiro capítulo de *Impressões de viagem:* CPC, *vanguarda e desbunde*, o livro que Heloísa Buarque de Hollanda dedica à produção literária brasileira das décadas de 1960 e 70, marcadas não só pelo golpe militar de 1964, mas também pelos debates entre as propostas dos Centros de Cultura Popular e seus "supostos" adversários: os artistas experimentalistas de van-

---

3 Idem.

guarda. Os dois grupos começam a se enfrentar nos primeiros anos da década de 1960, impulsionados pela euforia de um país que acreditava ter alcançado a modernidade durante o governo Juscelino Kubitschek, cujo lema "50 anos em 5" culminou com a inauguração de Brasília, em abril de 1960.

A radicalização que se apoderou do país nesses anos tornou agudo o processo de politização da cultura, iniciado nos anos 1950. A efervescência político-cultural se nutria, sem dúvida, da proximidade da esquerda com o poder, dentro do projeto nacional-popular do presidente João Goulart. A esquerda, sobretudo o Partido Comunista Brasileiro, reivindicava uma noção de povo impregnada de nacionalismo, uma imagem estereotipada do "homem brasileiro", em torno da qual foram construídos os debates sobre modernização, democratização e identidade nacional. Esse panorama demandava uma arte comprometida: uma arte de alcance e eficácia revolucionários.

Dentro dessa linha teórica, foi criado em 1962, no Rio de Janeiro, o Centro Popular de Cultura (CPC), por inspiração de um grupo de intelectuais de esquerda e da União Nacional dos Estudantes (UNE).

Em maio de 1963, foi lançado o *Anteprojeto do Manifesto do CPC*, elaborado em 1962, por Carlos Estevam Martins. Segundo o *Anteprojeto*, a arte deveria ser uma força modificadora do espaço social.

> A importância [...] da arte está em que é capaz de se converter em uma força ativa e eficiente, apta para produzir efeitos substanciais sobre a estrutura material da sociedade.[4]

Depois de condenar a "arte pela arte", por ignorar os processos materiais que configuram a existência da sociedade, por ser elitista e, portanto, inoperante em relação ao projeto revolucionário,

---

4 MARTINS, C. E. *apud* HOLLANDA, H. B. *Impressões de viagem: CPC, vanguarda e desbunde: 1960/1970*. Rio de Janeiro: Aeroplano, 2004, p. 123.

o *Anteprojeto* menciona outros três tipos de arte: a arte do povo, a arte popular e a arte popular revolucionária; os três têm como denominador comum o fato de não desejarem aprovação das minorias culturais eruditas.

A arte do povo se produz em "comunidades economicamente atrasadas"[5] e o artista não se distingue do consumidor. O *Anteprojeto* considera que é "uma tentativa tosca e simplista de expressar fatos triviais dados à sensibilidade mais embotada".[6]

A arte popular é dirigida ao público dos grandes centros urbanos e é produzida por um grupo "profissionalizado de especialistas".[7] Não alcança, entretanto, o patamar da arte, pois seu objetivo é ser "um passatempo, uma finalidade inconsequente para o entretenimento".[8]

Esses tipos de arte se colocam como forças passivas junto à "arte pela arte" – arte para as minorias ou "arte para os senhores" –, traem a essência do povo e se constituem como a "arte dos senhores para o povo".[9]

O *Anteprojeto* propõe, então, outro tipo de arte, a arte popular revolucionária:

> Para nós, tudo começa pela essência do povo e entendemos que essa essência só pode ser vivenciada pelo artista quando ele se defronta a fundo com o fato nu da posse do poder pela classe dirigente e a consequente privação do poder em que se encontra o povo... Em nosso país e em nossa época, fora da arte política não há arte popular...[10]

Ao defender que o lugar da revolução política é o mesmo que o da revolução artística, a vanguarda política determina a vanguarda

---

5 Ibidem, p. 124.
6 Ibidem, p. 123.
7 Idem.
8 Idem.
9 Idem.
10 Cf. HOLLANDA, H. B., *op. cit.*, 2004, p. 131.

artística e, de certa forma, a substitui. O lugar da revolução política, entretanto, está sempre em outra parte, no campo social do outro; no caso, o "povo oprimido". Os artistas deveriam se colocar no lugar dos oprimidos, dos condenados da terra. Que lugar seria esse?

Em 1934, Walter Benjamin respondeu a essa questão com palavras ainda hoje cruciais: "O lugar de um protetor, de um mecenas ideológico. Um lugar impossível."[11] Para Benjamin, não é suficiente desenvolver uma cultura proletária, no sentido mais tradicional da palavra; é preciso ultrapassar a cultura e a arte burguesas. Ao proclamarem-se arautos de uma vanguarda ilustrada, ao depreciarem a arte do povo como rude e primária, os intelectuais do CPC se colocaram nesse lugar impossível.

Apesar de tudo, confiando cegamente na sua missão redentora, esses artistas e intelectuais lançaram-se loucamente às ruas e estradas à procura do povo, e, nessa viagem, alguns deles conseguiram entrever um Brasil que desconheciam.

> Aviões, caminhões, transformáveis em palco, circos, funâmbulos etc. saíram pelo país afora numa louquíssima mambembice revolucionária, nunca vista na História das esquerdas próximas do Poder [...] De novo, de um novo ângulo voltou-se a olhar o Brasil: não mais a anta de 26, nem o tatu de 37, nem os índios, nem Macunaíma, mas o povo, malvisto, desfocado, esquematizado, mas, afinal de contas, entrevisto.[12]

O *Anteprojeto*, ao identificar arte e política, propõe fazer da arte um instrumento de tomada de poder. A identificação entre arte popular revolucionária e arte política, porém, relativiza a questão arte-vida e reconhece a existência de uma arte burguesa que ainda é arte. Por outro lado, nega ao povo a capacidade de produzir arte, pelas suas condições de atraso, por "sua ingênua inconsistência".

---

11 BENJAMIN, W. *Magia e técnica, arte e política: ensaios sobre literatura e história da cultura*. Trad. Sérgio Paulo Rouanet. São Paulo: Brasiliense, 1986 (Obras escolhidas I), p. 127.

12 JABOR *apud* HOLLANDA, H. B., *op. cit.* 1981, p. 29.

De qualquer modo, essa convocação à militância não produziu efeitos imediatos no campo das artes plásticas.

De acordo com Maria Amélia Bulhões, as artes plásticas mais elitistas "ficaram um pouco alheias ao modelo de atuação do intelectual-artista difundido pela ação do CPC".[13] A identificação vanguarda política/vanguarda experimental era impossível, pois ninguém conseguia ver pontos de aproximação ou de conciliação.

OPINIÃO 65

A exposição Opinião 65, realizada no MAM do Rio de Janeiro e assim denominada devido ao sucesso do show *Opinião* (1964), pretendia exibir uma arte nova. Os artistas abandonaram o abstracionismo dominante e apresentaram trabalhos figurativos, mais ou menos comprometidos com uma postura política ou social.

Cérès Franco, que organizou a mostra junto com o *marchand* Jean Boghici, diz no catálogo:

> Opinião 65 é uma exposição de ruptura. Ruptura com a arte do passado. O exemplo vitorioso da Pop Art americana e as realizações do Novo Realismo europeu encontram eco no jovem artista de vanguarda e encorajam-no a contestar a famosa afirmação de Maurice Denis sobre a qual se baseou a pintura abstrata, relegando esta à história. A jovem pintura pretende ser independente, polêmica, inventiva, denunciadora, crítica, social e moral. Ela se inspira tanto na natureza urbana imediata como na própria vida, com seu cultivo diário de mitos.[14]

---

13 BULHÕES GARCIA, M. A. *Artes plásticas: participação e distinção; Brasil anos 60/70*. São Paulo: Faculdade de Filosofia, Letras e Ciências Humanas da USP, 1990 (tese, doutorado em História Social), p. 79.

14 FRANCO, C. *apud* MORAIS, F. In: *Opinião 65: Ciclo de Exposições sobre Arte no Rio de Janeiro*. (Catálogo da exposição, curadoria de Frederico Morais, agosto de 1990, Galeria de Arte Banerj), p. 120.

Paradoxal, o texto da curadoria declara a independência da nova pintura e ao mesmo tempo ressalta a adesão a correntes internacionais; prega a ruptura com a arte do passado e inaugura uma nova linhagem da arte do presente: a arte norte-americana. Até mesmo Ferreira Gullar, co-fundador do neoconcretismo, apoia abertamente o abandono do formalismo abstrato e a internacionalização da arte brasileira.

> Uma arte de opinião não pode, por sua própria natureza crítica, objetiva, tornar-se um movimento internacional sem eliminar os elementos peculiares a cada cultura, a cada país, a cada região. Os problemas da linguagem pictórica são preocupação de uma minoria, mas a guerra, o sexo, a moral, a fome, a liberdade, são problemas de todos os seres humanos. Essa internacionalização é legítima.[15]

Em Opinião 65, Hélio Oiticica apresenta seus primeiros parangolés, censurados pelo público e pelas autoridades do MAM. Oiticica tem consciência da enorme dificuldade de comunicação entre artista e povo causada pela barreira criada, durante séculos, pelo monopólio da elite, "porém está ocorrendo o inevitável: a queda desse monopólio e o descrédito das chamadas elites sociais e intelectuais. Uma nova era está começando: é a era da grande participação popular no campo da criação",[16] anuncia em entrevista a Marisa Alvarez Lima.

A obra de Oiticica se apoia no conceito de antropofagia para rechaçar qualquer mito universalista da cultura brasileira. Para ele, a herança europeia e norte-americana "deverá ser absorvida, antropofagicamente, pela negra e índia da nossa terra".

---

15 GULLAR, F. *apud* PONTUAL, R., *op. cit.*, p. 350.

16 OITICICA, H. *apud* LIMA, M. A. *Marginália: arte e cultura na "Idade da Pedrada"*. Rio de Janeiro: Salamandra, 1996, p. 26.

O regime militar tem início com o golpe de 1964 endureceu a repressão no final da década, por meio de uma forte censura às manifestações artísticas, da perseguição e prisão de artistas e intelectuais. Em 13 de dezembro de 1968, o presidente marechal Arthur da Costa e Silva, "considerando imperiosa a adoção de medidas que impeçam que sejam frustrados os ideais superiores da Revolução, ameaçados por processos subversivos e de guerra revolucionária," proclama o Ato Institucional nº 5 (AI-5), que fecha o Congresso Nacional, determina a censura prévia em todos os meios de comunicação, suspende o *habeas corpus* e oficializa a tortura.

Os efeitos no campo das artes plásticas foram imediatos: houve uma tentativa de censura abortada pela rápida reação do júri no IV Salão de Brasília, 1968. No III Salão de Ouro Preto, algumas gravuras foram eliminadas, antes mesmo de serem apresentadas à comissão de seleção.[17]

A segunda edição da Bienal da Bahia, inaugurada em dezembro de 1968, no Convento da Lapa, foi um caso mais grave. Inaugurada pelo governador do estado, Luís Viana Filho, que declarou na abertura que "toda arte jovem deve ser revolucionária", foi interditada no dia seguinte (permanecendo assim por um mês) pelo mesmo governador. Dez das obras expostas – de Lenio Braga, Antonio Manuel, Gastón Manoel Henrique e Farnese de Andrade, representante do Brasil na Bienal de Veneza – foram confiscadas antes da reabertura, por serem consideradas eróticas ou subversivas.

Em 1969, a exposição das obras que deveriam ser enviadas à 4ª Bienal de Jovens em Paris, que iria acontecer no MAM do Rio de Janeiro, foi fechada pela polícia antes da inauguração.

---

17 Cf. GASPARI, E., HOLLANDA, H. B., VENTURA, Z. *70/80 Cultura em trânsito: da repressão à abertura.* Rio de Janeiro: Aeroplano, 2000, p. 70.

Em "Os deveres do crítico de arte na sociedade", texto-manifesto publicado no *Correio da Manhã* de 10 de julho de 1969, com o pseudônimo de Luis Rodolpho, Mário Pedrosa afirma:

> O enigma da censura, até então intermitente e oculta, é, afinal, decifrado. Com efeito, a ordem veio de uma advertência da censura ao Itamarati, o que criou para todos os homens do *métier* uma situação nova e extremamente embaraçosa: ela anulava na realidade as condições necessárias ao normal exercício da crítica da arte brasileira em relação às grandes exposições públicas. Naquelas declarações, o ministro [Magalhães Pinto] chegou a acusar a alta direção do Museu de Arte Moderna [do Rio de Janeiro] de abuso de confiança, por não ter "Consultado o Itamarati sobre os resultados" a que chegou seu júri e por não ter, tampouco, "afastado os aspectos ideológicos e políticos das obras concorrentes".[18]

O crítico argumenta sobre a impossibilidade de separar, em qualquer obra, os aspectos *ideológicos* dos *plástico-formais*. Ao constatar que o cinema e o teatro já viviam sob regime de censura prévia, solicita ao governo parâmetros e normas de ação para o campo das artes plásticas, já que exposições, salões e bienais não podem ser considerados espetáculos, "única manifestação para a qual a atual constituição prevê censura. Que órgãos governamentais", pergunta, "determinam as atividades dessa censura, por assim dizer, anônima e da qual se sabe pelos efeitos *a posteriori* em relação às exposições de artes plásticas?"[19]

Nesse momento, o importante parecia ser saber que diretrizes seguir, pois a censura não estava sujeita a regras claras como as que existiam em outras áreas da cultura. De alguma maneira, e a partir dessas regras, os trabalhos de jornalistas, escritores, atores, diretores, cineastas e músicos foram censurados. Em muitos casos, foram desenvolvidas táticas para driblar ou desmascarar os

---

18 PEDROSA, M. "Política das artes". In: *Textos escolhidos I*. São Paulo: Edusp, 1995, p. 213.

19 Ibidem, p. 214.

censores: os jornais publicavam espaços em branco, receitas de cozinha, ou versos de *Os lusíadas* no lugar dos artigos proibidos. Os compositores usavam pseudônimos e muitos criaram uma linguagem cifrada que compartilhavam com seu público.

O CORPO NA RUA

Ainda assim, apesar das contínuas restrições à liberdade de expressão, os artistas brasileiros saíram à rua e convocaram o povo. Em 1968, Oiticica organizou, com Rogério Duarte, Apocalipopótese, no Aterro do Flamengo. Em 1970, em Belo Horizonte, Frederico Morais fez a curadoria de Do Corpo à Terra, que ocupou o Parque Municipal e vários espaços urbanos. No ano seguinte, o MAM do Rio de Janeiro se colocou como uma instituição atuante no contexto social, já não limitada às classes altas. Nos eventos denominados Domingos da Criação (1971), o museu oferecia ao público atividades e cursos gratuitos.

Nessas exposições, começava a surgir uma arte do corpo presente, o corpo do artista ou corpos metonímicos – galinhas vivas, restos de boi – eram exibidos ou manipulados em ritos cruéis ou exaltações dionisíacas. A política/poética do corpo não só denunciava a repressão e a tortura, mas também ambicionava restaurar sensibilidades reprimidas.

Lygia Clark, em uma carta a Hélio Oiticica, descreve *Baba antropofágica*:

> Uma pessoa se deita no chão. Em volta, os jovens que estão ajoelhados põem na boca um carretel de linha de várias cores. Começam a tirar com a mão a linha que cai sobre a pessoa deitada até esvaziar o carretel. A linha sai plena de saliva e as pessoas que tiram a linha começam por sentir simplesmente que estão tirando um fio, mas em seguida vem a percepção de que estão tirando o próprio ventre para fora. É a fantasmática do corpo, aliás, que me interessa, e não o corpo em si. Depois elas se religam com essa baba e aí começa uma espécie de luta que é o *defoulement* para quebrar a baba, o que é feito com agres-

> sividade, euforia e alegria e mesmo dor, porque os fios são duros para serem quebrados.[20]

Nesse trabalho, como em outros, o corpo se manifesta como o espaço da dor e do gozo. A pessoa, deitada e coberta pela baba de fios coloridos, é contida e preservada em uma espécie de vômito amoroso, de véu protetor, mas sufocante, em uma metáfora da sociedade paternalista. Para Clark, a nostalgia do corpo – proposta desse trabalho – configura-se como uma sensação de estranhamento, de "inadequação, de fora de lugar".

Estar fora de lugar não a impede de refletir: "Se fosse mais jovem, faria política", disse Lygia em um texto de 1968:

> No Brasil, quando há um tumulto com a polícia e eu vejo um jovem de 17 anos ser assassinado (eu coloquei sua foto na parede de meu atelier), tomo consciência de que ele cavou com seu corpo um lugar para as gerações que virão. Esses jovens têm a mesma atitude existencial que nós, eles lançam processos de que não conhecem o fim, eles abrem caminho onde a saída é desconhecida. Mas a sociedade é mais forte e os mata. É então que eles trabalham mais. O que eles tentam forçar talvez seja mais essencial. Estes são os incendiários. São os que empurram o mundo. Algumas vezes me pergunto se não somos um pouco domesticados. Isso me chateia...[21]

O rapaz morto, porém, é apenas uma foto na parede, a fotografia de Edson Luís, o estudante assassinado pela polícia no restaurante Calabouço no Rio de Janeiro, em 1968. Cem mil brasileiros, gente do povo, estudantes, artistas e intelectuais, protestaram durante seu enterro. A Marcha dos 100 Mil foi o ponto de partida para outras manifestações estudantis e sindicais que, reprimidas violentamente, deixaram um amargo saldo de mortos, feridos e presos.

---

20 CLARK, L.; OITICICA, H. *Cartas: 1964-74*. Rio de Janeiro: Editora UFRJ, 1996, p. 223.

21 LYGIA CLARK. Rio de Janeiro: Funarte/Instituto Nacional de Artes Plásticas, 1980, p. 31.

ALEGRIA, ALEGRIA

A alegria é a prova dos nove.

OSWALD DE ANDRADE

Em 1967, na mostra Nova Objetividade Brasileira, Hélio Oiticica monta a instalação *Tropicália*. Espaços penetráveis de madeiras, chapas e lona, rodeados por plantas, areia, terra, poemas enterrados, objetos de plástico, raízes perfumadas, um aparelho de TV ligado. A arquitetura fantástica das favelas nas salas do museu modernista.

> [...] creio que a *Tropicália*, que encerra toda essa série de proposições, veio contribuir fortemente para essa objetivação de uma imagem brasileira total, para a derrubada do mito universalista da cultura brasileira, toda calcada na Europa e na América do Norte, [...] na verdade quis eu com a *Tropicália* criar o mito da miscigenação – somos negros, índios, brancos, tudo ao mesmo tempo –, nossa cultura nada tem a ver com a europeia, apesar de estar até hoje a ela submetida: só o negro e o índio não capitularam a ela.[22]

Caetano Veloso cita a obra de Oiticica no título do álbum *Tropicália ou Panis et Circensis*, de 1968. A palavra – também título de uma música – passa, então, a designar um movimento cultural que, ao fazer uma releitura da antropofagia, consegue criar novas estratégias de atuação. Silviano Santiago aproxima a sensibilidade da Tropicália de um exercício de linguagem que Mário de Andrade chama "desassociação de palavras".[23] A desassociação da palavra felicidade de seu correspondente "prazer" – "A própria dor é uma felicidade" – abre o significado clássico do conceito para sentidos opostos. A palavra alegria, alarido dionisíaco da Tropicália, se desdobra, assim, em grito de resistência e em estratégia de vida:

---

22 OITICICA, H. "Tropicália". In: *Hélio Oiticica* (catálogo). Barcelona: Fundació Antoni Tapies, 1992.

23 SANTIAGO, S. *Nas malhas da letra: ensaios*. São Paulo: Companhia das Letras, 1989, p. 22.

> [...] a desconstrução do conceito de alegria visou [...] retirar a produção artística da pura negatividade, como ainda liberá-la do espírito do ressentimento. [...] A alegria foi o que permitiu que se alicerçasse a possibilidade do artista afirmar – sempre em oposição às forças do terror, do dilaceramento e da dor – pelo sim, ainda que, para isso, precisasse chegar ao "dérèglement de tous les sens" ou abrir "as portas da percepção". Alijado do poder, o artista compreendia o papel corruptor de um mundo privado de reflexão ética. Condenado à inexistência política, o artista não perdia a bossa e a raça.[24]

Ao superar a imprecisão das oposições maniqueístas através do escárnio, da gargalhada, do circo, esses artistas, atacados pela esquerda, que os acusava de alienados, e pela direita, que os tachava de subversivos, responderam à tortura, à dilaceração e destruição dos corpos com a suprema alegria dos corpos redivivos, que experimentavam "a plenitude do prazer e do gozo na própria dor".[25]

A alegria, longe de ser alienação, se constituirá como uma força ética. A única forma de resistência possível. O poder reconstrutivo da alegria transformava a dor dos corpos desmembrados em rito dionisíaco de renascimento. A embriaguez, o êxtase e o extravio da razão eram os modos de sobrevivência em um mundo onde a racionalidade havia se transformado em força repressora.

Essa postura marginal surge sob o signo de uma mudança radical. Os artistas rechaçavam o governo militar e eram descrentes da esquerda, por sua atitude moralista que reprimia o gozo e resguardava o corpo para oferecê-lo em sacrifício. A loucura foi assumida como uma das poucas posturas possíveis ante o sistema, como forma de romper com o racionalismo castrador da direita e da esquerda. A radicalização do uso de drogas, a multiplicidade de experiências sensoriais e emocionais acabaria provocando internamentos, desintegrações e suicídios. A festa, muitas vezes, acabou na Colônia do Engenho de Dentro ou no cemitério do Caju.

---

24 Idem.
25 Idem.

CENA 4

Em 1974, Hélio Oiticica, de Nova York, narra a Lygia Clark suas experiências com a cocaína. "PRIMA, NEM TUDO O QUE RELUZ É OURO, NEVES DO KILIMANJARO, IVORY GIRL, DIAMANTES DE CAROL CHANNING":[26] nomes poéticos e irônicos designam a droga, companheira constante de sua atitude transgressora.

Já havia esboçado o projeto das *Cosmococas*. Em *Cosmococa* CC5 *Hendrix War* (1973), os espectadores, acomodados em redes que atravessavam o espaço, lixavam as unhas enquanto viam – projetada sobre o teto e as quatro paredes da galeria – uma sessão de diapositivos. Nela, carreiras de cocaína traçavam desenhos sobre o rosto de Jimmy Hendrix na capa do disco *War Heroes*. À medida em que os slides iam passando, as carreiras desapareciam. Durante todo o tempo, o som furioso da guitarra de Hendrix ressoava no ambiente.

Oiticica criou esse trabalho em colaboração com o cineasta Neville D'Almeida, que supervisionou a instalação póstuma. A apresentação de uma sessão de drogas e rock 'n' roll demonstra a sensibilidade marginal de Oiticica, que, antropofagicamente, se apropria do contexto transgressor da música de Hendrix e o articula com elementos da cultura popular brasileira. Concebida como um projeto irrealizável – o uso de cocaína nas imagens impossibilitaria a exibição –, a obra foi montada pela primeira vez em 1994, na Galeria São Paulo, e hoje faz parte do acervo do Centro de Arte Contemporânea de Inhotim (MG).

Para o artista, o consumo de drogas, assim como a homossexualidade e o travestismo, são atitudes perigosas, ilegais e, portanto, assumidas publicamente como desafio à autoridade e contestação política. Oiticica manteria, até sua morte, a condição de *outsider*. Nunca mais participaria de exposições; considerava que seus trabalhos eram, apenas e sobretudo, experiências.

---

26 CLARK L. e OITICICA, H., *op. cit.*, 1996, pp. 226, 236, 237.

CENA 5

Domingo, 16 de julho de 1973. Um transeunte compra *O Diário*, o folheia e encontra um caderno intitulado *Exposição de Antonio Manuel de 0:00 às 24 horas nas bancas de revista.*

Antonio Manuel tinha agendado uma exposição no Museu de Arte Moderna do Rio de Janeiro, porém, os responsáveis pelo espaço, com medo, cancelaram-na. O artista, então, registra as obras e cria um material iconográfico e textual, que publica no jornal: um caderno de seis páginas; "uma exposição de 24 horas que se comprava nas bancas".[27]

O caderno nasce menos de uma postura ideológica de ampliação dos espaços da arte que de uma estratégia de resistência contra a censura do sistema. Não há proposta teórica prévia nem subversão do suporte: há, sim, urgência, necessidade.

O corpo é a obra constitui uma espécie de preâmbulo; a ele seguem *Urnas-quentes*, *O bode*, *Margianos*, *Clandestinas*, *Éden* e *O galo.*

No colofão da edição, um selo adverte:

> Exposição de Antonio Manuel das 0:00 às 24 horas
> – nas bancas de jornais
> Domingo dia 16 de julho de 1973
> Através de *O Jornal*
>
> A exposição não é conceitual e não deverá possuir rótulos para justificar uma atitude criativa. A exposição no veículo de massa das 0.00 às 24 horas é um processo natural, o consumo disso também será natural. O espaço do MAM, das galerias torna-se pequeno em relação aos veículos de massa.[28]

---

27 MANUEL, A., *op. cit.*, p. 45.
28 Ibidem, p. 31.

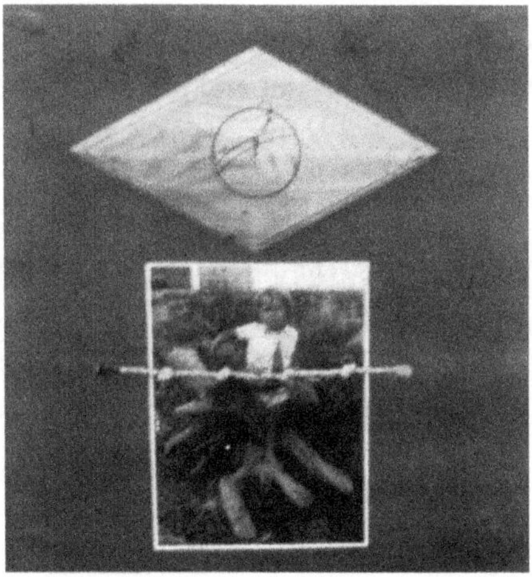

Lincoln Volpini, *Penhor da igualdade*, 1976, colagem

CENA 6

Na parede da galeria, um homem olha atentamente um quadro. É uma placa de compensado pequena, 40 x 50 centímetros, emoldurada, sobre a qual estão colocados um losango de madeira e a foto de uma menina pobre. Um barbante com quatro nós, cujas extremidades estavam pintadas de verde e amarelo, atravessa a foto. Observando bem (muito bem), descobre-se na foto, sobre o muro atrás da menina, uma inscrição: "VIVA A GUERRILHA DO PARÁ – 73."

Poucos dias depois, a polícia apreende a obra *Penhor da igualdade*, de Lincoln Volpini, sob a alegação de "divulgar mensagem altamente subversiva."[29]

Em 1976, Lincoln Volpini, 24 anos, estudante da Escola de Belas Artes da UFMG, apresentou três trabalhos – *Para não dizer que não falei de montanhas, Belo Horizonte* e *Penhor da igualdade* – no IV Salão Global de Inverno. Os trabalhos foram premiados por uma

---

29 MORAIS, F. In: I Bienal de Artes Visuais do Mercosul (catálogo geral). Porto Alegre: Fundação Bienal de Artes Visuais do Mercosul, 1997, p. 524.

comissão integrada pelos artistas Mario Cravo Júnior, Carybé e Rubens Gerchman e pelo crítico de arte Frederico Morais.

Nos autos do processo, Volpini é descrito como autor de "obras altamente artísticas, já premiadas, com profunda penetração nas massas, no conjunto das classes sociais e, dentre elas, os universitários".[30] Em 1978, em julgamento perante um Tribunal Militar, os integrantes da comissão foram declarados inocentes e Lincoln Volpini foi condenado a um ano de prisão. Segundo as declarações da própria polícia, as palavras sobre o muro só podiam ser lidas com a ajuda de uma lupa.

ENTRE CENSURAS, TODAVIA...

Apesar da afirmação de Pedrosa, o enigma da censura nunca foi decifrado. A atuação dos censores nos meios de comunicação era evidente; havia, entretanto, instâncias *intermitentes e ocultas*, que trabalhavam nas sombras, retirando edições de circulação, destruindo teatros, cortando a eletricidade durante uma apresentação ou apreendendo o caminhão que devolvia as obras não selecionadas de algum salão. Essas ações imprevisíveis não tinham como não gerar autocensura tanto por parte dos artistas quanto das instituições em geral.

Com o decorrer do tempo, a porcentagem de obras censuradas diminuiu notavelmente. Os números discutidos pelo chefe da Divisão de Censura, em 1973, demonstraram mais uma acomodação do sistema artístico que o restabelecimento da liberdade de expressão. Em 1976, em pleno processo de abertura, a prisão de Lincoln Volpini pode parecer anacrônica – de fato, o artista saiu da penitenciária depois de dois meses[31] –, entretanto, é uma mostra do apoio permanente da população civil ao governo militar.

---

30 Ibidem, p. 525.

31 A Lei Fleury daria a Volpini o direito de revogação da pena por ser réu primário.

Os ecos da censura se estenderiam ainda por muitos anos. As narrativas das artes plásticas minimizam até hoje as atitudes políticas dos artistas. Em um texto de 1983, Ronaldo Brito assinala, na obra da geração de 1960, a existência de certo provincianismo *inocente* que se manifesta através da fé no valor transformador da arte e que seria herança do neoconcretismo.

> Só no nosso ambiente é inteligível, somente aqui detona sua ambígua explosão, sua forma inocente e dramática de exibição. A questão era assumir a destruição da interioridade da obra de arte e, ao mesmo tempo, utilizá-la como veículo de provocação política.[32]

Vinte anos depois, em 2002, Ligia Canongia minimiza as trouxas ensanguentadas de Barrio como alegorias da ditadura militar e sua repressão, e reforça:

> [...] o alcance político do trabalho era mais extenso, incluindo a política da arte, suas formas de apresentação, circulação, difusão e institucionalização.[33]

Em 31 de dezembro de 1978, todos os jornais anunciaram: "Regime do AI-5 acaba hoje à meia-noite." Os cidadãos recuperavam o direito ao *habeas corpus*, o Congresso e o Poder Judiciário voltavam a ser poderes independentes e estavam revogados o exílio e a pena de morte. Também a censura. Esta, porém, já havia impregnado a vida dos brasileiros.

Texto originalmente publicado em: SIRACUSANO, *Gabriela (org.).* Imágenes perdidas: censura, olvido, descuido. *Buenos Aires: Centro Argentino de Investigadores de Artes-*CAIA, *2007.*

---

32 BRITO, R. "Anônimo e comum". In: MANUEL, A., *op. cit.,* 1984, p. 8.

33 CANONGIA, L. "Artur Barrio (inscrições)". In: CANONGIA, L. (org.) *Artur Barrio.* São Paulo: Modo, 2002. pp. 196 e 197.

De Nossa Senhora dos Descamisados a *montonera*

Morocha está en la historia de mi pueblo,
el oro del cabello es oro falso. . .[1]

EXPÓSITO

El país real [. . .] *ha derramado vino garnacha*
en los brindis soterrados, en las cocinas
donde la heladera oxidada tiene pegadas las
calcomanías del Pocho montado en el Manchado
y la Santa Evita con la estola de visón.[2]

BONASSO

¡Con los güesos de Aramburu vamo' a
hacer una escalera, para que baje del
cielo nuestra Evita montonera![3]

CONSIGNA POPULAR

I.

Em agosto de 2004, numa cerimônia que aconteceu no salão Pasos Perdidos do Congreso de la Nación, o presidente das Aerolíneas Argentinas, o espanhol Antonio Mata, entregou ao vice-presidente

---

1 "Morena está na história do meu povo, o ouro do cabelo é ouro falso..." [tradução livre].

2 "O país real [...] derramou vinho garnacha nos brindes soterrados, nas cozinhas onde a geladeira enferrujada tem adesivos colados do Pocho montado no Manchado e a Santa Evita com a estola de visom" [tradução livre].

3 "Com os ossos de Aramburu vamos fazer uma escada, para que nossa Evita *montonera* desça do céu!" [tradução livre].

argentino e titular do Senado, Daniel Scioli, o sudário de Eva Perón, que imediatamente foi depositado numa urna especial com vidros à prova de bala. O sudário – confeccionado pelas freiras do Convento das Mercês de Madri – foi acompanhado de um certificado assinado por um padre da ordem mercedária, Elias Gómez, e pela freira Pilar García Blanco, que o benzeram em 1971. A princípio, a mortalha constava de dois panos, um branco e outro azul-celeste. Mais tarde, acrescentou-se outro véu de seda crua, branco-creme, para cobrir o corpo, que permaneceu em Madri até 1974.

As fotos do leilão na Christie's de Roma mostram os três panos amontoados sobre um suporte baixo; ao longe se perfilam os possíveis compradores. Última relíquia de Evita, os levíssimos tecidos que cobriram seu corpo – branco, creme, azul-celeste – reativam, mais uma vez, um mito que, obstinadamente, se nega a morrer.

Impregnada pelo encanto incomparável dos que morreram jovens, a imagem de Evita não cessa de reaparecer. Encarnada no *Pathosformel* da ninfa descrito por Warburg, ela, perturbadora como os vestígios do desejo, da memória ou do tempo, pertence por direito próprio a essa estirpe de *organismos enigmáticos* que atravessam a história das imagens. Às vezes surge "como uma esbelta menina, que caminha agilmente com os cabelos soltos e as vestimentas ao vento",[4] mas também a descobrimos num lentíssimo movimento em declive, em estado de abandono, caída, morta.

O trabalho fantasmático de uma imagem, afirma Didi-Huberman, não se resolve nunca num ponto isolado, senão em uma *dinamografia* da substância imagética em sua totalidade, assim, quanto mais avança a modernidade, a imagem da ninfa – de Eva Perón –, parece estar sempre declinando, abandonando-se às forças inferiores do desejo e da horizontalidade.[5]

---

4 WARBURG, A. *La rinascita del paganesimo antigo. Contributi alla storia della cultura.* Florença: La Nuova Italia, 1987, p. 94.

5 DIDI-HUBERMAN, G. *Ninfa moderna. Essai sur le drapé tombé.* Paris: Gallimard, 2002, p. 13.

Perón abraçando Evita depois de sua renúncia à Vice-presidência, 1951, Buenos Aires, Argentina

O autor reflete sobre essa paulatina declinação da Ninfa que atravessa os séculos; uma queda factual ou metafórica onde a única coisa que parece permanecer é o dinamismo das vestimentas crispadas, pregueadas, enrugadas, rasgadas, distanciando-se, cada vez mais, de um corpo já reduzido a veste ou a sudário.

Ao final restarão somente as vestimentas, os tecidos belamente drapeados que conservam ainda os rastros de um corpo ausente.[6]

No sudário de Eva Perón – um acúmulo de organdis e sedas aumentado por dobras leves e sensuais –, adivinhamos marcas, secreções, rastros de um corpo que, como essa mortalha, teve uma *sobrevida* encerrada, também, em um cofre de vidro. Um tesouro

---

6 Ibidem, pp. 35 e ss.

de andrajos que concentra e potencializa o desejo e o luto interminável de uma nação.

II.

Era 26 de julho de 1952, eu tinha seis anos e não entendia muito bem o que estava acontecendo em minha casa. Recordo-me, vagamente, que chovia e fazia frio, que estávamos todos na cozinha – o lugar mais acolhedor da casa suburbana – escutando o rádio, como sempre. De repente o programa foi interrompido, o *speaker* (nós o chamávamos assim nessa época) disse algumas palavras com voz grave. Em seguida, começou a escutar-se uma música solene e triste. Apesar desses graves indícios, meus pais, tios e avós demonstraram uma rara alegria. Imediatamente, as mulheres puseram-se a preparar comidas especiais enquanto os homens abriam garrafas de vinho. Uma comemoração clandestina havia começado naquele 26 de julho às *vinte e vinte e cinco, hora em que Eva Perón entrou para a imortalidade.*[7]

Algo estranho havia ocorrido naquela noite. Durante muitos dias o país esteve de luto. Quando voltei da escola, me advertiram severamente para não contar nada do que tinha se passado em minha casa. Fazia já algum tempo que recebia essas advertências. Todos desconfiávamos de todos...

Entretanto, aquela mulher que já não existia estaria mais presente que nunca, sorrindo, eternamente jovem e bela, nos cromos coloridos que éramos obrigados a pregar em nossos cadernos escolares e que contornávamos, alegres, com guirlandas de flores, passarinhos e bandeiras argentinas demoradamente desenhadas e pintadas. Rapidamente aprendi o duplo código: não devia dizer, em minha casa, o quanto eu gostava de desenhar os pequenos

---

7 Depois da morte de Evita, o rádio interrompia sua programação e o locutor anunciava essa frase todos os dias, em todas as emissoras de todas as províncias.

Foto aérea do funeral de Eva Perón, 1952,
Buenos Aires, Argentina

altares para Evita; não devia dizer, na escola, que minha família não aprovava essas homenagens.

Curiosamente, quando penso naqueles dias, não é da imagem de Evita que me recordo. A primeira imagem que me vem à memória é a de seu perfil recortado em baixo-relevo sobre uma estrela prateada: a estrela que encimava a imensa árvore de Natal que havia sido montada na praça em frente a minha casa, em algum distante verão do final dos anos 1940 ou princípio dos 50.

Ainda hoje sinto o estranhamento, a vaga sensação de que essa imagem estava fora de lugar. Podia estar em meus cadernos como estavam os heróis e os próceres, porém, por que uma virgem, ou uma santa, estava na estrela de Natal?

III.

E. H. Kantorowicz, em seu estudo sobre a teologia política medieval, *Los dos cuerpos del Rey*, examina a ficção mística de acordo com a qual o rei teria um corpo político e um corpo físico. Esses dois corpos constituem uma unidade indivisível, pois cada um está contido no outro. O corpo político, entretanto, é mais amplo e extenso que o corpo natural e residem, os dois, em certas forças misteriosas que reduzem e até eliminam as imperfeições da natureza humana.[8]

A monarquia se fundamentaria na existência desse corpo político, o que assegura a continuidade do regime, pois, à diferença do corpo físico, é imortal.

Esse conceito escamoteava, sem dúvida, um problema de continuidade, que tentava ser resolvido através da criação de uma *persona mystica*, um coletivo cujos membros existiam somente em situação de sucessão. A solução do problema da perpetuidade

---

8 Cf. KANTOROWICZ, E. H. *Os dois corpos do rei: um estudo sobre teologia política medieval*. São Paulo: Companhia das Letras, 1998, p. 23.

do corpo político implicava uma nova questão: a do rei que nunca morre.[9]

De acordo com a leitura que Lefort faz do texto de Kantorowicz, os governos democráticos carecem de uma figura consubstancial a eles, pois o poder é exercido por indivíduos humanos mortais,[10] por esse motivo haveria uma superação da identificação mística do corpo político com o corpo físico do monarca e o surgimento de um "lugar vazio". Claude Lefort postula que, nos governos totalitários, o corpo político parece encarnar-se no líder e, de maneira diversa do corpo duplicado do rei, "no corpo do autocrata [...] não há separação, senão coincidência consigo mesmo."[11]

A *persona mystica* de Eva Perón se inscreve, sem dúvida, nessa linha simbólica. O regime peronista trabalhou, talvez intuitivamente, tanto o corpo físico como o corpo político de Eva Perón, dois corpos que se sobrepuseram e se confundiram, como se refletidos em espelhos paralelos.

Apesar de sempre ter tido um segundo lugar na dinâmica do regime peronista, essa subordinação a Perón tinha um caráter de exceção: Eva ocupava todos os lugares do poder que seu marido não podia ocupar. Intercessora, representante, ponte, intérprete e escudo de Perón, ela mesma enumera seus múltiplos postos em *La razón de mi vida*, uma pretensa autobiografia, redigida, na realidade, pelo jornalista espanhol Manuel Penella de Silva e censurada, a pedido de Perón, pelo ministro de Assuntos Técnicos, Raul Mendé.

De acordo com Beatriz Sarlo,

> Eva porta-bandeira dos humildes, Evita capitã, Eva a representante de Perón diante do povo (a oração foi expansiva e tão exaltada como as de Nossa Senhora) ocupa um lugar político no republicano. Em seu corpo condensam-se as virtudes do regime peronista e se encarna sua

---

9 Ibidem, p. 192.

10 VEZZETTI, H. "El cuerpo de Eva Perón", *Punto de Vista*, Buenos Aires, ago 1997, n. 58, p. 6.

11 Ibidem, p. 5.

legalidade. Seu corpo é aurático no sentido que esta palavra tem nos escritos de Walter Benjamin. Produz autenticidade somente por sua presença; aqueles que podem vê-lo sentem que sua relação com o peronismo está completamente encarnada e é única.[12]

Para a autora, Eva Perón outorgou *corpo e imagem* ao Estado benfeitor e autocrático proposto pelo regime peronista e, por isso, provocou não só o amor incondicional de seus descamisados, se não também o ódio dos opositores, que a humilharam e dela escarneceram já depois de morta.[13]

IV.

Eva Duarte havia sido, até 1945, uma atriz de relativo sucesso, uma jovem dama, como se dizia então. Por isso, o mais lógico parecia ser que sua imagem fosse cultuada através de retratos fotográficos. Entretanto, embora nos anos anteriores a sua morte algumas fotos oficiais começaram a ser repetidas com fins propagandísticos, foi uma pintura que propôs a primeira de suas imagens significativas: o quadro, cuja reprodução aparecia na capa e na página inicial do livro *La razón de mi vida*, de 1951. Em pouco tempo esse retrato, reproduzido, recortado, editado, ampliado, ocupou todos os espaços do país.

Na pintura de Numa Ayrinhac[14] Eva aparece sorrindo com ternura contra uma paisagem imaginada que pretendia sintetizar os

---

12 SARLO, B. *La pasión y la excepción*. Buenos aires: Siglo XXI, 2003, p. 92.

13 SARLO, B. "Eva Perón: algunos temas". In: ALTAMIRANO, Carlos (org.) *La Argentina en el siglo XX*. Buenos Aires: Ariel, 1999, p. 352.

14 Numa Ayrinhac, nascido na França em 1881, se radicou na província de Buenos Aires em 1884. Estudou com Ernesto de la Cárcova, com quem viajou à França, onde viveu por cerca de dez anos. Cursou a Academia de Belas-Artes de Paris, apresentou suas obras regularmente no Salão de Paris e chegou a obter a Medalha de Ouro na Exposição Internacional de Toulouse. Depois da Primeira Guerra, regressou à Argentina e especializou-se como retratista e paisagista.

Numa Ayrinhac, *Retrato oficial de Eva Perón*, 1951, Buenos Aires, Argentina

estereótipos do território nacional: os pampas, alguns ombués, a massa violeta da cordilheira dos Andes.

A imagem da mulher está construída com uma elegância próxima da austeridade. Evita usa um vestido negro de tecido bordado desenhado por M. Rochas, cuja enorme gola, à maneira de uma capa (um fichu, dizíamos), cobre-lhe os ombros. Sobre esse fichu, à esquerda, se abre uma rosa de seda natural. Seu rosto limpo faz reluzir o penteado que a faria célebre: esticado nas têmporas, o cabelo dourado se acumula em um coque de tranças preso sobre a nuca. Os brincos e a gargantilha de rubis e brilhantes mostram um luxo discreto, se comparados às joias que usara em outras ocasiões.

O vestido negro, os ombros cobertos, o penteado severo, as joias simples: a imagem vai sendo construída através de um projeto de grandeza contida. Essa Eva, altiva e distante como uma rainha, é a complexa síntese do discurso retórico que cria sua persona oficial no começo da década de 1950.

Ayrinhac, que era o retratista da sociedade portenha, é contratado pelo casal governante depois da vitória eleitoral de 1945. "Não resulta impossível pensar que Eva, que agora se vestia com os modistas dos poderosos, quisesse também apropriar-se de seus pintores",[15] comenta Andrea Giunta.

Entre 1948 e 1951, o ano de sua morte, Ayrinhac, conhecido como "o pintor oficial", "o retratista do povo", faria mais de vinte retratos do casal presidencial, de Eva e também de seus familiares, entre eles, a mãe, Juana Ibarguren de Duarte, e o irmão boêmio, Juan Duarte.

Os procedimentos de Ayrinhac eram os usuais entre os retratistas da época. Fazia posar os seus retratados, porém também se servia de fotografias para compor a imagem.

> Assim, a imagem tinha a aparência de ter sido realizada frente ao seu personagem, de ter conservado o registro desse contato "real" por ter compartilhado o tempo de realização da pintura, era, em verdade, um contato que havia passado por diversas mediações: os esboços, as tomadas fotográficas, a decisão do artista de selecionar fragmentos para recompô-los em sua imagem e o tempo de execução diante das notas e das fotografias de seu modelo que adquiriam, pela força de seu pincel, uma nova existência e se faziam, pela matéria da pintura, uma nova realidade.[16]

Dessa maneira, a imagem da ex-atriz Eva Duarte, disputada pelas lentes mais famosas da farândola portenha e retratada por fotógrafos de peso como Gisèle Freund e Annemarie Heinrich, foi imortalizada através da linguagem anacrônica do retrato pintado que legitimaria sua imagem e a colocaria no elenco das rainhas, das santas e das aristocratas.

---

15 GIUNTA, A. "Polémicas entorno a las imágenes de Eva Perón". Disponível em <http://www.agenciapacourondo.com.ar/cultura/polemicas-en-torno-las-imagenes-de-eva-peron-por-andrea-giunta>. Acessado em 14 out 2017.

16 Ibidem, p. 7 e ss.

Medíocre como pintura, o retrato de Eva Perón cumpre com todas as convenções do gênero. O rosto, de três quartos de perfil, olha para a direita, enquanto o corpo faz uma ligeira rotação à esquerda. O braço esquerdo se dobra nas costas na altura da estreita cintura, o direito pende como se estivesse apoiado sobre a ampla saia, que não vemos, do vestido de gala. Uma luz lateral ilumina com discrição o rosto, o decote em v, o colar de rubis, a rosa artificial. Ao fundo, sobre os cumes violáceos, claras nuvens iluminadas deixam ver os resquícios de um céu azul.

Paradoxalmente, enquanto essa imagem de Eva, bela e sorridente, se disseminava em mil livros, selos de correio, adesivos e cartazes publicitários, a Evita verdadeira agonizava, entre as negociações do poder e as vigílias do povo peronista que acompanhava angustiado pelo rádio os boletins médicos. A imagem que todos deviam adorar como verdadeira era, na realidade, uma representação ficcional, um ícone e, como tal, presidiria, agigantada do alto da CGT (Confederación General del Trabajo), os funerais iminentes.

Há outra pintura de Numa Ayrinhac que sobreviveu à fúria iconoclasta de 1955, é um retrato oficial de 1948, que representava o casal presidencial. Ambos vestem trajes de gala: o de Perón está atravessado pela faixa presidencial, Eva está excessiva:

> [...] da cabeça à gola do vestido, seu corpo tem uma curvatura de desenho de figurino; o colar e a pulseira de pérolas, com três fileiras penduradas, traçam uma diagonal que tem no braço desnudo uma linha dinâmica; o corpo está virado para a esquerda do quadro e a cabeça voltada para a direita: completa-se, assim, um jogo de linhas em movimento que se apoiam sobre o plano escuro e sólido de Perón. O brilho do vestido de Eva trabalha as pregas do cetim branco com reflexos prateados que descem até a massa reluzente da cauda que ocupa todo o primeiro plano do retrato.[17]

---

17 SARLO, B. *La pasión y la excepción*. Buenos Aires: Siglo XXI, 2003, p. 103.

Numa Ayrinhac, *Retrato oficial de Juan Domingo Perón e Eva Perón*, 1948, Museu do Bicentenário, Buenos Aires, Argentina

Beatriz Sarlo completa a descrição apontando o "rebuscado e retórico" do quadro que destaca a importância da primeira-dama e afirma a opinião do artista "sobre a geminada cúspide do regime".[18]

Esse quadro se encontra hoje no Museo de la Casa de Gobierno. No catálogo publicado pela instituição aparece, junto à breve biografia do pintor, uma descrição do retrato que destaca suas características insólitas. Nunca antes um presidente argentino havia sido retratado junto à primeira-dama e jamais se havia permitido o luxo de sorrir. O casal que pretende aparecer como um símbolo de elegância e distinção é apenas *kitsch*. Ele, de impecável traje de gala e ela, com vestido de seda cor manteiga desenhado por Dior, sorriem contra uma paisagem imaginada.

Comparando os dois quadros, observaremos como, nos três anos que os separam, a imagem de Eva Perón se transformou. A mulher do quadro de 1948 é bela, frágil, charmosa, instável. Agarra-se, com as mãos cheias de joias, ao braço do marido, levanta afetadamente o pé calçado num escarpim de seda, o ouro do cabelo se derrama sobre os ombros demasiado desnudos. Perón, ao contrário, está solidamente apoiado sobre as pernas; apesar da amenidade de seu sorriso gardeliano, é uma massa escura e firme. Ela, toda brilhos e sussurros de seda, parece uma noiva na disposição frontal da cauda do vestido branco.

A Eva de 1951 é outra. Sorridente ainda, porém severa, os ombros cobertos pelo fichu negro, o cabelo preso. Apenas a feminilidade de uma flor falsa, a luz discreta de um colar de rubis. A glamorosa dama jovem do retrato presidencial foi transformada, definitivamente, em uma princesa plebeia.

A construção dessa imagem – a princesa plebeia – foi produzida, principalmente, por meio da indumentária. Nos anos 1950, o corpo de Eva Perón, já transmutado em corpo político, o corpo alegórico do poder peronista, se manifesta através de

---

18 Ibidem, pp. 103 e ss.

duas vertentes e não só foram exigidos pelo regime, mas também definidos por ela mesma em *La razón de mi vida*:

> À dupla personalidade de Perón devia corresponder uma dupla personalidade em mim: uma, a de Eva Perón, mulher do presidente, cujo trabalho é sensível e agradável, trabalho dos dias de festa, de receber honras, de funções de gala; e outra, a de Evita, mulher do líder de um povo que depositou nele toda sua fé, toda sua esperança e todo seu amor.[19]

A primeira, Eva Perón, princesa plebeia, mulher do presidente, usa magníficos vestidos de gala enviados de Paris por Dior ou Jacques Fath. A outra é Evita, a proletária, a mãe dos humildes, a que se contenta com vestidos simples e lenços de camponesa na cabeça ou com os sóbrios *tailleurs* príncipe de Gales ou *pied de poule*, com gola de veludo escuro, desenhados por Jaumandreu.

Beatriz Sarlo considera que ambos os tipos foram excessivos: "demasiado luxuosos seus vestidos de festa, demasiado austera sua roupa de trabalho."[20] Esse excesso não obedeceria a uma falta de gosto, mas ao propósito de diferenciá-la do restante das mulheres.

A imagem da Evita operária – popular, trabalhadora, benfeitora – se disseminou através do enorme fluxo de fotografias publicadas e divulgadas nos meios impressos propagandísticos do regime, nos noticiários cinematográficos que cobriam suas aparições junto do povo. É preciso destacar que esses mesmos meios também divulgavam as fotos que a mostravam *en grande tenue*, posando no Palácio Unzué antes de ir ao Colón ou a alguma recepção em alguma embaixada.

Os retratos oficiais pintados por volta dos anos 1950 mostraram sempre a imagem da princesa plebeia. Passaria mais de meio século até que a pintura argentina incorporasse a Evita popular, a santa laica de roupa civil, a sóbria, a severa, a terrível.

---

19 PERÓN, E. *La razón de mi vida*. Buenos Aires: Peuser, 1951, p. 88.

20 SARLO, B. "Eva Perón: algunos temas". In: ALTAMIRANO, C. (org.) *La Argentina en el siglo XX*. Buenos Aires: Ariel, 1999, p. 353.

V.

Muito antes da morte de Eva Perón, todos os rituais de luto e de esquecimento estavam previstos. Desde a chamada no rádio, que a partir de 26 de julho de 1952, dia de sua morte, interromperia cotidianamente a programação – "São vinte e vinte e cinco, hora em que Eva Perón entrou para a imortalidade", até a mumificação do corpo para o velório solene, passando pelo epíteto que, desde então, acompanharia seu nome: "eterna na alma de seu povo."

Os preparativos autorizavam a suposição de que lhe aguardava o destino final dos heróis: um grupo escultórico grandioso, seu nome multiplicado em ruas, avenidas, hospitais, escolas dos que já o invocavam, mais bustos dos que já existiam nos lugares públicos, mais biografias hagiográficas e duvidosas.

Alguns anos antes, Evita havia encomendado ao escultor Leone Tommasi um Monumento ao Descamisado, com a condição de que fosse o maior do mundo. Uma das maquetes do monumento o propõe com 137 metros de altura. De uma rotunda cercada de pilares surge uma coluna gigantesca sobre a qual se ergue a estátua de um operário heroico, os punhos cerrados, os braços contraídos dos lados do corpo, as mangas da camisa dobradas, o peito aberto. (Em outra maquete, o operário apoia sua mão direita sobre o coração.) A imagem de Evita, que devia incluir-se na obra, é a de uma santa sorridente, uma capa sobre a túnica simples, nas mãos o escudo peronista.

Em 1952, dias antes de sua morte, a construção do monumento foi aprovada pelo Congresso, porém não como Monumento ao Descamisado: seria o Memorial Eva Perón. Ante a iminência da morte próxima, começavam a ser tecidas as tramas do esquecimento. Se representar Eva Perón, ainda viva, havia significado inscrevê-la na memória nacional, projetar essa representação, tendo em vista sua morte anunciada, esboçava um desejo de perpetuá-la no esquecimento. O Memorial de Eva

Monumento ao Descamisado – General Perón, 1955,
folheto oficial,
Buenos Aires, Argentina

Perón nunca foi construído. O que nunca foi representado, o que nunca foi escrito, continua sua vida latente, não se expõe à lenta deterioração do tempo.

VI.

Vinte horas e vinte e cinco minutos do dia 26 de julho de 1952. Aos 33 anos de idade, Evita morre. Sua morte pôs fim a uma longa e dolorosa agonia. Havia aparecido em público pela última vez em 4 de junho, dia da posse de Perón em seu segundo mandato. Dizem que, debaixo de seu agasalho de *vison*, usou um colete de gesso e metal que a manteve ereta durante o desfile em carro aberto, na revista das tropas, no juramento no Congresso e, finalmente, na posse na Casa Rosada. O que ela nunca chegou a saber foi que, poucos dias depois do passeio triunfal, Perón havia contratado Pedro Ara, um famoso taxidermista espanhol, para manter-se de guarda, à espera do desenlace fatal.

Meia hora depois de sua morte, seu corpo foi entregue às mãos do embalsamador. O cabeleireiro Júlio Alcaraz tingiu e penteou seus cabelos dourados. A manicure poliu as unhas mortas e cobriu-as de esmalte transparente, como a própria Eva, que sempre pintava as unhas de vermelho, lhe havia pedido.

A decisão de embalsamar o corpo e exibi-lo permanentemente em um monumento grandioso marcava o início de uma lenda: a da jovem bastarda e pobre, elevada pelos próprios méritos ao eixo paralelo e necessário do poder, esposa fiel, militante ardorosa, mãe dos humildes, anjo vingador de uma classe e de um povo. Santa, Guerreira da Fé e, no entanto, Mártir, eram os epítetos que se potencializavam nesse belo corpo morto.[21]

A força iconográfica de Eva Perón foi determinante na decisão de conservar seu cadáver. Hugo Vezzetti considera que:

> [...] procurou-se sustentar o desejo de impedir que fosse esquecida (que está presente em todo duelo), não nas hesitações da memória nem na perduração das ideias, senão na materialidade de um corpo retirado do tempo dos mortais.[22]

Esse corpo, preservado da decomposição natural, destinado à exibição e ao culto, manteve-se, durante muitos anos, em estado de suspensão entre a vida e a morte, estranhamente próximo das doutrinas cristãs sobre a incorruptibilidade do corpo de alguns santos e do dogma mariano.

A fascinação por esse corpo morto difundida, sobretudo através da literatura e do cinema, chegaria até os anos 1990.

---

21 Cf. VEZZETTI, H., *op. cit.*, pp. 3-8.

22 Ibidem, p. 6.

Segundo Anahí Ballent, os produtores do filme de Bonasso e Bauer, *Evita – La tumba sin paz*, enfatizam a tarefa do embalsamador, dr. Ara, responsável por ter transformado o corpo de Eva Perón em

> uma obra de arte total, que condensa num mesmo corpo a representação e o objeto representado: estética pura, beleza absoluta e eterna frente à qual só cabem a contemplação, a veneração e o respeito.[23]

Sobre um leito minúsculo com lençóis de seda, Eva, vestida com uma túnica marfínea de mangas longas, jazia como uma santa, uma virgem ou uma rainha. A bela jovem, imóvel em seu ataúde transparente, aparece como um corpo passivo que pode ser observado, analisado, aberto. Entre uma Vênus anatômica e uma princesa encantada, a imagem da mulher dormindo em uma caixa de vidro excitou a fantasia de muitos. Francisco Manrique, fanático antiperonista, a descreve: "Tinha o tamanho de uma menina de doze anos. Sua pele parecia de cera. Seus lábios estavam pintados de vermelho. Se se batia nela soava a oco."[24]

Branca de Neve envenenada pela malvada bruxa ou, claro, a Bela Adormecida, presa para sempre em um eterno sono sem sonhos pelas mãos das fadas vingativas. Mas também Cecilia Aprile no Palazzo Abatellis, Elizabeth I e Mary Stuart repousando lado a lado em Westminster Abbey, e tantas outras... E, como todas essas princesas, suas irmãs, suas iguais, repousa à espera da ressurreição: "Talvez tenha se transformado em uma ninfa que tece seu capuz. Talvez volte um dia e será milhões."[25]

---

23 BALLENT, A. "'All about Eve' Eva Perón y los equívocos de la biografía", *Punto de Vista*, Buenos Aires, ago de 1997, n. 58, p. 14.

24 MANRIQUE, F. *apud* DUJOVNE ORTIZ, A. *Eva Perón. La Biografía*. Buenos Aires: Aguilar, 1995, p. 293.

25 MARTÍNEZ, T. E. *Santa Evita*. Buenos Aires: Planeta, 1995, p. 390.

VII.

Os movimentos peronistas de esquerda que, sob a denominação de Montoneros, começaram a manifestar-se em torno de 1970 e cuja ação fundacional foi o sequestro e a posterior execução do tenente-general Pedro Eugenio Aramburu, que derrotou Perón em 1955 e que, durante o exercício da Presidência, havia ordenado o roubo do cadáver de Eva Perón, assumiram como bandeira uma outra imagem de Evita.

"Se Evita vivesse seria *montonera*", foi a frase mais gritada nas ruas, a mais pintada nos muros das cidades argentinas durante aqueles anos. Essa nova invocação de Eva Perón, eleita e disseminada por jovens que, durante o regime peronista, eram crianças ou ainda não haviam nascido foi associada a uma fotografia que nunca havia sido usada pela propaganda oficial.

Nela, a jovem Eva, usando uma blusa simples e uma jaqueta de corte militar, está sorrindo abertamente, sem nenhuma maquiagem, os cabelos soltos ao vento. Não há rastros do penteado elaborado da primeira época nem do severo coque do final. Eva é apenas uma jovem que ri e olha para um futuro de felicidade.

José Burucúa a evoca como uma encarnação contemporânea argentina do *Pathosformel* da ninfa, descrito por Warburg:

> Com o cabelo solto e o rosto entre sereno e exultante, é a imagem de Eva Perón "de volta à vida" pelos movimentos juvenis da década de setenta. Essa imagem de Eva não havia tido uma grande circulação durante os anos do primeiro peronismo, e depois da derrota de Perón, nem falar. Entretanto, é uma imagem deslumbrante, que surge ressignificada, décadas mais tarde.[26]

A ninfa é, provavelmente, a mais famosa das fórmulas emotivas classificadas pelo historiador alemão. Warburg a registra pela

---

26 BURUCÚA, J. E. "El señor de las imágenes – Entrevista a Martín Paz". In: www.pagina12.com.ar.

Evita *montonera*, 1948

primeira vez nas crateras gregas de figuras vermelhas do século IV a.C. e a documenta através de toda tradição ocidental, estendendo-a até a fotografia e a publicidade do século XX, como representação do poder da vida jovem. A presença da ninfa é desvelada em uma foto da campeã de golfe Erica Sell-Schopp "e nos cartazes de uma companhia turística de navegação onde 'a senhora viajante é uma ninfa degradada'".[27]

O *Pathosformel* da ninfa que, de acordo com Spinelli e Venuti, abarcaria "a escala inteira das manifestações cinéticas do humano fobicamente comovido, desde o abatimento inerme até o furor homicida"[28] parece estranhamente ligado também a outras duas das configurações imagéticas de Eva Perón, a da Bela Adormecida e a de Dama do Chicote, elaborada por seus inimigos na década de 1950 e representada por Carpani.

Eva, a Dama do Chicote, era, para a oligarquia portenha, uma extremista, uma passionária capaz de transformar o ressentimento dos excluídos em um violento desejo de vingança. Qualidades jacobinas de Eva que se tornaram evidentes depois de sua morte, a tal ponto que a derrota do regime em 1955 é atribuída a sua ausência. Uma das fantasias mais recorrentes nos anos que se seguiram à queda de Perón foi a de que se Evita estivesse viva, teria entregado armas aos seus descamisados para defender a pátria e seu líder.

Essa paixão revolucionária, exibida através dos excessos verbais e gestuais de seus discursos, o ódio pelas oligarquias que a humilharam, o fundamentalismo peronista de seus atos, a militância heroica permitiram com facilidade a conversão de santa Evita em Evita *montonera*. Por outro lado, a ética sacrifical que impregnou os movimentos da esquerda peronista *montonera – Perón*

---

27 BURUCÚA, J.E. *Historia, arte, cultura. De Aby Warburg a Carlo Guinsburg*. Buenos Aires: Fondo de Cultura Económica, 2003, p. 30.

28 Cf. SPINELLI, I. e VENUTI, R. *Mnemosyne. L'Atlante della memoria de Aby Warburg*. Siena: Artemide, 1998, p. 52.

ou morte era outra das frases – estava calcada no discurso de Evita, custódia e vestal da chama eterna da revolução.

Uma ninfa, então, jovem e bela, com sua "magnificência serena",[29] a "intensificação dinâmica da cabeleira",[30] seu olhar perdido para além do horizonte, pronta para "o caminhar, o correr, o dançar, o atracar, o tomar e o levar consigo".[31]

VIII.

No extremo oposto dessa imagem dinâmica está a da ninfa em repouso, a ninfa estática que não é a imagem de uma tranquilidade conquistada, mas a de uma tensão prestes a explodir. Ariadna adormecida em Naxos ou a Bela Adormecida esperando seu príncipe.

Essa imagem, atualizada nas fotos do corpo embalsamado que foram divulgadas na década de 1990, porém latente na memória dos que a viram em 1952, se faz presente na obra *Living-comedor*, de Daniel Ontiveros, que, em um complexo jogo de ressignificações, transforma o jovem corpo de *Étant donnés* no cadáver de Eva Perón. Na obra póstuma de Duchamp, podemos espiar, por detrás da porta, um corpo feminino cujo rosto está oculto, apenas vislumbramos a mecha ruiva de seus cabelos sobre o ombro. A mulher desnuda, exposta, sustenta na mão uma lamparina de gás acesa. Uma ninfa em repouso sobre um leito de ramos secos. Sobre uma fogueira? A penúltima encarnação da ninfa que está a ponto de morrer ou, talvez, de voltar à vida.

Em *Living-comedor*, instalação exibida em 1997 na Bienal de Havana, Daniel Ontiveros constrói uma interpretação do passado recente da Argentina através da metáfora da casa com *living-comedor*,[32] sonho de ascensão social das classes proletárias. (As

---

29 Ibidem, p. 51.

30 BURUCÚA, J. E., *op. cit.*, p. 31.

31 Ibidem, p. 30.

32 Na Argentina, dá-se o nome de *living-comedor* ao cômodo que reúne as salas de estar e de jantar.

casas de operários não têm *living-comedor*, nelas o espaço de convivência é a cozinha, que congrega a família e os amigos em refeições, trabalhos e encontros.) Na instalação, esse espaço pequeno-burguês se instaura como um *locus* privilegiado para questionar as narrativas de uma Argentina convulsionada.

O artista aborda o conceito de casa, de família e de intimidade, na relação que estabelece entre obras paradigmáticas da história da arte – que ele refaz –, e a promessa peronista da casa própria.

Sobre as quatro paredes da sala, os grandes quadros – cópias de David, Mondrian, Fontana, Lichtenstein, Adami, Richter, Bony, Meireles, Magritte – são contaminados por uma espécie de enfermidade desconstrutora. Os cortes que desfiguram, à maneira de Fontana, o límpido *living* de Lichtenstein deixarão sair tiras de pelúcia negra. O *Marat assassinado* de Jean-Louis David terá seu fundo grafitado prosaicamente com a palavra *living*. *A família operária*, de Oscar Bony, está pintada sobre um fundo azul-claro do qual emergem tufos de pelúcia vermelha. Há um Mondrian sobre o qual aparecem, também pintados, os sinistros personagens de *O Sermão da Montanha: Fiat lux*, obra de Cildo Meireles.

G. Richter: A casa de Diana Teruggi não reproduz, na realidade, um quadro de Richter. A imagem, pintada a partir de uma foto de um diário, foi construída à maneira de Gerardt Richter e reproduz a casa destruída de Diana, a *montonera* executada junto com sua família na cidade de La Plata. *Retrato de R. W.*, pintado à maneira de Valerio Adami, exibe o *living* destruído que apareceu em um artigo da revista *Noticias*. Era a foto de uma casa arrebentada pelas explosões de gás que acabaram com uma cidade em Córdoba. Sobre a discreta homenagem ao escritor Rodolfo Walsh, assassinado pela ditadura, Ontiveros escreve *Ceci n'est pas exterieur*.

Entre um quadro e outro, pequenos visores permitem observar duas imagens: uma foto da casa-Evita e a já mencionada imagem de *Étant donnés*, de Duchamp.

O sentido de *Living-comedor* se vai construindo através de uma acumulação de imagens e textos que se sucedem, se anulam, remetem a outros textos e a outras imagens e pelos quais é possível navegar em múltiplas direções.

Nada é inocente nem casual na intricada rede da instalação: a atitude retrógrada do artista que pinta – existe hoje técnica mais retrógrada que a pintura? Se pergunta o artista –, as molduras, magnificamente talhadas e cobertas por folhas de ouro ou prata pelo próprio Ontiveros, assinalam e ironizam uma grandiosidade representativa perdida.

Nada é inocente, porque se a casa-Evita se alterna com o nu de *Étant donnés*, esse nu tem que ser Evita. Morta, embalsamada, desaparecida, porém ainda bela, iluminando o sonho dos descamisados aos quais Evita havia dado uma casa como aquela. Nada é casual porque, sobre o quadro de Mondrian, reproduzido em *M & M Tradition*, sobrepõem-se as tenebrosas figuras que montam guarda na performance *O Sermão da Montanha: Fiat lux*, de Cildo Meireles, os mesmos seres abjetos que entravam nas casas, destruíam móveis, queimavam os livros, matavam seus ocupantes.

O sentido do trabalho se expande e dá lugar às pequenas histórias pessoais, como a do próprio Daniel, neto de carpinteiro, filho de entalhador, entalhador ele mesmo, que vivia em Mar del Plata, com seus pais, em uma casinha como a da fotografia. A casa que Eva Perón dava aos descamisados, a que ela deu a sua família.

Living-comedor é, assim, um dos mais comoventes antimonumentos erguidos à memória de Eva Perón. Nunca plenamente representada, apenas nomeada através de uma de suas cortesias: a casa – o sonho da casa própria que ela ajudava a realizar –, Evita é, nessa instalação, uma metonímia, uma alegoria, um fantasma, um corpo morto e exposto (o de *Étant Donnés*), que ainda sustenta uma chama, um espectro impotente que já não pode ver, mas que, todavia, subsiste como testemunho da destruição que seus – nossos – inimigos disseminaram dentro dos lares que ela ajudou a construir.

IX.

Em 1955, a ditadura militar que derrotou o governo peronista promulgou o decreto-lei nº 4.164, que, entre outras coisas, proibia o uso ou a posse de qualquer imagem que aludisse direta ou indiretamente ao regime deposto. Daniel Santoro, nascido em 1954, cresceu imerso no medo que provocava o contato com os livros, estampas e escritos que evocavam os anos do governo peronista.

O artista, que iniciou sua militância peronista aos 14 anos, recorda seu espanto ante a aparição, nos anos 1970, "daquele obscuro legado proibido"[33] que lhe revelou "um novo mundo, uma utopia perdida, uma Arcádia de cidades infantis, atômicas, desportivas".[34]

Durante vinte anos, sentado à mesa de um bar portenho, Santoro encheu de desenhos as páginas de vários cadernos, aos quais chamou, depois de transformá-los em livros de artista, *Manual del niño peronista*. Neles foi evocando, inventando, talvez reconstruindo a partir de clarões de memória ou das imagens das publicações proibidas, uma possível história peronista. A partir das reflexões gráficas esboçadas nesses livros, o artista inaugurou, em Buenos Aires, nos primeiros meses de 2004, uma exposição que levava o título de Um Mundo Peronista.

As pinturas que Daniel Santoro expôs nessa mostra se mesclam com os signos do léxico peronista – fábricas fumegantes, trens de ferro, geladeiras, automóveis e aviões argentinos, a expansão da rede de radiofonia, as crianças, os descamisados, os *grasitas*,[35] os idosos (únicos privilegiados) – e exibem controversas imagens de Eva Perón.

A Evita de Santoro é, quase sempre, a trabalhadora, de cabelo preso e *tailleur*. A intensa atmosfera religiosa que emana da pin-

---

33 SANTORO, D. *Manual del niño peronista*. Buenos Aires: La Marca, 2002, p. 7.

34 Ibidem, p. 12.

35 *Grasitas*: termo pejorativo usado pela classe média argentina para referir-se aos trabalhadores urbanos, que se sujam em oficinas, fábricas e na construção civil.

tura do artista, propiciada pelo dourado da folha que pontua algumas representações (o halo que, à maneira dos ícones católicos, rodeia a cabeça de Eva ou os raios de luz que saem de seus olhos), não destrói o irônico nem o amargo de certas narrativas.

Em *Evita protege o menino peronista* (2002), Santa Evita de *tailleur* marrom, a cabeça de perfil rodeada por uma auréola dourada (que se parece muito com a representação do Sol na bandeira argentina), cobre com uma manta azul cravada de estrelas, também douradas, um menino moreno. Atrás da janela, uma mulher de cabelos e sobrancelhas escuros, com um livro de Tagore em uma das mãos e um cigarro na outra, observa. Paralela e oposta, Victoria Ocampo – ela é a mulher que olha pela janela –, representante arquetípica da oligarquia argentina, intelectual, mulher de amores e de letras, enfrenta Eva Perón, como seu reflexo invertido em um espelho. Se Victoria está espiando por trás da vidraça, também Eva está separada do menino adormecido pela rígida estrutura da cama. Não há aproximação nem demonstração de afeto, apenas os braços estendendo o pano estrelado.

Porém é em *Eva dos quatro fogos* (2002) que a iconografia religiosa se desenvolve em toda sua potência. A imagem de Eva se inscreve em uma cruz. Com os braços abertos, sustenta, na mão direita, a Igreja, e com a esquerda, o Jockey Club, ambos em chamas. Os raios luminosos que rodeiam sua imagem – segue, à maneira da Virgem de Guadalupe, a iconografia da mulher vestida de sol – são também línguas de fogo. Sobre seu coração, também em chamas, desenha-se o edifício da fundação que levava seu nome. Na base da cruz, uma fogueira feita com tábuas de *parquet* alude a um dos mitos da oposição peronista. Para vilipendiá-los e demonstrar que se desperdiçava dinheiro com as casas que a Fundação Eva Perón doava a eles, se difundia o rumor de que os pobres arrancavam o *parquet* para fazer assado.

Os quatro fogos que consumiam Eva: o fogo do Jockey Club e das igrejas incendiadas pelos peronistas durante as infaustas noites de 1955, o fogo do *parquet* ateado por seus *grasitas* e seu próprio fogo, que a queimava sempre.

Nessa pintura, Santoro faz uma leitura descentrada da tradição: elabora uma hagiografia católica, porém a contamina com signos da Cabala; parece denunciar o sofrimento de Eva através do fogo que arde em seu coração piedoso, mas põe em suas mãos os incêndios criminais cometidos por seus seguidores.

Esse desvio da doutrina se denuncia também no uso dos ideogramas chineses que aparecem surpreendentemente em *Altarcito* (2001), onde pequenos ex-votos metálicos se acumulam sobre um altar vermelho e dourado, em torno do retrato de Evita.

Para Daniel Santoro, o menino que quis, mas que não pôde ser peronista, a década de 1945 a 55 é a "Pátria da Felicidade", uma pátria em que Santa Evita velava os sonhos das crianças peronistas: crianças que tinham lindos brinquedos, que podiam visitar a cidade infantil, que iam à escola com seus impecáveis aventais brancos. Uma pátria impossível, na qual os únicos privilegiados são as crianças.

Santoro cria uma arqueologia do presente e, ao criá-la, percebe (como Hölderlin no poema que abre a exposição) que o que amamos não é mais que uma sombra.

X.

Navegando entre tantas imagens e entre tantos corpos, a imagem da ninfa persiste. Sufocada pelo discurso oficial, será uma outra vez restaurada pela memória, dinâmica e terrível, com toda sua potência intacta. A jovem atriz de longos cabelos e etéreas vestimentas, a suntuosa primeira-dama no vestido de seda manteiga de Christian Dior, a implacável oradora, a princesa encantada em sua caixa de cristal, a delicada menina de cabelos ao vento que surge do nada em 1970, a *montonera* e, por acaso, a *piquetera*.

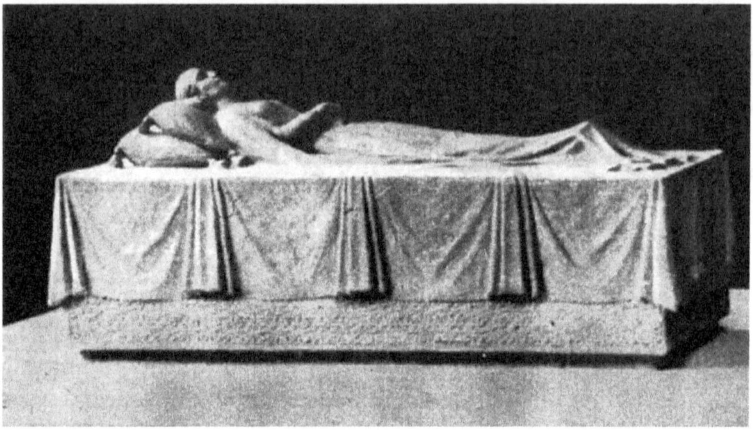

Imagem jacente para o *Monumento de Eva Perón*,
Leone Tommasi, 1955, folheto oficial, Buenos Aires, Argentina

Ainda hoje, o escritor argentino José Pablo Feinmann a imagina uma menina de cabelos soltos e roupas simples, andando por aí...

> Pela ponte Pueyrredón. Pelos atalhos. Falando nas assembleias. Planejando uma grande manifestação popular na Plaza de Mayo. Se nos comprometemos com essas geografias, talvez a vejamos.[36]

Texto originalmente publicado em: KRIEGER, *Peter (org.).* La imagen sagrada y sacralizada. *Cidade do México: Instituto de Investigaciones Estéticas (Unam), 2011.*

---

36 FEINMANN, J. P. "Si ella viviera, hoy sería piquetera". In: *Clarín Digital.* Suplemento Especial, 12 out 2004.

III ARQUIVOS

Arquivos do mal / Mal de arquivos

> [...] o Mal de Arquivo lembra sem dúvida um sintoma,
> um sofrimento, uma paixão: o arquivo do mal, mas
> também aquilo que arruina, deporta ou arrasta
> inclusive o princípio do arquivo, a saber: o mal radical.[1]
>
> DERRIDA

> [...] *porque el olvido*
> *es una de las formas de la memoria, su vago sótano.*[2]
>
> BORGES

I.

Em 2 de outubro de 1992, no Pavilhão 9 da Casa de Detenção do Complexo Penitenciário do Carandiru, São Paulo (SP), uma briga entre dois presos – por causa de um varal de roupas – gerou uma revolta que atraiu a Polícia Militar ao presídio. O resultado dessa intervenção foi o massacre de 111 detentos, que deixou ainda um saldo de 153 feridos, sendo 130 detentos e 23 policiais.

As imagens dos corpos nus, estendidos nos caixões de zinco, com um número pintado – como meio de identificação – sobre a pele, persistem na memória de quem as viu estampadas sob as manchetes dos jornais.

---

1 DERRIDA, J. *Mal de archivo: una impresión freudiana.* Madri: Trotta, 1997.

2 "... porque o esquecimento / é umas das formas da memória, seu vago porão" [tradução livre]. In: BORGES, J. L. *Obras completas.* Buenos Aires: Emecé, 1976, p. 1017.

Inaugurado por volta de 1920, como uma unidade modelar, o Complexo do Carandiru compõe-se hoje de quatro unidades autônomas: o Centro de Triagem, a Penitenciária Feminina, a Casa de Detenção (onde aconteceu o massacre) e a Penitenciária do Estado. Nesta última, encontra-se a Academia Penitenciária do Estado de São Paulo (Acadepen) e nela, o Museu Penitenciário Paulista. O governo do estado de São Paulo prometeu desativar o Complexo do Carandiru. Até hoje não foi tomada nenhuma medida nesse sentido.[3]

II.

Em 1995, Rosângela Rennó soube da existência de uma grande quantidade de negativos fotográficos de vidro na Academia Penitenciária do Estado. Em maio daquele ano, a artista solicitou permissão para ter acesso a esse arquivo com o objetivo de restaurar, organizar e, mais tarde, utilizar as imagens desses negativos no seu trabalho. Num primeiro momento, a solicitação foi negada com base em uma regulamentação que protege a identidade dos detentos e das suas famílias durante um período de cem anos. Rennó, porém, conseguiu a autorização em fevereiro de 1996, depois de descobrir que algumas dessas imagens tinham sido publicadas num tratado sobre criminologia.

Sem nenhum critério de organização nem de preservação, quase 15 mil negativos de vidro estavam amontoados em caixas de papelão nos porões da Acadepen. Danificados pelo tempo e pela umidade, os restos do arquivo tinham permanecido inacessíveis, esquecidos por mais de meio século. Com a colaboração da Funarte, da USP e da Associação de Arquivistas Brasileiros, Rennó instalou um estúdio na Acadepen, onde limpou, restaurou e catalogou os negativos.

---

3 Os pavilhões do Complexo do Carandiru foram implodidos em 2002 e 2005, anos depois da escrita deste ensaio.

A maior parte das imagens eram fotos identificatórias – rosto de frente e de perfil – e *signaléticas* – nus de corpo inteiro, frente, perfil e costas. Havia também umas 3 mil fotos de tatuagens, marcas e cicatrizes, algumas fotos de doenças e anomalias e trinta fotos de cabeças de costas.

As fotografias em preto e branco eram usadas para ilustrar as fichas pessoais dos internos da penitenciária. O levantamento fotográfico que se estendeu entre 1920 e 1940, no setor de Psiquiatria e Criminologia da Penitenciária do Estado de São Paulo, pretendia identificar os prisioneiros por número, características físicas (feições, cor da pele, altura, peso e deformidades corporais) e marcas (tatuagens e cicatrizes propositais ou acidentais). O dr. José de Moraes Mello, médico responsável pela operação, não deixou nenhuma documentação sobre algum uso ulterior do arquivo. Não há registro do nome do fotógrafo.

III.

Desde 1992, Rosângela Rennó seleciona e organiza o *Arquivo universal*, constituído por textos de jornais que narram "histórias ordinárias sobre gente e fotografia".[4] Da coluna social à página policial, o *Arquivo universal* compõe-se de textos em que a imagem fotográfica se torna prova, fetiche, objeto de desejo, lembrança, testemunho. No acervo textual do *Arquivo universal*, as imagens fotográficas estão nomeadas ou descritas. Assim, é um arquivo de imagens sem imagens.

> (Ontem, na casa de M., o funcionário levou meia hora com perguntas do tipo: Quanto ganham as pessoas que vivem aqui? Que igreja frequentam? Que língua falam? Tem banheiro na casa? M., de 25 anos, lembra-se de que, na última vez, ele e sua família foram recenseados por avião. Sem exageros. Na época do regime racista, o número de ha-

---

4 RENNÓ, R. *Rosângela Rennó*. São Paulo: Edusp, 1997, p. 159.

bitantes do distrito negro era conhecido somente por meio de fotografias aéreas: contavam-se as casas e multiplicava-se o seu total por quatro, número presumível de membros de uma família.)

O *Arquivo universal* é um arquivo virtual no qual os textos são incluídos depois de serem lapidados pela eliminação de nomes, lugares e datas. Um arquivo de imagens escritas, no qual a identidade dos sujeitos é mutilada pela maiúscula seguida do ponto. A indeterminação do sujeito reforça e acentua uma falsa objetividade. O anonimato da situação é também a chancela da sua extensão. No *Arquivo universal*, todos somos assassinos, todos somos cúmplices, mas todos, também, somos vítimas.

(A Funai vai exigir na Justiça que a empresa E. indenize a índia Y., de 15 anos, violentada e engravidada em agosto passado por técnicos que faziam prospecção na reserva indígena. Os funcionários da Funai ficaram revoltados com o descaso da empresa, que enviou apenas uma relação de nomes, sem fotografias, dos técnicos que trabalhavam na área, naquela época, para que a adolescente identificasse os autores do crime. Y. é surda-muda e deficiente mental.)

"A maneira como eu lido com o texto é exatamente como faço com uma foto. Sinto que o texto determina uma potência imagética muito grande como informação descritiva que a foto não dá",[5] declara a artista. Os relatos do *Arquivo universal* – histórias ordinárias sobre gente e fotografia – são irrelevantes, falidos, fragmentários. Como a nossa memória, o *Arquivo* prolifera a partir dessas irrelevâncias, dessas falhas, desses fragmentos.

---

5 Idem.

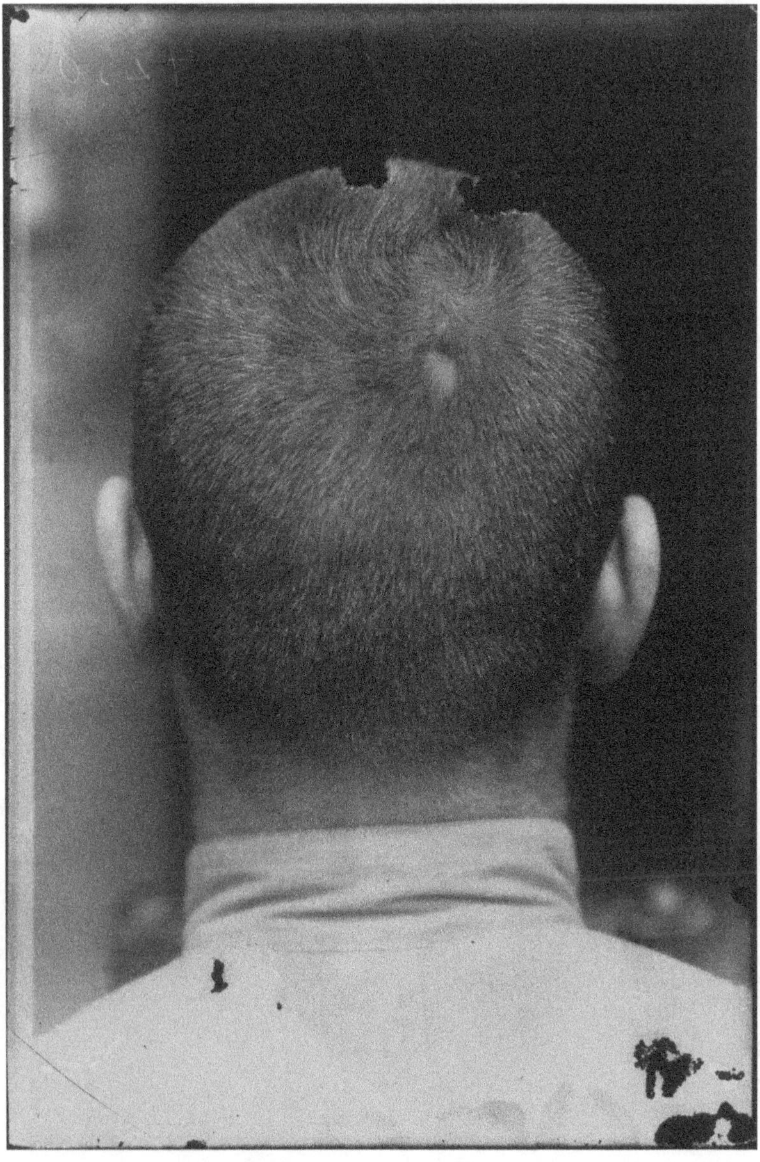

Rosângela Rennó, *Three Holes*, 1998,
da série *Vulgo [Alias]*, 1998-2003,
laminated Cibachrome print,
167 x 113 cm (medidas estimadas)

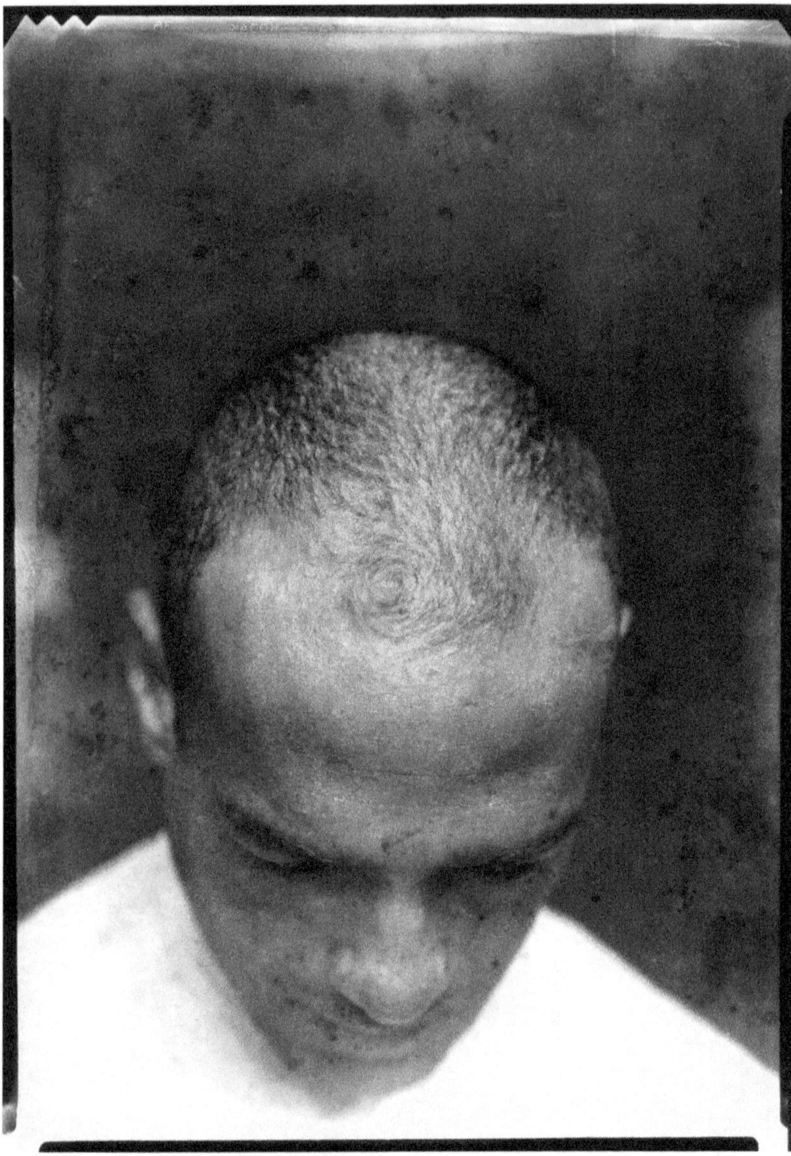

Rosângela Rennó, *Down*, 1998, da série
Vulgo [Alias], 1998-2003, laminated Cibachrome
print, 167 x 113 cm (medidas estimadas)

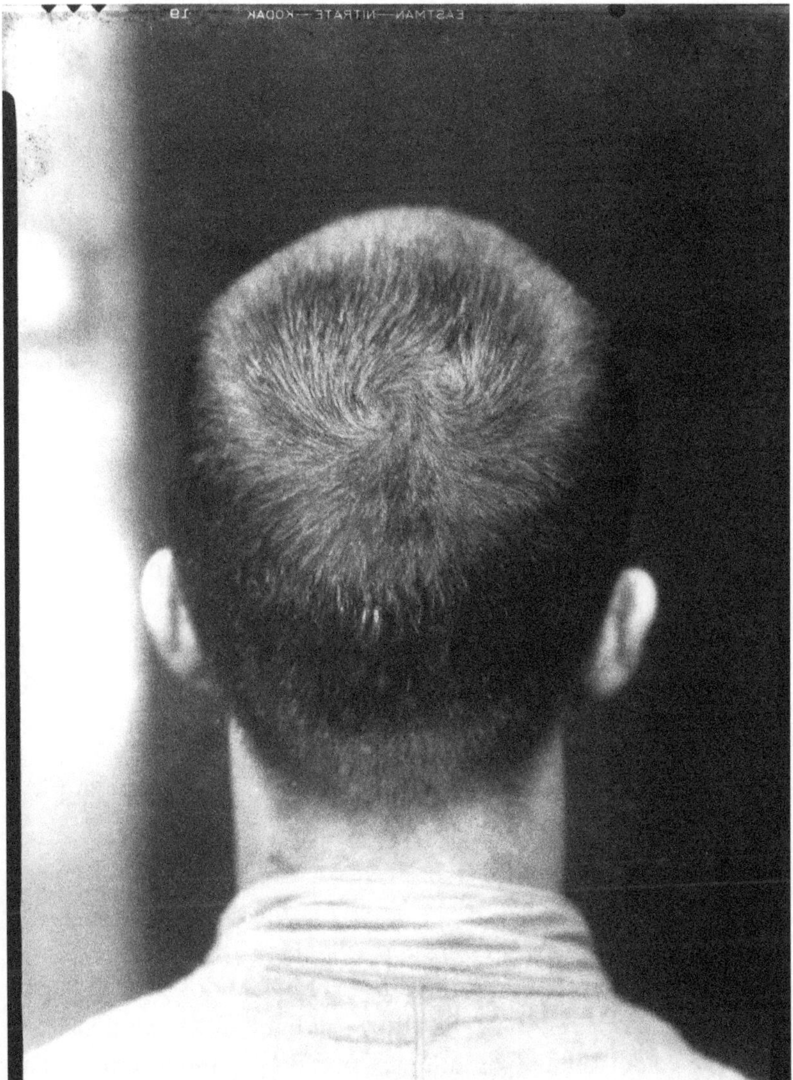

Rosângela Rennó, *Fire*, 2001, da série *Vulgo [Alias]*, 1998-2003, a partir de original do Museu Penitenciário Paulista, fotografia digital (processo Lightjet), 168 x 120 cm (medidas estimadas)

IV.

A instalação *Vulgo* é definida pela autora como um diálogo visual entre fotografias do Museu Penitenciário Paulista e textos do *Arquivo universal*. Os 11 textos selecionados apontam para a perversidade de um poder exercido a partir do exercício do olhar. As grandes fotos, laminadas como espelhos negros, focalizam as cabeças dos detentos: nove de costas e três de frente. Nessas últimas, os olhos dos detentos estão fechados ou voltados para o chão. Numa delas, o número identificatório do preso está aderido à testa.

Os crânios raspados exibem o claro desenho do redemoinho, apenas colorido pela artista em tons avermelhados, rosa, salmão. Uma espécie de maquiagem erótica estende uma máscara sobre a pele para despertar o calor do sangue, para lembrar que, detrás da superfície plana da fotografia, há um rosto. Como no avesso de uma três por quatro, as cabeças, de costas (os olhos baixos), parecem evitar o reconhecimento. E, no entanto, sabemos que ao olhar aguçado do amor ou do ódio nada escapa. Como não reconhecer – no odiado, no amado – a nuca, a testa, o nascimento do cabelo, aquele redemoinho. Mas não é de amor nem de ódio que se trata. Trata-se de ciências classificatórias e identificatórias: as fotos da Acadepen parecem ter obedecido a uma suposta tentativa de estudo fisionômico ou frenológico. Não havendo um redemoinho igual a outro, esses poderiam constituir-se como traço definitório de uma identidade individual.

O olhar carcerário, que intenta atribuir sentidos e criar categorias, fragmenta, retalha e classifica os indivíduos. Os condenados da sociedade – a ralé –, humilhados pelo duplo peso do crime e da culpa, oferecem, à mirada do outro, a nuca vulnerável, quase à espera da lâmina do carrasco. Separadas do corpo, estranhamente anônimas e, ao mesmo tempo, familiares, as cabeças ostentam, no desenho espiralado, o *punctum* da imagem e do indivíduo. Não foi a faca de uma guilhotina que decepou as cabeças, mas uma câmara fotográfica. Através da objetiva da máquina, o poder multiplica seu olhar identificador e o lança, como uma rede, sobre os indivíduos. Tudo é indício, tudo é índice.

Rennó aponta para o fato de que fotografar os redemoinhos seria talvez o ápice da ideia de panóptico. Invisível, o poder submete os dominados a uma visibilidade total. Não basta a foto três por quatro, não bastam o perfil nem as digitais. O indivíduo é fragmentado através do registro de suas mínimas particularidades, que são exibidas e vasculhadas como se a partir delas fosse possível detectar as pulsões mais íntimas e secretas. As fotos das cabeças dos presos do arquivo do Carandiru são anônimas. O que pretendia ser um índice de identificação – o redemoinho avermelhado – é um sintoma do extravio da pulsão identificatória. O fracasso da tentativa de categorização torna-se evidente: o lugar onde o pensamento positivista queria achar semelhanças, apresenta-se como uma soma infinita de diferenças.

O que está em jogo, novamente, é a rasura do conceito de identidade. O trabalho da artista deixa evidente o fracasso de qualquer tentativa de identificação. "Uma sensação de vertigem", pontua Rennó, porque na busca dos dados que definam o Outro, o que se encontra é uma falta, um vazio, uma falha amnésica que impede de nomear. Entre o registro obsessivo das particularidades operado através do olho da câmara e o registro das narrativas menores do *Arquivo universal*, sempre há algo que se perde, sempre há algo que escapa, escamoteado nos interstícios que proliferam interminavelmente.

V.

Rennó, como Barthes, sabe que "as fotos são signos que não prosperam bem, que 'coalham' como o leite. Seja o que for o que ela dê a ver e qualquer que seja a maneira, uma foto é sempre invisível: não é ela o que vemos".[6] A dificuldade de acomodar a vista à foto-

---

6 BARTHES, R. *A câmara clara*. Trad. Julio Castañón Guimarães. Rio de Janeiro: Nova Fronteira, 1984, p. 16.

grafia provém da aderência do referente – ao funcionar como uma janela ou um espelho, a fotografia desaparece.

Rosângela Rennó propõe-se liberar a fotografia dessa sina e, mediante uma dupla operação, consegue barrar a onipresença do referente. Por um lado, a artista elabora o *Arquivo universal*, onde só cabem referentes; por outro, apropria-se de fotografias que retrabalha até o limite da visibilidade, seja por obliteração, eliminação de contrastes, fragmentação ou descontextualização e recontextualização.

Os textos são lidos num *continuum* temporal. As fotografias não ilustram a escrita. A escrita não é legenda da foto. Nosso hábito cultural leva-nos a buscar uma legenda que não aparece (afinal, quem são essas pessoas?) e umas fotos que não existem (como reconhecer os culpados sem as fotos? Como recensear através de fotografias?). Aparentemente, não existe uma relação entre as duas categorias, mas, na arte, as conexões entre a linguagem e a imagem apresentam-se infinitas. Ao confrontar, num mesmo espaço, imagens e textos, Rennó abre uma série de relações que nunca estão explícitas.

Imagens escritas, os textos visuais interagem com a imagem debilitada da fotografia. O referente – o sujeito – é quase barrado pela indefinição da imagem e pela ausência de legendas. O sujeito – o referente – é desidentificado. Afinal, quem são esses homens? Por que estão de costas? Por que de olhos fechados? O referente – o sujeito – é barrado pela inicial enigmática. Afinal, quem é M.? Quem é a índia Y.? Esse referente, porém, é resgatado e restaurado pela dupla exposição – da foto e dos textos.

Para Foucault, imagem e texto

> são irredutíveis uma ao outro; por mais que se diga o que se vê, o que se vê não se aloja jamais no que se diz, e por mais que se faça ver o que se está dizendo por imagens, metáforas, comparações o lugar onde es-

tas resplandecem não é aquele que os olhos descortinam, mas aquele que as sucessões da sintaxe definem.[7]

Textos e imagens associados interagem, nunca plenos, nunca finitos, nunca totais, porque "o que se vê não se aloja mais no que se diz...".

VI.

Com um gesto retórico, Freud se inquieta, no começo do capítulo VI de *O mal-estar na civilização*, por gastar imprensa, impressão, tinta e papel, mobilizar uma pesada máquina arquivística, para contar histórias que todo mundo conhece.[8] Em vários lugares de sua obra, Borges, aparentemente, se lastima por "agregar à infinita série um símbolo a mais". Rosângela Rennó acredita que há fotografias demais no mundo e, por consequência, só refotografa imagens de fotografias. (*En abyme*, o referente da fotografia é uma fotografia...) Mas apesar da retórica e do gesto, cada velha fotografia refotografada constitui-se numa nova fotografia, num novo arquivo, num símbolo a mais a se inserir na infinita série.

A posteriori, a imagem refotografada se demonstra plena de sentidos, e aponta para um universo significativo do qual sempre esteve afastada. Destinadas desde sempre à invisibilidade, produzidas para serem arquivadas e logo esquecidas, as imagens do Carandiru alcançam finalmente a visibilidade no campo da arte.

As fotos esquecidas – as fotos identificatórias abandonadas no arquivo penal – e os relatos banais são resgatados como provas da amnésia social que motivam o interesse de Rennó nos restos da cultura, nos rastros da memória, naquilo que foi postergado, esquecido ou eliminado na hora de se narrar a história oficial.

"Amnésia", repete a artista, "não esquecimento". Amnésia: perda de memória, total ou parcial. O termo médico aponta para

---

7 FOUCAULT, M. *As palavras e as coisas*. Rio de Janeiro: Nova Fronteira, 1981, p. 25.

8 Cf. DERRIDA, J. *op. cit.*, p. 16.

um apagamento das lembranças. Esquece-se que alguma coisa foi esquecida. Amnésia social, amnésia coletiva, como definiu Heinrich Böll a relação da Alemanha do pós-guerra com seu passado nazista. Em algum momento, alguma coisa foi irremediavelmente extraviada; as fotos e os textos que a artista arquiva não resgatam a memória, mas testemunham o esquecimento.

VII.

Em *Mal de arquivo*, Jacques Derrida propõe-se distinguir o arquivo daquilo a que foi reduzido: a experiência da memória e o retorno à origem, o arcaico e o arqueológico, a lembrança ou a escavação, resumindo: a busca do tempo perdido.[9]

Todo arquivo pressupõe inscrições, marcas, impressões, assim como a decodificação das inscrições e das marcas e o armazenamento e a preservação das impressões. Todo arquivo pressupõe, também, um lugar de consignação – um lugar de reunião dos signos – e uma técnica de repetição.

Um mal radical parece estar agindo desde sempre no trabalho de custódia e interpretação dos arquivos e na relação que mantemos com eles, nos modos de lembrar, memorizar e monumentalizar, na necessidade de registrar tudo, sem resto, sem perda. Mas a censura e a repressão trabalham para destruir o arquivo, antes mesmo de tê-lo produzido. Pulsões de morte precipitam o arquivo no esquecimento, na amnésia, na aniquilação da memória, na erradicação da verdade. Porque o arquivo não será jamais a memória nem a anamnese em sua experiência espontânea, viva e interior. "O arquivo tem lugar em (o) lugar do desfalecimento originário e estrutural dessa memória."[10]

Assim, o arquivo da Acadepen, arquivo de marcas, de inscrições, de impressões, arquivo de corpos escritos, descritos e de-

---

9 Idem.

10 Ibidem, p. 19.

senhados, arquivo do mal, devorado pela umidade e pelo tempo, desvenda, nesse desfalecimento, uma acumulação de arquivos estratificados. Camada sob camada, o olhar de Rennó expõe as cicatrizes de feridas que o sistema tentou escamotear, mas que permaneceram abertas nas matrizes abandonadas. Sob essas cicatrizes, através dessas cicatrizes, a artista, como uma arqueóloga, nos permite entrever a possibilidade abissal de infinitas escavações.

Dominada pelo arquivo, pelo *mal de arquivo*, a artista não tem descanso, porque está, interminavelmente, dedicada a procurar e instaurar o arquivo ali, onde ele se escapa, ali, onde algo nele se anarquiva. Ao restaurar o arquivo, Rennó restaura, também, a certeza de que o arquivo está irremediavelmente perdido. Extraviado na sucessão de cópias, o arquivo é ilegível porque todas as claves para sua leitura foram apagadas. Um arquivo inútil, mesmo se lido através da memória dos arquivos de Lombroso ou de Lacassagne. Um arquivo inútil, mas dominado por uma espera infinita, desproporcionada, sempre pendente, uma espera sem horizonte de espera, a impaciência absoluta de um desejo de memória.

O que Rennó pôde recuperar são apenas as falhas, os vazios, os fragmentos desse desejo de memória. Com esses restos, a artista monta um outro arquivo, que estava latente no primeiro, num dos seus substratos. As imagens do novo arquivo – corpos nus, marcas, tatuagens, feridas; braços, mãos, pernas, pés, torsos, cabeças – pertencem agora ao arquivo da arte, potencializadas pela *beleza* do belo, não são senão memórias da morte. O último capítulo da vida dos homens infames.

VIII.

Em português, o substantivo "vulgo" quer dizer povo, populacho, tropa, multidão, plebe, ralé. Mas também se utiliza para designar o apelido, aquele nome outro que a família, a crônica popular, o grupo social ou mesmo a imprensa costumam colar sobre o nome próprio. Ao nomear uma instalação que exibe fotos de supostos delinquentes, a palavra "vulgo" multiplica seus sentidos. O vulgo, um sobrenome, um nome metonímico, às vezes rasura a inscrição do registro civil e recoloca o renomeado no elenco da infâmia: Jack, the Ripper; Landru, o Vampiro de Dusserdolf; El Pibe Cabeza; o Bandido da Luz Vermelha; El Ángel de la Muerte; o Motoboy.

Contra a parede, fotos de seres anônimos, sem rosto, desidentificados; sobre a parede, textos que falam de seres anônimos, sem nome, desidentificados. O vulgo, o povo, a plebe, a ralé.

Por outro lado, "vulgo", em latim, é um verbo cujo significado é propagar, divulgar. Sendo a arte um dos modos de refletir sobre a vida, a condição para a experiência artística é a capacidade que a obra tem de convocar o espectador para essa reflexão. Na galeria, imagens e textos deixam vislumbrar, através das frestas e dos intervalos, a promessa de uma totalidade que resista à irreversível fragmentação da experiência contemporânea. Na galeria, *Vulgo* propaga e divulga a possibilidade de se inscrever, de se escrever e de se imprimir uma outra história, a história dos vencidos. Uma história que vem resistindo, entre os arquivos do mal e o mal do arquivo, à amnésia e à invisibilidade.

IX.

Para Hal Foster, a questão política, na arte ocidental da contemporaneidade, poderia ser apreendida apenas pelas práticas de resistência ou de interferência. Se a vanguarda, transgressora da cultura oficial de uma sociedade erudita, se opôs, originalmente, à academia, a "arte crítica ou de resistência é concebida como oposta à cultura moderna oficial, tanto na forma dos veículos de massa quanto na de um modernismo recuperado (a arte moderna dos museus)".[11] Por outro lado, o colapso da representação – "hoje em dia não pode haver nenhuma representação simples da rea-

11 FOSTER, H. *Recodificação, arte, espetáculo, política cultural.* São Paulo: Casa Editora Paulista, 1996, p. 200.

lidade, da história, da política, da sociedade: todas elas só podem ser constituídas textualmente"[12] – desvela os conteúdos ideológicos implícitos nas falácias das imagens positivas.

Ao se apropriar das imagens do arquivo de um Museu Penitenciário, ao exibir essas imagens junto dos textos do *Arquivo universal*, Rennó está conectando o enterrado, o não sincrônico, o menor às práticas artísticas da contemporaneidade. O Museu e o Arquivo, como repositórios de uma certa memória, são desmascarados, ao serem confrontados com a banalidade trágica dos relatos do *Arquivo universal.*

A tarefa em que Rosângela Rennó está empenhada – a restauração do sentido – não contemplou nunca a evocação do massacre de 1992, porém, cada instalação com as fotos do arquivo do Carandiru não cessa de reencenar a chacina. Como se esta estivesse latente, como se cada disparo da polícia já estivesse anunciado nos disparos da câmara do fotógrafo desconhecido que, mais de cinquenta anos atrás, tirou as fotos.

A arte de Rennó não se opõe ao sistema – a história ensinou que é tarefa inglória –, porém, agindo efetivamente desde os lugares privilegiados do sistema, deixa ver obliquamente, infralevemente, não a perversidade desse sistema, mas, como quer Paulo Herkenhoff, um dos mapas da sua sombra.

Texto originalmente publicado em: Vulgo [Alias] – Rosângela Rennó. *Catálogo da exposição. Sidney: University of Western Sydney – Nepean, 2000.*

---

12 Idem.

A sordidez do arquivo: entre pedras soterradas e fotografias esquecidas[1]

> Método de trabalho: montagem literária. Não tenho nada a dizer. Somente a mostrar. Não surrupiarei coisas valiosas, nem me apropriarei de formulações espirituosas. Porém os farrapos, os resíduos: não quero inventariá-los, e sim fazer-lhes justiça da única maneira possível: utilizando-os.
>
> WALTER BENJAMIN

> Em oposição ao arquivo, que designa o sistema das relações entre o não dito e o dito, chamamos testemunho ao sistema das relações entre o dentro e o fora da *langue*, entre o dizível e o não dizível em qualquer língua; ou seja, entre uma potência de dizer e sua existência, entre uma possibilidade e uma impossibilidade de dizer.
>
> GIORGIO AGAMBEN

Ao longo do muro da sala, a mensagem estende-se, imensa. Está escrita com palavras e letras de diferentes origens e diferentes tipologias, para proteger a identidade do autor, como se fosse a carta de um sequestrador. Em realidade, está montada a partir de fotografias de palavras extraídas de cartazes de publicidade.

Uma ameaça anônima cresce nas paredes:

---

1 Neste texto faço uso de arquivos próprios gerados nos últimos anos ao longo de uma pesquisa sobre a memória do passado imediato na arte contemporânea. O ensaio faz parte de um texto em processo no qual se recolhem, investigam e interpretam trabalhos de arte que utilizam as formas e os conteúdos do arquivo.

Jorge Macchi, *Víctima serial*, 1999,
60 C-prints 10 x 15 cm cada,
instalações, medidas variáveis

Te llegó la hora. Tu última chance se hace polvo. Me río de vos. Sabés que no tenés salida. Tu casa no es más un alivio. No tenés a donde ir. Lo único que te espera es la muerte. Te voy a perseguir hasta dejarte sin aire. Te voy a hacer carne picada. Ya no me basta solamente con verte sufrir.[2]

A mensagem – sem destinatário – paira sobre quem a lê e desperta receio ou medo. Nessa obra de Jorge Macchi, artista e assassino se sobrepõem e confundem: o assassino nos adverte, desde as palavras, que está à nossa espreita; o artista caça as palavras da ameaça pela cidade.

Um procedimento similar é utilizado no vídeo *Diário íntimo*, em que frases retiradas das crônicas políticas, de entretenimentos ou esportivas, alinhavam-se para narrar uma história qualquer. Nesse caso, as pistas deixadas nos arredores da frase – fragmentos de fotos, subtítulos, palavras – fazem parte de um fundo visual ruidoso e ao mesmo tempo ordinário. O enunciado categórico em primeira pessoa, entre aspas, é relativizado pela vulgaridade da mídia:

---

2 "Chegou sua hora. Sua última oportunidade transformou-se em pó. Rio de você. Você sabe que não tem saída. Sua casa não é mais uma salvação. Você não tem aonde ir. A única coisa que te espera é a morte. Vou te perseguir até te deixar sem ar. Vou fazer de você carne moída. Já não me basta somente com te ver sofrer." [tradução livre] In: MACCHI, J. Texto para o catálogo da exposição El Final del Eclipse. Madri: Fundación Telefónica, set 2001.

> *"Tengo más cicatrices que piel", "Lo pasé mal", "Todavía estoy aturdido", "Fui un muerto civil", "La derrota me duele", "Yo no hago misterios", "Creo que cumplí"*[3]

É nos paratextos que essas frases grandiloquentes foram enunciadas no lugar da coluna de fofocas e talvez pronunciadas por esportistas ou intérpretes televisivos depois de reveses nos seus desempenhos.

O uso de notícias de jornal como arquivos começou em 1998, quando Macchi ampliou uma notícia que recortou de um jornal inglês: BABY DIED BENEATH DRUNK BABY-SITTER,[4] ampliou-a em grande formato e colou-a na vitrine da frente da galeria da Universidade de Essex. A matéria do tabloide o atraiu, pois:

> [...] há nela dois aspectos que geralmente chamam minha atenção: o acidente e o resíduo. Um faz alusão à história em si; o outro, ao que acontece com essa história depois de ser lida no jornal.[5]

Para que o trágico acidente acontecesse coincidiram inúmeras variáveis: *a saída dos pais, a quantidade de bebida, o sofá, a hora, um pequeno deslocamento do bebê.*[6] O fato – trágico e curioso – aparece no jornal e vira notícia. Uma notícia, porém, que se esquece ao virar da página, e o bebê e sua trágica história se transformam em resíduos tão descartáveis como o próprio jornal. Fecha-se o ciclo: conhecimento, terror e olvido.

Jorge Macchi questiona-se sobre seu trabalho a partir desses resíduos gráficos e o compara a "uma forma primitiva e degenerada da fotografia; de fato ambos pretendem deter ou atrasar a

---

3 "Tenho mais cicatrizes do que pele", "Passei mal", "Ainda estou atordoado", "Fui um morto civil", "A derrota me dói", "Eu não faço mistérios", "Acredito que cumpri" [tradução livre].

4 Criança morre sob a babá bêbada [tradução livre].

5 MACCHI, J., *op. cit.*

6 Idem.

deterioração e a desaparição."[7] Como Julio Cortázar, Macchi consegue descortinar a dimensão trágica do banal, os dramas ou as comédias que se escondem sob as ações mais habituais e mais ordinárias.

> *Me estoy atando los zapatos, contento, silbando e de pronto la infelicidad. Pero esta vez te pesqué, angustia, te sentí "previa" a cualquier organización mental, al primer juicio de negación. Como un color gris que fuera un dolor y fuera el estómago.*[8]

Assim como *Rayuela*,[9] a obra de Macchi incorpora os arquivos mais corriqueiros e cotidianos, os que não costumam ser conservados – notícias policiais, palavras fora de contexto, citações verdadeiras ou apócrifas, obituários, textos publicitários, bulas de remédio, frases de efeito, "os nomes que aparecem depois do FIM nos filmes"[10] – e através deles cria fabulosas e delicadas arquiteturas sempre a ponto de ruir.

I.

Arquivos – Michel Foucault nos adverte em *A arqueologia do saber*, de 1969 – não são o acúmulo dos textos conservados por uma cultura, nem os documentos do seu passado ou os testemunhos de sua identidade; não são, tampouco, as instituições que permitem registrar e conservar os discursos que devem ser lembrados e consultados. Para o autor, "arquivo é, de início, a lei do que pode ser dito; o sistema que rege o aparecimento dos enunciados como

---

7 Idem.

8 "Estou amarrando os sapatos, contente, assoviando e de repente a infelicidade. Mas desta vez te pesquei, angústia, te senti "prévia" a qualquer organização mental, ao primeiro juízo de negação. Como uma cor cinza que fosse uma dor e fosse o estômago" [tradução livre]. In: CORTÁZAR, J. *Rayuela*. Buenos Aires: Sudamericana, 1963, p. 426.

9 O título em português é *O jogo da amarelinha*.

10 MACCHI, J., *op. cit.*

acontecimentos singulares".[11] Esse arquivo faz com que todas as coisas ditas não se acumulem em uma massa sem forma, nem se inscrevam numa linearidade ininterrupta, nem se apaguem por acidentes externos. Pelo contrário, permite que os enunciados se articulem em figuras diferentes e se combinem através de relações múltiplas.

> [O arquivo] é o que faz com que não recuem no mesmo ritmo que o tempo, mas que os que brilham muito forte como estrelas próximas venham até nós, na verdade de muito longe, quando outras contemporâneas já estão extremamente pálidas.[12]

O arquivo não seria, definitivamente, a Biblioteca de Babel, nem o Museu dos Museus, muito menos um lugar de reconfortante esquecimento. Por isso, a análise do arquivo comportaria, então, um local especial: próximo de nós, mas diferente do agora, o limiar de um tempo que contorna exatamente o presente em que vivemos. No arquivo – sempre em buliçosa atividade – surgem "as regras de uma prática que permite aos enunciados subsistirem e, ao mesmo tempo, se modificarem regularmente".[13]

O arquivo de Foucault ocupa algum lugar entre a *langue* como sistema de construção de enunciados possíveis e o *corpus* das palavras ditas ou escritas. Giorgio Agamben esclarece: "o arquivo é o dito ou o dizível que está inscrito em todo o dito, pelo simples fato de ter sido enunciado, o fragmento da memória que se esquece cada vez que dizemos 'eu'."[14] E propõe, então, mudar a perspectiva. Se olharmos os enunciados do ponto de vista do ato de falar, observaremos a *langue* como potência de dizer. Do outro lado do arquivo, existe o testemunho "entre uma potência de dizer

---

11 FOUCAULT, M. *A arqueologia do saber*. Rio de Janeiro: Forense Universitária, 2008, p. 147.

12 Ibidem, p. 148.

13 Ibidem, p. 149.

14 AGAMBEN, G. *Lo que queda de Auschwitz. El arquivo y el testigo. Homo sacer III*. Valência: Pre-textos, 2002, p. 150.

e sua existência, entre uma possibilidade e uma impossibilidade de dizer".[15]

***

Em 1993, Jochen Gerz ministrava aulas na Hochschule für Bildende Kunst, em Saarbrücken, Alemanha. Ele e seus alunos, com a ajuda das 61 comunidades judias da região, compilaram uma lista de todos os cemitérios judaicos profanados pelos nazistas, que se localizavam na Alemanha antes da Segunda Guerra Mundial. Depois de chegar a uma cifra final de 2.146 cemitérios, os nomes deles foram gravados em um número igual de paralelepípedos, removidos do caminho que atravessava a praça existente frente ao Saarbrücken Castle, o local do parlamento provincial.

Nas sombras da noite, anonimamente, as pedras foram retiradas e substituídas por outras com os textos gravados. No entanto, a face escrita foi colocada contra a terra, tornando a inscrição (e o trabalho) invisível. Dos 8 mil paralelepípedos que formam a praça, 2.146 levam uma inscrição. É impossível para o passante saber se ele está pisando uma pedra gravada ou não. A quem o interroga sobre o sentido de suas obras, Jochen Gerz declara:

> Em face de um passado, um certo número de pessoas de minha idade (e mesmo dos que nasceram mais tarde) tem sempre o sentimento de não ter se comportado bem. É uma forma sublime de recalque. Daí me veio a ideia de recalcar a obra. Freud disse que o recalque nos domina sempre. Eu queria tornar pública esta relação com o passado, que poderia ser a minha.[16]

---

15 Ibidem, p. 151.

16 GERZ, J. Acessado em 10 set 2008 e disponível em: http://www.larevuedesressources.org/article.php3?id_article=193%20.

Para o artista, esse passado não pode ser revivido, pois constitui uma herança impossível de elaborar que o impede de estabelecer uma relação justa com a ausência. A obra, com toda a opulência de suas qualidades visíveis, não pode mais tratar a ausência do modo adequado. Gerz propõe, então, encontrar o meio da obra, se ausentar dela mesma, para nos permitir perceber nosso passado e falar dele. Se a obra fizesse o sacrifício de sua presença – caso se tornasse invisível –, seria possível nos reaproximar do cerne de nosso passado porque não poderíamos mais permanecer na sua periferia. Ao operar sobre o silêncio e sobre a impossibilidade da transmissão da memória, a obra de Jochen Gerz nos intima: "Temos que reencontrar o lugar da responsabilidade."[17]

II.

Em *Mal de arquivo*, Jacques Derrida propõe-se distinguir o arquivo daquilo a que foi reduzido: a experiência da memória e o retorno à origem, o arcaico e o arqueológico, a lembrança ou a escavação, resumindo, a busca do tempo perdido.[18]

Derrida lembra que a palavra "arquivo" arrasta a etimologia da palavra grega *arkheîon*: a casa dos arcontes, aqueles que conservam, organizam, interpretam e executam as leis. Mas *arkheîon* deriva do radical *arkhé*: em grego, o princípio e o mandato; a origem, o nascimento; o lugar onde as coisas começam, de acordo com a natureza ou a história. O lugar onde os homens ou os deuses mandam, onde as ordens; a Ordem é dada.

Um arquivo pressupõe a existência de inscrições, marcas, impressões sobre suportes, assim como a decodificação dessas inscrições, marcas e impressões e a organização, o armazenamento e a preservação dos suportes. O arquivo pressupõe, também, um lugar de consignação – o lugar de reunião dos signos – e uma técnica de repetição.

---

17 Idem.

18 Cf. DERRIDA, J. *Mal de archivo. Una impresión freudiana*. Madri: Trotta, 1997.

Em *O mal-estar na civilização,* Freud questiona-se por gastar imprensa, impressão, tinta e papel, por mobilizar uma pesada máquina arquivística para contar histórias que todo mundo conhece.[19] Essa pergunta retórica, *captatio benevolentiae,* disse Derrida, lhe permite introduzir o conceito de pulsão de morte: uma pulsão agressiva e muda – porque opera sempre no silêncio e, portanto, nunca deixa rastros –, que está a destruir o arquivo antes mesmo de tê-lo produzido. A censura e o recalque trabalham para anular o arquivado e o precipitam no olvido e na amnésia, na aniquilação da memória e no apagamento da verdade. Um mal intrínseco parece estar agindo desde sempre no trabalho de custódia e interpretação dos arquivos e na relação que mantemos com eles, nos modos de lembrar, memorizar e monumentalizar, na necessidade absoluta de registrar tudo, sem resto, sem perda. Porque o arquivo não será jamais a memória nem a anamnese em sua experiência espontânea, viva e interior. "O arquivo tem lugar em (o) lugar do desfalecimento originário e estrutural dessa memória."[20]

***

Na instalação *Trabalho de divulgação,* Ulrich Görlich transferiu o Arquivo Público de Brasília, juntamente com seus funcionários, para as galerias do Teatro Nacional do Distrito Federal. Os visitantes tinham a possibilidade de examinar o acervo de fotografias referente à fundação de Brasília e encomendar ampliações para si mesmos.

Enquanto a exposição estivesse instalada, o público poderia, com a ajuda dos funcionários do Arquivo, examinar o acervo de mais de 4 mil fotos da construção da capital e solicitar cópias das antigas fotografias.

A instalação de Görlich exige do espectador uma participação ativa, já que o artista lhe propõe investigar os arquivos públicos e se

---

19 Ibidem, p. 16.
20 Ibidem, p. 19.

apropriar dessas imagens para incluí-las nos seus arquivos pessoais. Dessa maneira, será possível estabelecer uma continuidade entre a Brasília contemporânea e a dos tempos pioneiros da construção.

As fotos do Arquivo Público, do final da década de 1950, que podemos ver no catálogo da exposição Revendo Brasília, perderam a camada azul e se transformaram em imagens praticamente monocromáticas, de um vermelho intenso apenas iluminado por luzes alaranjadas. De algum modo, a cor vermelha das fotografias aponta para algo que não estava previsto nos dias utópicos da construção. Na publicação, o trabalho de Görlich está encabeçado por um fragmento de *The Modernist City*, de James Holston: "O contexto arquitetônico da vida na rua."

> Em entrevistas, ao serem solicitados a comparar Brasília com suas cidades de origem, os brasilienses invariavelmente comentam, qualquer que seja o tamanho dessas últimas, uma diferença básica: "Não tem gente na rua."[21]

Logo, se reproduzem algumas das fotos do Arquivo: grandes extensões de terra plana e vermelha; céus vermelhos; edifícios enormes no meio do nada; estruturas gigantescas; um grupo de aviadores e um padre franciscano; uma multidão de trabalhadores esgrimindo suas ferramentas de trabalho – e não conseguimos saber se é um gesto de orgulho ou rebeldia –; um enterro sob o sol do meio-dia; uma tumba humilde no meio do cerrado.

Görlich, que abandona nesse trabalho as grandes imagens em branco e negro que revelava e fixava diretamente sobre os muros das salas de exposições, já havia trabalhado com apropriação de imagens históricas como as do Reichstag de Berlim ou as do centro da cidade de Münster arrasada por bombardeios. Seu trabalho parece incidir na atualização do arquivo em sua dupla função de retorno à origem e lugar do poder.

---

21 HOLSTON, J. *The Modernist City*. Chicago: The University of Chicago Press, 1989, p. 105.

Ao se apoderar de alguma foto do Arquivo, o visitante tende a confrontá-la com a situação contemporânea e, a partir desse momento, começa a se desencadear um processo de ressignificações. A cidade do presente tentará encontrar, nas imagens da cidade do passado, o que se perdeu, o que se esqueceu, o que foi deixado para trás.

O trabalho de Görlich pode ser examinado a partir das reflexões de Hal Foster sobre o conceito do político na arte. A questão política na arte contemporânea, segundo Foster, pode ser abordada apenas através de práticas de resistência ou de interferência, pois o colapso da representação – na atualidade não pode haver nenhuma representação simples da realidade, da história, da política, da sociedade, pois todas elas só podem ser constituídas textualmente – desvela os conteúdos ideológicos implícitos nas imagens. Hal Foster distingue entre uma "arte política" que produz representações ideológicas dentro de um esquema retórico estrito e uma "arte com uma política" que buscaria produzir um conceito do político operativo dentro de nossa realidade presente.[22]

Ao deslocar o Arquivo Público da capital com seus móveis, suas fichas e suas imagens para exibi-lo, primeiro no Teatro Nacional de Brasília, e mais tarde nos mais prestigiosos espaços institucionais do país, o artista está exumando o enterrado, o não sincrônico, o menor. Só assim é possível reconduzir a agenda da arte ocidental contemporânea à problemática política.

III.

Em 1964, Michel Foucault publicou "A biblioteca fantástica", como introdução à tradução alemã de Anneliese Botond do livro *A tentação de Santo Antão*, de Flaubert. Em março de 1967 o texto foi publicado nos *Cahiers Renaud-Barrault, n.59*, pp. 7-30, e mais tarde vertido em inglês como *The Fantasy of the Library*. O livro

---

22 Cf. FOSTER H. *Recodificação, arte, espetáculo, política cultural*. São Paulo: Casa Editora Paulista, 1966, p. 206.

de Gustave Flaubert, uma sucessão de sonhos de violências, pesadelos e espectros, comoveu seus contemporâneos pela desmedida riqueza de sua "fantasia". "*A tentação de Santo Antão*", Foucault nos adverte, "é o negativo perfeito da prosa discreta, sombria e murmurante do autor de *Madame Bovary*, em virtude dos seus mecanismos alucinatórios, da interminável progressão de grotescas fantasmagorias. *A tentação* seria, para a literatura, o que as obras de Bosch, Bruegel ou Goya foram para a pintura".[23]

Essa obra, porém, não é fruto de divagações ou lapsos de imaginação, mas o resultado prodigioso de um apurado trabalho de edição. Em "A biblioteca fantástica", Foucault argumenta que *A tentação de Santo Antão* redefine a dicotomia entre racionalidade e delírio: enquanto a loucura está a deslizar sub-repticiamente através da organização da biblioteca, a biblioteca pretende organizar a loucura e o desatino.

O filósofo enumera de modo prolixo a origem das imagens descritas por Flaubert:

Cibele e Átis (com sua lânguida pose, seu cotovelo contra a árvore, sua flauta e sua vestimenta com padrão de losangos) são encontrados na prancha 58 do último volume da tradução de Creutzer de *Religions de l'Antiquité*, da mesma maneira, o "retrato de Ormuz está em Layard e as medalhas de Oraios, Sabaoth, Adonaius e Knouphus são facilmente encontradas em Matter [...]"[24]

O texto de Flaubert seria, então, um arquivo que reuniria e reordenaria outros textos: *A tentação* resultaria numa biblioteca que arquivasse em si o seu catálogo. Percebemos, então, que a região espectral já não se estende pelos domínios da noite ou do sonho da razão. As fantasmagorias, frutos da leitura cuidadosa, da continuada e consciente vigília, residem nas estantes da biblioteca, no

---

23 FOUCAULT, M. "Posfácio a Flaubert (A tentação de Santo Antão)". In: *Estética: literatura e pintura, música e cinema*. Rio de Janeiro: Forense Universitária, 2006, p. 76.

24 Ibidem, p. 78.

rumor das vozes do passado, no exato escandir de suas frases, no acúmulo minucioso dos fatos, na reprodução de reproduções.

Podemos colocar *A tentação de Santo Antão* ao lado do *Le Déjeuner sur l'herbe* (1863), talvez a primeira pintura moderna em que podemos detectar a memória de outras pinturas e de outras tradições pictóricas. Assim como o livro de Flaubert supõe a existência de uma ampla biblioteca, a obra de Manet leva implícito o reconhecimento da nova e substancial relação que as obras de arte estabelecem entre si a partir da existência dos museus de arte.

Num mundo em que os museus começam a surgir, a arte, concebida em constante relação com a memória – Baudelaire fala de uma mnemotécnica do belo –, evoca seus antecessores para ativar as imagens do passado, transformando-as. A relação inaugural, descrita por Foucault, entre Manet e o museu e Flaubert e a biblioteca é o início de uma questão arquivística que alcança, na contemporaneidade, suas consequências mais extremas.

***

A instalação *Vulgo* é definida por Rosângela Rennó como um diálogo visual entre fotografias do Museu Penitenciário Paulista e textos do *Arquivo universal*. Os 11 textos selecionados apontam para a perversidade de um poder exercido a partir do olhar. As grandes fotos, laminadas como espelhos, focalizam as cabeças dos detentos: nove de costas e três de frente. Nessas últimas, os olhos estão fechados ou voltados para o chão. Numa delas, o número identificatório do preso está aderido à testa.

Os crânios rapados exibem o claro desenho do redemoinho, apenas colorido pela artista em tons avermelhados: rosa, salmão. Uma espécie de maquiagem erótica estende uma máscara sobre a pele e evoca o fluir do sangue, para lembrar que, detrás da superfície plana da fotografia, há um rosto. Como o avesso de um três por quatro, as cabeças, de costas (os olhos baixos), parecem evitar o reconhecimento. E, no entanto, sabemos que ao olhar aguçado do amor ou do ódio nada escapa. Como não reconhecer – no odiado, no amado – a nuca, a testa, o nascimento do cabelo, aquele redemoinho? Mas não é de amor nem de ódio que se trata. Trata-se de ciências classificatórias e identificatórias: as fotos extraviadas da Academia Penitenciária do Estado de São Paulo parecem ter obedecido a uma suposta tentativa de estudo fisionômico ou frenológico. Não havendo um redemoinho igual a outro, esses poderiam constituir-se como traço definitório de uma identidade individual.

O olhar carcerário, que intenta atribuir sentidos e criar categorias, fragmenta, retalha e classifica os indivíduos. Os condenados da sociedade – a ralé –, humilhados pelo duplo peso do crime e da culpa, oferecem, à mirada do outro, a nuca vulnerável, a testa humilhada, quase à espera da lâmina do carrasco. Separadas do corpo, estranhamente anônimas e, ao mesmo tempo, familiares, as cabeças ostentam, no desenho espiralado, o *punctum* da imagem e do indivíduo. Não foi a faca de uma guilhotina que decepou as cabeças, mas uma câmara fotográfica. Através da objetiva da máquina, o poder multiplica seu olhar identificador e o lança, como uma rede, sobre os indivíduos. Tudo é índice: tudo é indício.

Rennó aponta para o fato de que fotografar os redemoinhos seria talvez o ápice da ideia de panóptico. Invisível, o poder submete os dominados a uma visibilidade total. Não basta o 3x4, não bastam o perfil nem as digitais. O indivíduo é fragmentado através do registro de suas mínimas particularidades, que são exibidas e vasculhadas como se a partir delas fosse possível detectar as pulsões mais íntimas e secretas. As fotos das cabeças dos presos do arquivo do Carandiru são anônimas. O que pretendia ser um índice de identificação – o redemoinho avermelhado – é um sintoma do extravio da pulsão identificatória. O fracasso da tentativa de categorização torna-se evidente: no lugar onde o pensamento positivista pretendia achar semelhanças, descobre-se a enumeração infinita de diferenças.

O que está em jogo, novamente, é a rasura do conceito de identidade. O trabalho da artista deixa evidente o fracasso de qualquer tentativa de identificação. "Uma sensação de vertigem", assinala Rennó, porque na busca dos dados que definam o Outro, o que se encontra é uma falta, um vazio, uma falha amnésica que impede nomear. Entre o registro obsessivo das particularidades operado através do olho da câmara e o registro das narrativas menores do *Arquivo universal*, sempre há algo que se perde, sempre há algo que escapa, escamoteado em interstícios que proliferam interminavelmente.

Em português, o substantivo "vulgo" quer dizer povo, populacho, tropa, multidão, plebe, ralé. Mas também se utiliza para designar o apelido, aquele nome outro que a família, a crônica popular, o grupo social ou mesmo a imprensa costumam colar sobre o nome próprio. Ao nomear uma instalação que exibe fotos de supostos delinquentes, a palavra "vulgo" multiplica seus sentidos. O vulgo, um sobrenome, um nome metonímico, às vezes rasura a inscrição do registro civil e coloca o renomeado no elenco da infâmia: Jack, the Ripper, Landru, o Vampiro de Dusserdorf, El Pibe Cabeza, o Bandido da Luz Vermelha, El Ángel de la Muerte, o Motoboy.

Contra a parede, fotos de seres anônimos, sem rosto, desidentificados; sobre a parede textos que falam de seres anônimos, sem nome, desidentificados. O vulgo, o povo, a plebe, a ralé.

Por outro lado, "vulgo", em latim, é um verbo cujo significado é propagar, divulgar. Sendo a arte um dos modos de refletir sobre a vida, a condição para a experiência artística é a capacidade que a obra tem de convocar o espectador para essa reflexão. Na galeria, imagens e textos deixam vislumbrar, através das frestas e dos intervalos, a promessa de uma totalidade que resista à irreversível fragmentação da experiência contemporânea. Na galeria, *Vulgo* propaga e divulga a possibilidade de se inscrever, de se escrever e de se imprimir uma outra história, a história dos vencidos. Uma história que vem resistindo, entre os arquivos do mal e o mal do arquivo, à amnésia e à invisibilidade.

IV.

Em 1925, Aby Warburg, depois de ter recebido alta da clínica psiquiátrica de Ludwig Binswanger, deu início à compilação de um arquivo monumental que propunha inventariar e aproximar as formas identificáveis da memória coletiva: o *Atlas Mnemosyne*. O *Atlas*, constituído por mais de sessenta painéis, que contêm mais de mil fotografias, nunca foi concluído.

Warburg pretendia construir um repertório histórico coletivo que abordasse o inextricável laço entre o mnemônico e o traumático, antes que tudo fosse aniquilado pela destruição da civilização ocidental. O *Atlas* constituiria um modelo através do qual o humanismo europeu pudesse, talvez pela última vez, reconhecer suas origens e traçar suas continuidades até o presente.

A partir do agrupamento de fotografias que cobrissem uma ampla variedade de práticas de representação, o *Atlas Mnemosyne* lograria conformar o projeto material de construir uma memória social ocidental. Assim, apagando os limites disciplinares entre os estudos da arte erudita e da cultura de massa, a obra questionaria a possibilidade de inventariar a experiência mnemônica sob o domínio universal da reprodução fotográfica. Benjamin Buchloh coloca o *Bilderatlas* no início das práticas artísticas de arquivo contemporâneas, a partir do paralelo feito por Kurt Forster sobre a mudança gradual na ordem do arquivo e das funções mnemônicas da imagem fotográfica que começa a se desenvolver desde meados dos anos 1920. Se o procedimento plástico utilizado nas pranchas se aproxima das fotomontagens de Rodchenko, Heartfield, Schwitters, Hoch ou Lissitzky, nelas ressoam também as palavras de Benjamin ao se referir a *Das Passagen-Werk* – “Método deste trabalho: montagem literária. Não tenho nada a dizer. Somente a mostrar.”[25] Entre a produção teórica e a produção plástica, o *Atlas*

---

25 BENJAMIN, W. *Passagens*. BOLLE, W. (org.) Belo Horizonte / São Paulo: Editora UFMG / Imprensa Oficial do Estado de São Paulo, 2006, p. 502 [N 1a, 8].

aposta em redefinir as técnicas de montagem e colagem como uma construção de significados e não só como um arranjo de formas.

***

No livro *Nexo*, um ensaio fotográfico de Marcelo Brodsky, proliferam fotos de arquivos ou restos de arquivos. Os nomes e as imagens dos distintos capítulos apontam para a relação do arquivo com algumas das mais terríveis experiências do século XX: *Exilios, El pañol, Entremanos, Los archivos, Restos.*[26] Nessas imagens, vemos os resíduos da história pessoal de uma geração. Nessas fotos se revelam impudicamente certos gestos, certos fatos que hoje parecem estranhos: livros queimados ou enterrados, mensagens enlaçadas nas árvores de um bosque cujas letras vão se apagando com o tempo, montes de entulho na beira de um rio.

As fotos *El pañol* e *Las estanterías* foram tomadas em 2001, na pequena sala onde se amontoavam os arquivos do juízo das Juntas Militares na Argentina. Essas pastas contêm os documentos das ações judiciais impetradas nos Tribunais da Cidade de Buenos Aires para reclamar pelas violações da liberdade, pelos direitos civis e pela integridade física dos milhares de argentinos perseguidos pela ditadura de 1976 a 1983. Montes inúteis de papel onde estão inscritas palavras que pedem o improvável ou o impossível: reparação e justiça.

Entre a curiosidade e a repulsão, vemos as fotos do capítulo sobre os arquivos: pilhas de papéis amarelados amarrados com barbante numa ordem titubeante que parece poder se desmanchar a qualquer momento. A classificação é errática: números, nomes, lugares. As palavras que agrupam os papéis nos inquietam: "*cuerpos*", "*habeas corpus*", "*reclamos diplomáticos*", "banco", "olímpico...".

Mas o horror corta a respiração ao constatar que, na seção *Entremanos*, o autor publica o dossiê do seu irmão, desaparecido

---

26 "Exílios", "O almoxarifado", "Entre mãos", "Os arquivos", "Restos" [tradução livre].

Marcelo Brodsky, *El pañol*, instalação: materiais variados, áudio e cheiro, Buenos Aires, Argentina, 1999

Marcelo Brodsky, *Las estanterías*,
Buenos Aires, Argentina, 2001

em 1979. As páginas infames relatam a crônica de um acossamento e de um interrogatório. Delas, um rapaz muito jovem nos encara com olhos surpreendidos. Não mostrarei essas imagens. Para que escancarar as comportas da ignomínia e do horror? Elas existem e continuarão existindo. Em nome de que estamos autorizados a vê-las?

A imagem, o relato ominoso, os detalhes banais estão publicados nas páginas de *Nexo*, como *exempla*, como monumento, ou apenas correspondem à tendência contemporânea de espetacularizar a vida e a morte? No arquivo, rotulado como SECRETO, há uma foto de Fernando e um relatório (com vários erros de ortografia) que inclui seus dados, os dos membros de sua família, as ocupações dos mesmos e seus locais de trabalho, sua filiação política – troskista (*sic*) –, sua religião – JUDEU (a palavra é grafada em caixa alta) – e seus encontros com "Daniel".

A patética reprodução dessas páginas num livro de arte, no meio das belas fotos do horror, se constitui como o aspecto mais obsceno dos arquivos: a perversa mania contemporânea de abrir todas as pastas, não para entender ou interpretar, mas apenas para exibi-las despudoradamente. Em *Nexo*, a perseguição e o interrogatório do estudante desaparecido não cessam de se repetir, uma e outra vez.

V.

Em "Arquivos da arte moderna",[27] Hal Foster adota o conceito de arquivo de Foucault. Arquivo, então, será "o sistema que rege o aparecimento dos enunciados",[28] mas, à diferença de Foucault, Foster põe os arquivos em relação dialética. Sua intenção é esboçar as mudanças significativas, acontecidas na primeira metade do século XX, nas relações arquivísticas dominantes entre a prá-

---

27 FOSTER, H. "Arquivos da arte moderna". In: *Design and Crime*. Londres: Verso, 2002, pp. 65-82.

28 FOUCAULT, M. *A arqueologia do saber*. Rio de Janeiro: Forense Universitária, 2008, p. 147.

tica de arte, o museu de arte e a história da arte no Ocidente: a "estrutura mnemônica" produzida por estas três instâncias ao longo do período.

Para isso, enfrenta três pares de opostos: Baudelaire e Manet, Wölfflin e Warburg, Malraux e Benjamin. No que se refere aos arquivos que estamos pesquisando, a oposição desse último par aparece como a mais produtiva. Benjamin antecipa a ruína definitiva do museu (e do arquivo) provocada pelo aparecimento da fotografia; Malraux, ao contrário, propõe sua expansão infinita, também posta em movimento pela reprodução mecânica. O museu imaginário – museu sem paredes, na tradução inglesa – de Malraux conseguiria reunir os fragmentos estilhaçados da tradição numa metatradição, cujo assunto seria a família do homem.[29] Nesse arquivo – *As vozes do silêncio*; o livro de arte ilustrado com fotografias; os museus virtuais e virtualizados –, um resto da aura persiste através da insistente vida de certas formas que emergem uma e outra vez. Para Malraux, essa dialética proveria meios para rearmar, com os fragmentos dispersos da tradição, uma metatradição global. Nesse contexto, o essencial não se localizaria na intimidade da alma, mas na exterioridade da imagem e da escrita.

À catástrofe anunciada por Benjamin, Malraux opõe um sistema de continuidades global, que transformará o caos das imagens em ordem arquivística ou museológica.[30]

Quatro anos mais tarde, em "Um impulso arquivístico", 2004, Foster já não se apropria do conceito foucaultiano, mas aborda a atualização e apropriação de arquivos materiais. Detecta, na arte modernista, uma tendência ao uso de arquivos que parece ter seu início no periodo do pré-guerra – mais uma vez as fotomontagens de Aleksandr Rodchenko e de John Heartfield, ou as colagens de Schwitters, Hoch ou Lissitzky –, que toma força no pós-guerra

---

29 MALRAUX, A. *Les voix du silence*. Paris: La Galerie de la Pléiade, 1956, p. 23.

30 FOSTER, H., *op. cit.*, p. 78.

quando imagens de arquivo e formatos seriais adquirem a força de uma linguagem.[31]

Nos últimos anos, o autor depara-se com trabalhos obscuros, salvo por um gesto alternativo de reconhecimento ou de contramemória, que propõem novas ordens de associação afetiva, parcial e provisória, mesmo se é evidente a dificuldade ou o absurdo de fazer isso. Através desses procedimentos, os arquivos privados questionam os públicos, pois aqueles seriam vistos como ordens perversas que procuram perturbar a ordem simbólica.

> Quiçá a dimensão paranoica da arte dos arquivos seja o outro lado de sua ambição utópica, seu desejo de transformar o atraso em começo, recuperar as visões falidas da arte, literatura, filosofia e vida cotidiana em cenários possíveis de tipos alternativos de relações sociais, transformar o não lugar do arquivo no não lugar da utopia.[32]

Assim, ao paradigma do artista como etnógrafo, que desenhara no final do século XX,[33] Foster parece delinear agora o do artista como arquivista, aquele que opta pela construção de lugares de inscrição de memória. Esse novo paradigma sugeriria uma mudança radical no interior de uma cultura *melancólica* que entendia o histórico como traumático, uma cultura que continua a cultivar o trauma como fundação – *Ground Zero* – de um triunfalismo imperialista.[34]

Se Foster vê o artista como arquivista através de um possível prisma utópico, é bom lembrar que o historiador trabalha quase exclusivamente com a arte e os artistas do Hemisfério Norte. Deveríamos nos perguntar se, no Sul, longe de qualquer impulso imperialista, antes de propor tipos alternativos de relações sociais,

---

31 FOSTER, H. "An Arquival Impulse". In: MEREWHETHER, C. *The Archive. Documents in Contemporary Art*. Cambridge: The MIT Press, 2006, p. 146.

32 Ibidem, p. 146.

33 FOSTER, H. *The Return of the Real*. Cambridge: The MIT Press, 1997.

34 Cf. FOSTER, H. "An Arquival Impulse". In: MEREWHETHER, C., *op. cit.*

ou se afastar da melancolia do trauma da origem, os trabalhos que recuperam ou ressignificam arquivos não pretendem expor o recalcado, o esquecido, o oculto; o que ficou soterrado pelos regimes de exceção da segunda metade do século XX e, depois, sob a avalanche da cultura neoliberal.

Retornamos ao livro *Nexo*, de Marcelo Brodsky. Precisamente ao capítulo "Los archivos", que consta de várias fotos e de um pequeno texto em que o autor esclarece que fez essas imagens sob autorização da Secretaria General de la Cámara Federal en lo Penal de la Ciudad de Buenos Aires, nos arquivos do juízo às Juntas Militares, em 1984. O texto conclui:

> Causas agrupadas pelo nome de um lugar sinistro: Banco, Olimpo, Vesúvio, Esma. Nomes conhecidos por um recordatório no jornal *Página 12*, ou por um monumento, nomes [...] convertidos em expedientes com número e registro, em processos judiciais que não terminaram [...] A simples sobriedade do Arquivo guarda segredos a desvelar.[35].

O que vemos nas fotos, porém, não se constitui em arquivo, é apenas um depósito, um acúmulo de pastas cuja ordem somente "uns poucos especialistas" conhecem.[36] Lembremo-nos das palavras de Derrida: "A consignação tende a coordenar um só *corpus*, num sistema ou numa sincronia na qual todos os elementos articulam a unidade de uma configuração ideal."[37] Não há um só *corpus* nessas colunas cambaleantes de documentos: há apenas a dissociação absoluta, uma heterogeneidade abissal que impede qualquer princípio de reunião.

Perto de nós, os exemplos se multiplicam. Nos últimos anos do século XX, o jornal *Clarín*, de Buenos Aires, anuncia a descoberta

---

35 BRODSKY, M. *Nexo*. Buenos Aires: La Marca, 2001, p. 59. Tradução da autora.
36 Idem.
37 DERRIDA, J., *op. cit.*, p. 2.

de quase 1 milhão de fotos dos jornais *Crítica* e *Noticias Gráficas*, da mesma cidade, abandonadas no Archivo General de la Nación.

Em 1995, Rosângela Rennó tomou conhecimento de uma grande quantidade de negativos fotográficos de vidro na Academia Penitenciária do Estado de São Paulo. Em maio daquele ano, a artista solicitou permissão para ter acesso a esse arquivo. Quando autorizada, encontrou, nos porões da Acadepen, quase 15 mil negativos de vidro, estocados em caixas de papelão, sem nenhum critério de organização nem de preservação. Danificados pelo tempo e pela umidade, essas imagens tinham permanecido esquecidas por mais de meio século. Com esse material – limpo, restaurado e catalogado pela artista com apoio da Funarte, da USP e da Associação de Arquivistas Brasileiros –, Rennó criou as instalações *Cicatriz* (1997) e *Vulgo* (1999-2000).

No Sul, onde ainda o luto de um passado traumático está em processo de elaboração, não basta apenas recordar. É necessário investigar, indagar, multiplicar questões, perscrutar os signos e as consignações. Nessa tarefa, o arquivo – entre o público e o privado, entre o coletivo e o pessoal – perfila-se como a forma possível para fazer emergir algum vestígio do que foi apagado, silenciado ou perdido. Talvez dos arquivos, entre negativos mofados, memorandos esquecidos, fotografias de operários mortos, notícias de fatos irrelevantes, reclamos por justiça, apelos desesperados, possa surgir uma arte que faça memória, que não convoque apenas o corpo do leitor, mas que o integre na comunidade dos que resistem ao esquecimento.

Texto originalmente publicado em: FLORES, *Maria Bernadete Ramos;* VILELA, *Ana Lucia (orgs.).* Encantos da imagem (Estancias para a prática historiográfica entre história e arte). *Blumenau: Letras Contemporâneas, 2010.*

Mãos pequenas: a infância como sonho e como fantasmagoria

> [...] há uma coisa que nunca pode ser recuperada: o não ter fugido da casa paterna. De quarenta e oito horas de desabrigo nesses anos condensa-se [...] o cristal da felicidade da vida.
>
> WALTER BENJAMIN

I.

O menino – o pequeno Walter – está sentado ante um cubo de cristal que encerra uma mina em miniatura. Adulto, ele a descreve como uma caixa transparente, onde se movem, por um mecanismo de engrenagens, os capatazes da mina, os mineiros e os operários que, usando diminutas picaretas e ínfimas lanternas, carregam os pequenos vagões. O precioso brinquedo era – ele nos conta – de uma época que ainda concedia aos filhos dos ricos burgueses a visão dos locais de trabalho e das máquinas.[1]

Quando criança, Walter Benjamin visitava a tia Lehmann, a quem chamava assim, pelo sobrenome, um sobrenome de quem era ciente de todas as genealogias da família de comerciantes de grãos ou de gado enriquecidos em Brandemburgo e Mecklemburgo, aclimatados naqueles dias no oeste de Berlim. A tia Lehmann – nunca saberemos dela mais do que esse nome – lhe oferecia, junto com a sua linhagem, um mundo em miniatura, o mundo do tra-

---

1 BENJAMIM, W. *Rua de mão única*. Obras escolhidas II. São Paulo: Brasiliense, 1993, p. 86.

balho no qual, por meio de duro esforço, os homens extraíam o metal de brilho prateado.

Como seria a mina de brinquedo com a qual Benjamin brincava na casa da tia Lehmann? É difícil imaginar, hoje, a caixa de vidro com os bonequinhos e os vagões movidos a corda, quanto mais pensar um objeto similar num interior burguês contemporâneo. Ao lado da mina, a casa da rua Steglitz encerrava um outro mundo do trabalho, o da antiga serviçal, que entendia melhor o menino do que a velha senhora. Nem a mina em miniatura, nem os bombons de chocolate da sala eram tão esperados quanto o afeto mudo da empregada que lhe "enfiava um gorro na testa, como se quisesse [o] abençoar".[2]

II.

Em 1927, Benjamin anunciava a Kracauer o envio de uma bela coleção de fotos de brinquedos russos que ilustrariam um artigo que pretendia publicar no *Illustrierte Blatt*. Três anos mais tarde, o ensaio "Brinquedos russos" seria publicado no *South West German Radio Gazette*, numa versão encurtada. Dessa coleção de fotos restam – preservadas entre os papéis de Benjamin – algumas imagens além das seis que foram incluídas na publicação: quatro dessas fotografias foram retocadas com um aerógrafo, para deixar a imagem do brinquedo isolada do fundo.

Durante a viagem que tinha feito à União Soviética, para encontrar Asja Lācis, Benjamin visitou o Museu Kustamy, de arte regional, onde havia uma grande sala com uma coleção de brinquedos russos, predominantemente do século XIX. Perto do museu, havia uma loja onde era possível adquirir alguns desses brinquedos. A pequena máquina de costurar decorada e o samovar colorido que aparecem nas fotos foram comprados nessa loja e eram parte de sua coleção perdida.

---

2 Ibidem, p. 87.

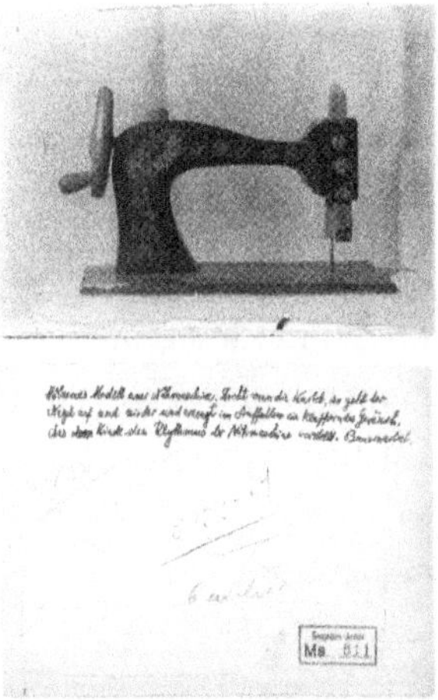

Fotografias de brinquedos russos com anotações de Walter Benjamin, 1926-27

Os brinquedos do Museu Kustamy seriam remanescentes de uma cultura popular avassalada pela marcha triunfal da industrialização que atravessava a Rússia soviética.

> Dizem que a demanda desse tipo de objetos está se extinguindo, pelo menos nas cidades. Seguramente, porém, estarão ainda vivas, lá em cima, nas suas terras, seguirão sendo modeladas na casa do lavrador, depois da jornada, queimadas e pintadas com cores vivas.[3]

As belas e frágeis bonecas de argila multicolorida do norte da Rússia, como muitos outros brinquedos, extinguir-se-iam se não tivessem sido resgatadas nas salas do museu. Benjamim acredita na sua persistência longe dos centros urbanos, mas por quanto tempo?

---

3 BENJAMIN, W. *Reflexiones sobre niños, juguetes, libros infantiles, jóvenes y educación*. Buenos Aires: Nueva Visión, 1974, p. 103.

III. FISIOGNOMIA DAS COISAS DO MUNDO

Brinquedos são ferramentas – não obras de arte.

WALTER BENJAMIN

1) Modelo de madeira de uma máquina de costurar. Se a gente roda a manivela, a agulha sobe e desce e faz um som que sugere à criança o ritmo de uma máquina de costurar. Artesanato camponês.
2) a. Esquerda, samovar (amarelo, vermelho e verde), decoração de árvore de Natal. b. Tocador de tambor – faz um som de redobre, move seus braços quando a gente aciona uma alavanca na parte inferior à direita.
3) É interessante comparar esses dois bonecos de Viatka. O cavalo, que ainda é visível num dos modelos, se incorporou com o homem no outro. Os brinquedos vernáculos tendem a simplificar suas formas.
4) Bacchus cavalgando uma cabra. Música na plataforma.
5) A terra sobre três baleias. Feito em madeira por um artista. O motivo deriva de um conto russo.
6) Boneca de palha: 6 zoll. Tambosk. Feita no verão no campo durante a colheita e, mais tarde, secada e guardada como uma boneca. Lembrança de um antigo fetiche de colheita.
7) Quebra-nozes. Imitação de uma figura de cerâmica em madeira. Feito entre 1860 e 1880 na governação de Moscou.
8) Velho cavalinho de madeira da governação de Vladimir.
9) Carruagem com dois cavalos. Entalhado em madeira da governação de Vladimir, c. 1860/1870.
10) Avó com duas crianças. Tipo de brinquedo muito antigo.[4]

No *Diário de Moscou*, são poucas as descrições de prédios, igrejas ou monumentos, no entanto o inventário das ruas é inesgotável: porcelanas, óculos, trenós para bonecas, ramos de ano-novo, flores de papel, doces, adornos de açúcar, múltiplos brinquedos...

---

4 BENJAMIN, W. *apud* MARX, U. *et alii* (org.) *Walter Benjamin's Archive. Images, Texts, Signs.* Londres / Nova York: Verso, 2007, pp. 81-101.

> Há ferrolhos velhos, varas de medir, ferramentas, utensílios de cozinha, material de eletrotécnica e muitas outras coisas [...] encontrei finalmente meu samovar como elemento decorativo para a árvore de Natal [...] há imagens de santos... no estilo antigo, no qual aparecem estampadas em relevo as pregas do manto da Virgem. Só a cabeça e as mãos são superfícies coloridas. Também há caixinhas de cristal [...][5] [tradução livre]

O último dia de sua estada em Moscou, Benjamin conclui o diário, preocupado com suas malas:

> [...] era absolutamente necessário que aquela maleta, na qual não só estavam os lindos brinquedos, mas também todos meus manuscritos, alcançasse o mesmo trem para o qual eu tinha a passagem... Por fim o consegui.[6] [tradução livre]

> **IV.**
>
> O que Benjamin dizia e escrevia soava como se o pensamento fizesse suas as premissas dos livros de fábulas para a infância – em lugar de rejeitá-las com a ignominiosa maturidade do adulto –, e tão literalmente que até a espessura do real entra nos horizontes do conhecimento. A resignação estava radicalmente erradicada de sua topografia filosófica. Quem entrava em consonância com ele sentia-se como uma criança que descobre através das frestas da porta fechada a luz da árvore de Natal.[7]

Gershom Scholem surpreende-se ao encontrar, na biblioteca de Benjamin, uma coleção de livros sobre enfermidades mentais e outra de livros para crianças.[8] Para Scholem, uma das caracterís-

---

5 BENJAMIN, W. *Diario de Moscú*. Buenos Aires: Taurus. 1990, p. 87.
6 Ibidem, p. 152.
7 ADORNO, T. W. *Prismi. Saggi sulla critica della cultura*. Turim: Einaudi, 1972, p. 234.
8 SCHOLEM, G. *Walter Benjamin y su ángel*. Buenos Aires: Fondo de Cultura Económica, 1998, p. 12.

ticas mais importantes do temperamento de Benjamin era a intensa atração que sentia pelo mundo da infância e pela natureza das crianças. Os textos *Rua de mão única* e *Infância em Berlim por volta de 1900*, além de outros não recolhidos nos seus escritos,[9] parecem lhe demonstrar que um dos núcleos de seu interesse intelectual era aquele lugar onde o mundo dos adultos e o das crianças entrelaçam-se da maneira mais perfeita.

Ao interesse pela infância soma-se o gosto de Benjamin pelo pequeno. Assim como Aby Warburg, que acreditava que "o bom Deus habita nos detalhes", Walter Benjamin pensava que o maior abria passo no diminuto. Scholem acrescenta:

> Essa qualidade se manifestava também na sua letra, conformada por uma propensão extrema à pequenez, mesmo sem renunciar nesses minúsculos traços à mais aguda e refinada precisão. Sua ambição nunca alcançada era chegar a cem linhas numa folha de carta normal [...][10]

Benjamin, "totalmente excitado",[11] arrasta o amigo ao Museu de Cluny, em Paris, para lhe mostrar dois grãos de trigo em que estava escrito todo o *Schma Israel*,[12] a essência mesma do judaísmo. Hannah Arendt cita o relato de Scholem e afirma que "[p]ara ele a dimensão de um objeto era inversamente proporcional à sua significação".[13] A autora considera que a paixão de Benjamin pelo diminuto derivava da convicção de Goethe sobre a existência fática de um "ur-fenômeno" (*Urphänomen*), um fenômeno arquetípico, uma coisa concreta a ser descoberta no mundo das aparên-

---

9 Existem duas recompilações em espanhol: BENJAMIN, W. *Reflexiones sobre niños, juguetes, libros infantiles, jóvenes y educación*. Buenos Aires: Nueva Visión, 1974; e BENJAMIN, W. *Escritos: La literatura infantil, los niños y los jóvenes*. Buenos Aires: Nueva Visión, 1989. Título original: *Über Kinder, Jugend und Erziehung*. Frankfurt: Suhrkamp Verlag, 1969.

10 SCHOLEM, G., *op. cit.*, p. 14.

11 Idem.

12 Idem.

13 ARENDT, H. *Homens em tempos sombrios*. São Paulo: Companhia de Bolso, 2000, p. 120.

cias, na qual coincidiriam significado e aparência, palavra e coisa, ideia e experiência.[14]

"O que sempre fascinou Benjamin, nunca foi uma ideia, foi sempre um fenômeno",[15] a aparência, a imagem esteve sempre no centro dos seus pensamentos.

Sabemos que de maio a setembro de 1935 e em janeiro de 1936, Benjamin trabalhou no Gabinete de Estampas e na Biblioteca Nacional, com o objetivo de obter imagens para o projeto das *Passagens*. Susan Buck-Morss ressalta que esse tipo de pesquisa iconográfica era pouco comum nos historiadores, quanto mais nos filósofos, entre os quais era completamente desconhecido. E acrescenta que essas imagens

> [...] eram os "pequenos, particulares momentos" concretos nos que "o acontecimento histórico total podia ser descoberto", o perceptível ur-fenômeno no qual poderiam se encontrar as origens do presente.[16]

Obteve cópias e as conservou no seu apartamento em Paris, numa espécie de álbum que nunca foi encontrado. Buck-Morss aponta, também, as leituras que Benjamin fez do estudo de Georg Simmel sobre Goethe e cita a descrição que Simmel faz do ur-fenômeno:

> O conceito de ur-fenômeno [...] não é outra coisa que a lei intemporal dentro da observação temporal; é o geral que se revela imediatamente numa forma particular. Porque tal coisa existe, ele [Goethe] poderia dizer: "o mais elevado é captar que todo o fático é já teoria. O azul do céu revela-nos a lei fundamental da cromática. Já não buscaríamos nada detrás dos fenômenos: eles mesmos são teoria.[17]

---

14 Idem.

15 Ibidem, p. 121.

16 BUCK-MORSS, S. *Dialéctica de la mirada.* Madri: Visor, 1995, p. 89.

17 SIMMEL, G. *apud* BUCK-MORSS, S., *op. cit.*, p. 89.

Para Benjamin, os ur-fenômenos não se constituíram como símbolos analógicos, mas como símbolos ideais em que a Ideia de Platão aparecia como forma sensível. Assim, os objetos salvados do esquecimento transmutam-se em relíquias, em vestígios de uma autenticidade que está desterrada do mundo capitalista, porque são resíduos do originário, memórias da Ideia.

Esse amor pelo passado de moda – "*a porta secundária e mágica do colecionismo e da paixão pelas antiguidades*"[18] – é, para Giulio Schiavoni, o acesso de um Benjamin abstraído e, talvez, alheio ao mundo infantil. Interna-se nele, também, através do ocasional instrumento da crítica, como quando resenha a publicação da cartilha,[19] em vários volumes, de Tom Seidmann-Freud, a sobrinha de Sigmund Freud que Benjamin tinha conhecido em Munique, em 1921, e cuja obra como autora e ilustradora de livros para crianças apreciava muito.

E, no entanto, Benjamin aceita o lado cruel, grotesco e sombrio da vida infantil e, em oposição aos piedosos pedagogos rousseaunianos, concorda com Salomo Friedländer, também conhecido por Mynona,[20] que, em 1916, afirmava que nada deve ser ocultado das crianças, já que sua inocência se encarregará de criar as barreiras necessárias para postergar a compreensão dos fatos. Friedländer, que acreditava que as crianças conseguem rir dos lados mais sombrios da vida, apoiava brincadeiras violentas ou brinquedos sanguinários – a guilhotina, a forca – sob o argumento de que nas brincadeiras tudo é reversível: selvagens atentados terroristas em miniatura partem pelo meio príncipes que imediatamente ressuscitam e voltam a guerrear.[21]

---

18 SCHIAVONI, G. In: BENJAMIN, W. *Escritos: La literatura infantil, los niños y los jóvenes*. Buenos Aires: Nueva Visión, 1989, p. 13.

19 *Comienzos florecientes (1931): Notas suplementarias a las cartillas de juego*, p. 135 e *Chichleuchlauchra (1930): Comentarios a una cartilla*, p. 125. Livros de Tom Seidmann-Freud.

20 Salomo Friedländer (1871-1946), representante do expressionismo literário alemão, publicou, sob o pseudônimo de Mynona, um anagrama da palavra "*anonym*".

21 BENJAMIN, W., *op. cit.*, p. 66.

"As crianças são duras e estão distantes do mundo",[22] disse Benjamin. Esse distanciamento impõe à infância uma quebra da continuidade temporal mediante a construção de uma camada de experiências que, mesmo rapidamente esquecidas, são de tal intensidade que o fulgor de uma recordação fragmentária é suficiente para reabrir o acesso à memória.

V.

Jorge Luis Borges nos relata, em um dos seus contos, a história de um menino que desapareceu depois de um *malón*,[23] provavelmente roubado pelos índios. Seus pais o buscaram inutilmente; muitos anos depois, um soldado lhes falou de um índio de olhos azuis que bem poderia ser seu filho. O índio, trabalhado pelo deserto e pela vida bárbara, permitiu que o levassem até a casa; mas deixemos Borges com a palavra:

> *Ahí se detuvo, tal vez porque los otros se detuvieron. Miró la puerta, como sin entenderla. De pronto bajó la cabeza, gritó, atravesó corriendo el zaguán y los dos largos patios y se metió en la cocina. Sin vacilar, hundió el brazo en la ennegrecida campana y sacó el cuchillito de mango de asta que había escondido ahí, cuando chico. Los ojos le brillaron de alegría y los padres lloraron porque habían encontrado al hijo.*[24]

---

22 Idem.

23 O *malón* era um ataque inesperado de índios contra os povoados ao sul da província de Buenos Aires, no final do século XIX. A partir de 1879, o general Julio A. Roca empreendeu a Conquista do Deserto e se apropriou das terras ainda em poder dos nativos.

24 "Lá se deteve, talvez porque os outros se detiveram. Olhou a porta, como sem entendê-la. De repente baixou a cabeça, gritou, atravessou correndo o saguão e os grandes pátios e se meteu na cozinha. Sem vacilar, afundou o braço na enegrecida coifa e tirou a faquinha de cabo de chifre que havia escondido lá, quando criança. Os olhos brilharam de alegria e os pais choraram porque haviam encontrado o filho" [tradução livre]. In: BORGES, J. L. *Obras completas*. Buenos Aires: Emecé, 1974, p. 788.

O filho recuperado não suporta a vida da cidade e regressa ao pampa. O autor se pergunta pelo que ele sentiu naquele instante de vertigem em que o passado e o presente se confundiram.

O menino branco emerge do índio selvagem por meio de uma memória súbita e involuntária: a do brinquedo – a faquinha de cabo de chifre – que outrora escondera atrás da coifa do fogão.

Em 1941, Borges escreve uma crítica do filme *Cidadão Kane*, de Orson Welles. Uma crítica borgiana que pende menos para a admiração que para o desprezo: o filme, disse Borges, "não é inteligente, é genial: no sentido mais noturno e mais alemão desse palavrão".[25] Dez anos mais tarde, talvez sem perceber, Borges utiliza, no seu breve conto, o mesmo recurso que Welles usaria no seu filme: a aparição espectral de uma lembrança infantil. Rosebud, murmura Kane antes de morrer. É a palavra escrita no seu trenó, o brinquedo que teve de abandonar para iniciar uma nova vida. À lembrança do trenó se junta a imagem de outro brinquedo: o pequeno globo de neve que roda em suas mãos.

VI.

Giorgio Agamben acredita que as crianças – traficantes de velharias (*rigattieri*) da humanidade – brincam com todos os objetos que encontram, sobretudo com as coisas velhas que, independentemente de sua origem sacra ou profana, se transformam em brinquedos. Essa apropriação manifesta-se, às vezes, por meio da miniaturização dos objetos de uso: um automóvel, uma pistola, um forno elétrico se transformam de súbito, graças à miniaturização, em brinquedo.[26]

Para o filósofo, o caráter essencial do brinquedo é de natureza temporal, de "uma vez" e de um "agora não mais", tanto no sentido sincrônico como no diacrônico.

---

25 BORGES, J. L. "Buenos Aires", *Revista Sur*, n. 83, ago 1941.

26 AGAMBEN, G. *Infância e história*. Belo Horizonte: Editora UFMG, 2005, p. 86.

O paradoxo temporal – uma vez, agora não mais – aparece na canção "João e Maria", de Chico Buarque: "Agora eu era o herói [...] Agora eu era o rei, era o bedel e era também juiz [...]" – o verbo no pretérito imperfeito modificado pelo advérbio de tempo "agora" sinaliza a fugacidade do tempo presente do jogo. "Agora eu era o herói", agora não era mais. A fala infantil, elaborada pelo artista, expressa esse tempo fugaz sujeito a mudanças intermitentes; intensifica a brevidade do agora.

O brinquedo, declara Agamben, é aquilo que pertenceu – uma vez, agora não mais – à esfera do sagrado ou à esfera prático-econômica.[27] A alma do brinquedo seria, então, algo eminentemente histórico, aliás, o Histórico em estado puro,[28] já que o brinquedo conservaria a temporalidade humana contida no modelo sagrado ou econômico, mesmo após a miniaturização e o desmembramento.

O processo de miniaturização implica também o de imitação; não há miniatura original, há somente a coisa em si, da qual se apaga o significado, desaparecido nessa cena de "uma vez" e "agora não mais". A miniatura, então, seria uma estrutura da memória, uma estrutura da infância, e se constitui como uma narrativa secundária em relação à história. As miniaturas não existem na natureza, portanto entende-se a miniatura como o produto cultural de um olhar que performa algumas operações, manipulando e espelhando, de certa maneira, o mundo físico.[29] Nesse sentido, o brinquedo – uma das variantes da miniatura – é mimese: incorporação física de uma ficção, um dispositivo para a fantasia, um ponto de início das narrativas. O brinquedo repetiria o tema da natureza-morta, a vida em suspensão, uma vida dentro do quadro que se apresenta como projeção do mundo cotidiano. Os objetos miniaturizados não assustam nem inquietam; de al-

---

27 Idem.

28 Idem.

29 STEWART, S. *On longing*. Durham: Duke University Press, 1993. pp. 55 e 56.

guma estranha maneira, um mundo em miniatura nos parece pacífico e moderado.

E no entanto...

VII. UMA PEQUENA GUILHOTINA PARA AUGUST VON GOETHE

Durante a Revolução Francesa, vendiam-se pequenas guilhotinas, com as quais os jovens patriotas podiam decapitar bonecos aristocratas. Ainda sobrevivem alguns espécimes dessas "belas e divertidas máquinas", um dos quais remonta a 1794. Não eram modelos, como poderíamos pensar: eram brinquedos. Conserva-se como evidência uma carta da mãe de Goethe, em resposta ao pedido que ele lhe fizera de comprar, em Frankfurt, uma guilhotina de brinquedo para o seu filho August, em dezembro de 1793. A resposta foi:

> Querido filho:
> Tudo o que possa fazer para agradar-te me traz alegria, mas comprar tal infame instrumento de assassinato, isso eu não faria a nenhum preço. Se eu tivesse autoridade para isso, o fabricante deveria ser castigado e a máquina queimada publicamente pelo carrasco. Quê! Deixar o jovem brincar com algo tão horrível, colocar nas suas mãos para sua diversão o assassinato e o derramamento de sangue? Não, isso nunca farei.[30]

VIII. UMA BONECA COMPLETA PARA PEDRO NAVA

Benjamin não gosta de bonecas de autor. Deixa isso muito claro em "Elogio da boneca", o comentário crítico que escreve para *Bonecas e marionetes*, o livro de Max von Boehn, onde, em oposição às famosas bonecas de Käthe Kruse, Lotte Pritzel e Marion Kaulitz,

---

30 GRÖBER, K. *Children's Toys of Bygone Days: A History of Playthings of all Peoples from Prehistoric Times to the Nineteenth Century*. Londres: Batsford, 1928.

o escritor reivindica "os extraordinários bonecos de argila que não provêm de nenhuma manufatura estatal, mas das mãos dos campesinos..."[31]

Apesar de se aproximar dos dois polos do mundo das bonecas – o amor e o jogo –, Von Boehn pouco entende disso, aponta apenas para o "fetichismo". Entretanto,

> [n]unca escutou a grande confissão sussurrada por lábios ardentes aos ouvidos das bonecas. "Se eu te amo, que te importa?" Quem nos fará crer que é a humildade do amante que o sussurra? É o desejo, o desejo louco, e seu ídolo, a boneca. Ou deveríamos dizer o cadáver? Já que o ídolo do amor perseguido até a morte constitui uma meta para o amor, e esse fato confere inesgotável magnetismo à marionete rígida ou desarticulada cuja mirada não é indiferente, mas vidrosa.[32]

E aqui a boneca deixa de ser brinquedo de criança e se mistura com o autômato – são de vidro os olhos da Olímpia de Hoffmann e vidrados os de Madame Melitta Lampenbogen de *O império do sonho* (*O outro lado*), de Alfred Kubin.[33]

Olímpia é apenas "uma boneca com olhos de esmalte",[34] Melitta Lampenbogen, com seus grandes olhos azuis, alucinados num transe perpétuo, oferece seu corpo aos passantes.[35] "Que me importa que sejas casta? Sê bela e taciturna!"[36] Mulheres impossíveis, Olímpia e Melitta poderiam se juntar com Hadaly, a *Eva futura* de Villiers de l'Îsle-Adam, e a falsa Maria de Fritz Lang. Bonecas animadas, autômatas, ginoides, sonhos de adultos que incorporam ilusões infantis.

---

31 BENJAMIN, W., *op. cit.*, p. 120.
32 Idem. [tradução livre]
33 Ibidem, p. 121.
34 Idem.
35 Idem.
36 BAUDELAIRE, C. *Les fleurs du mal*. Digireads.com Publishing, 2015 (Kindle edition).

Walter Benjamin captura esse Eros sem pele que, desprendido das puras e cálidas mãos do infante, rodopia de volta para o corpo da boneca. Para ele, a criança e o colecionista, o menino e o fetichista, mesmo que ascendam por diferentes lados, alcançam um idêntico patamar, "o escarpado e anfractuoso maciço da experiência sexual".[37]

Em Belo Horizonte, Minas Gerais, Pedro Nava ouviu o Nestico – Ernesto Pires Lima, sobrinho da mulher de Ennes de Sousa – falar sobre as "bonecas inteiras" ou "bonecas completas" feitas pelas velhas impuras de São Luís do Maranhão. O rosto delas era bonito, sussurraram os compadres, o corpo imitava a graça das curvas e a suave consistência da carne feminina. A boca, então... a boca se abria em delicados lábios, claros dentes, língua acolchoada.

> Tinham seios e umbigo. Mãos, pés, dedos, unhas. Pelos nos sovacos e pentelhos fornidos e crespos. Amplas nádegas, altas e roliças coxas que, quando afastadas deixavam ver o orifício anal, ninfas, clitóris e óstio vaginal. [...] O corpo era todo trabalhado em pano fino de algodão. Menos a boceta. Esta era sempre de cetim.[38]

As improváveis bonecas do Maranhão se fixam na memória do futuro médico, que não se atreve a perguntar o que queria saber. Como encomendar as bonecas? Quais os fregueses que as compravam? Adultos sem vergonha ou pais interessados na educação dos seus filhos? Nunca o saberá, mas a lembrança reprimida se impregnará de um profundo respeito por elas, as que escondiam debaixo das saias e anáguas rendadas uma sugestão de convivência e um convite à viagem.[39]

---

37 BENJAMIN, W., *op. cit.*, p. 107.

38 NAVA, P. *Baú de ossos – Memórias I*. Rio de Janeiro: Livraria José Olympio Editora, 1974, p. 22.

39 Ibidem, p. 23.

IX. MÃOS PEQUENAS

Com mãos pequenas, alguns artistas contemporâneos colecionam brinquedos, os manipulam, os desmancham, os significam. Alguns ocasionalmente, outros com frequência, visitam o quarto das crianças, um quarto escondido dentro de suas memórias. "A essência do brincar", disse Benjamin em "Brinquedos e brincadeira", "não é um 'fazer de conta que...', mas um 'fazer uma e outra vez...', a transformação da vivência mais emocionante em hábito."[40] E conclui:

> Um poeta moderno disse que para cada homem existe uma imagem cuja contemplação lhe faz esquecer o mundo: quantos não a encontrarão numa velha caixa de brinquedos?[41]

***

Em 1988, Rosângela Rennó encontra uma série de pequenos discos que eram usados num aparelho chamado *view-master*. Os disquinhos continham slides ainda menores que ilustravam contos de fadas em três dimensões. A artista se apropria das diminutas transparências e as amplia em p&b, em um formato maior, 160 x 100 centímetros. A mudança de tamanho e a perda das cores transformam as imagens e as tornam graves. Em *A encarnação do verbo*, a fada de asas abertas e a jovem surpreendida evocam o *Pathosformel* da Anunciação. A surpresa de Cinderela, sentada à beira do fogão, ao se deparar com a fada madrinha, é idêntica à de Maria ao receber o anjo Gabriel. As imagens toscas e cobertas de fungos perdem a candura do brinquedo e, ao se agigantar, criam grotescos cenários de terror. O conto de fadas transforma-se, assim, em um "conto de bruxas".

---

40 BENJAMIN, W., *op. cit.*, p. 79.

41 Idem.

Rosângela Rennó, *A encarnação do verbo*, 1988,
da série *Contos de bruxas*, 135 x 100 cm ou 72 x 55 cm,
fotografia em papel de prata/gelatina

***

O artista polonês Zbigniew Libera apresentou o trabalho *Lego. Concentration Camp* na exposição Mirroring Evil: Nazi Imagery/ Recent Art, no Jewish Museum em Nova York, em 2002. Libera criou sete caixas de Lego quase idênticas às produzidas pela companhia dinamarquesa. O artista usou peças autênticas, fornecidas pela empresa, para construir um campo de concentração nazista. Os prisioneiros eram os esqueletos sorridentes das histórias de piratas e os guardas do campo eram as figuras da Estação Policial, ligeiramente modificadas. As caixas conttinham tijolinhos para construir um crematório e algumas barracas rodeadas por cercas de arame farpado, além de duas torres de observação. O artista fez também outros kits em caixas menores onde havia um prisioneiro sendo torturado por um guarda, um grupo de detentos atrás do arame farpado e o comandante do campo. "Com Lego", dizia o slogan da marca, "você pode construir o que quiser".

Libera pensa ter sido impulsionado a construir a peça pela racionalidade, que é o fundamento do sistema Lego. A gente não pode construir, com esses tijolinhos, nenhuma coisa que não esteja baseada num sistema racional e preciso, aponta.

A miniaturização do campo de concentração e a simulação de um brinquedo possível parecem confirmar a proposta de Agamben, já que, no *Lego. Concentration Camp*, a temporalidade humana contida no modelo sagrado ou econômico permanece, mesmo após o desmembramento.

A questão ética da miniatura subsiste: afinal, o Lego Western Layout, que pode ser adquirido nas melhores lojas do ramo e com o qual brincaram pacificamente tantas crianças, não é, por acaso, uma encenação do extermínio dos indígenas norte-americanos a cargo dos soldados da Federação? E ainda lemos que a companhia chinesa Xinlexin Electronic Toys Co. é a dona da marca GUDI, que anuncia uma grande variedade de kits similares aos da Lego. Caso você considere adequado presentear isso às suas crianças, eles oferecem um *Veículo acionado a ar de terroristas muçulmanos.*

***

Liliana Porter gosta de coisas miúdas, disse Graciela Speranza. E evoca Baudelaire, que conservou

> um afeto duradouro e uma admiração razoável por esta singular estatuária que, por sua lustrosa limpeza, o brilho cegante de suas cores, a violência no gesto e a decisão na forma tão bem representam as ideias da infância sobre a beleza. Num grande armazém de brinquedos reina uma alegria extraordinária que o faz preferível a um belo piso burguês.

Liliana também gosta de objetos em miniatura: bibelôs, suvenires, personagens enigmáticos que povoam o sonho do capitalismo nos interiores burgueses.

O busto de porcelana de um soldado nazista costuma habitar suas imagens. Não é um brinquedo; é um improvável bibelô em que o rosto juvenil de um soldado ariano é coroado pelo capacete negro, o uniforme ostenta galões e a águia de duas cabeças. O Nazista, ela o chama assim, aparece em vários trabalhos:

> *Drum Solo* (2000),[42]
> *Nazi/Dog* (vertical) (2001),
> *Sin título con Nazi* (2004), litografia,
> *Them with Nazi* (2005),
> *Blue with Them (Elenco Azul)* (2005),
> *For Instance/Por ejemplo* (2005),
> *Nazi/Duck* (2006).

---

42 PORTER, L. *Drum solo*, 2000. Produzido e dirigido por Liliana Porter. Música de Sylvia Meyer. Disponível em http://vimeo.com/149803291.

O estranho suvenir – por que alguém teria o busto insosso de um soldadinho nazista? – estabelece diálogos com vários personagens do mundo de Porter no vídeo, em várias fotografias e numa litografia. Posa com um cachorro uma vez, outra com um patinho fofo; no vídeo, beija o cachorro e finalmente tenta desaparecer, mas não consegue, no meio da multidão de figuras pequenas que o acompanham:

o bailarino flamenco,
a jovenzinha de porcelana,
o deus chinês,
o patinho de borracha azul,
a bonequinha de blusa azul,
o Mickey,
a menina de saia vermelha,
o Pato Donald,
o cachorrinho de porcelana.

No meio da tosca ingenuidade das miniaturas, dos brinquedos e dos bibelôs (*Them*), o pequeno nazista (Nazi), com sua boca cor-de-rosa e seu ar angelical, quase parece destoar. Quer desaparecer, mas não consegue; Porter o aponta no título, o destaca e o anula. Afinal, até na Arcádia miniaturizada, a morte e o mal têm seu lugar. Quer Liliana atender aos pedidos mudos que fazem as coisas para falar por elas mesmas, de acordo com seus rostos, suas dores, seu caráter? Ou quer se perder na algaravia das almas dos brinquedos e dos seus gritos sussurrados?

***

A fotografia é curiosa e enternecedora: um homem sentado num banco minúsculo toca muito seriamente num piano de brinquedo. O homem é John Cage e está executando a "Suite for Toy Piano", composta por ele em 1948, para a coreografia *Diversion*, de Merce Cunningham.

Naquele ano, Cage estava desenvolvendo um projeto no qual empreenderia um estudo aprofundado da música de Erik Satie, no Black Mountain College. Uma das máximas das filosofias da Índia que estava estudando – *tranquilidade através de austeridade*[43] – o guiou durante a composição da suíte. Seus novos heróis musicais, os que recomendava aos seus alunos em oposição ao que ele chamava da "anestesiante" monumentalidade de Beethoven, eram Anton Webern e Erik Satie.

O instrumento usado por Cage tem uma oitava de notas diatônicas, da qual a composição usa somente as cinco teclas centrais. Os tons são secos, cortantes e pouco emotivos, mas a *Suite* tem uma qualidade íntima e encantadora, mesmo que deliberadamente monótona. *Sffz* e *ppp*, as indicações dos movimentos, impregnam-se de ironia e humor.

As grandes mãos do homem brincam no pequeno teclado, as costas se curvam à altura do teclado, os joelhos alcançam os cotovelos. Um gigante no *toy piano* é tão diferente de um adulto brincando com o trenzinho que deu de presente para o filho?

X.

Vou à minha adega
Beber o meu vinho;
Lá está um corcundinha,
Pegou minha garrafinha.
Vou à minha cozinha,
Cozinhar minha sopinha;
Lá está um corcundinha,
Quebrou minha panelinha.[44]

---

43 Disponível em: http://www.pianostreet.com/blog/video-picks/john-cage-suite-for-toy-piano-4723/.

44 BENJAMIN, W. *Rua de mão única*. Obras escolhidas v. 2. São Paulo: Brasiliense, 1993, p. 142.

Uma lembrança de infância: *Sem jeito manda lembranças*, dizia a mãe quando o pequeno quebrava alguma coisa ou quando a deixava cair. Muito tempo depois, o homem compreendeu; falava do corcundinha, aquele homenzinho corcunda que quando olha alguém o distrai. É que o coitado não presta atenção, nem ao invisível corcundinha nem a si mesmo.

Hannah Arendt atribui ao corcundinha, aquele velho amigo de infância, a má sorte predominante na vida de Benjamin.

> Mas apenas uma vez (no final de "Infância em Berlim por volta de 1900"), antecipando a morte, tentou apreender "sua vida inteira" [...] como segundo dizem, passa ante os olhos de um moribundo e fixou nitidamente quem o aterrorizara tão cedo na vida e o acompanharia até a morte.[45]

O homenzinho, que ele nunca viu, possuía todas as imagens de sua vida, e as contemplava como quem contempla um monte de escombros. Por isso, em certa medida, a sua obra resultaria de um desejo: o desejo de um sucesso que seria a vingança sobre o corcundinha. A ansiedade pela sua possível aparição inesperada o levaria a buscar a explicação racional das causas e efeitos da pequena, mas assustadora, criatura.

Em 1770, Wolfgang von Kempelen (1734-1804) criou, para impressionar a imperatriz Maria Teresa da Áustria, o Turco, um autômato capaz de jogar e vencer uma partida de xadrez contra um humano. Até sua destruição num incêndio, em 1854, foi exibido como um autômato, apesar de ter sido revelado como um embuste no início da década de 1820. Supunha-se que um anão ou uma criança manipulavam o Turco no interior do gabinete.

Alegoria do "materialismo histórico", o corcundinha dos versos da infância desliza inesperadamente nas *Teses sobre o conceito de história*, quando, no primeiro fragmento, se superpõe e se

---

45 ARENDT, H., *op. cit.*, p. 131.

identifica com o anão que, escondido sob o tabuleiro de xadrez, manipulava o boneco que, aparentemente, conduzia o jogo e vencia sempre o adversário humano. Não era um bonequeiro qualquer o que puxava os fios do fantoche, era o "corcundinha" que faria, mais uma vez, com que perdêssemos o jogo.

O corcundinha sempre mandará lembranças à criança, acenará dos cacos espalhados da tigela de mingau, comerá metade do seu doce, interromperá suas preces, assombrará seus dias e suas noites:

> A meu ver, o mundo que de dia povoava essas janelas não era rigorosamente distinto daquele que à noite se punha à espreita para me assaltar em sonhos.[46]

As janelas iluminadas, as vitrines, as claraboias, os jogos e os brinquedos da infância, as quinquilharias do colecionador são as fantasmagorias que povoam esses sonhos. Elas habitam a cidade que invade o sonho do narrador: a cidade onde mora o corcundinha e onde a infância perdida é apenas um mosaico de fragmentos ou um monte de ruínas. As recordações de infância, como os escombros que a passagem do tempo vai acumulando diante de nós, unem, com uma atadura frágil, o passado ao futuro. O corcundinha, como o *Angelus Novus* – "um anjo torto, desses que vivem na sombra",[47] está a impedir que o passado morra.

Conferência apresentada no painel "Jogos: Cultura e Escrita", no Seminário Internacional Walter Benjamin, promovido por MAR *na Academia. Rio de Janeiro, 2016.*

---

46 BENJAMIN, W., op. cit., p. 142.

47 ANDRADE, C. D. "Poema de sete faces". In: *Alguma poesia*. Belo Horizonte: Edições Pindorama, 1930.

IV MONUMENTOS

Antimonumentos:
estratégias da arte na era das catástrofes

Donde yo nací – un pueblito remoto en el fondo de un valle – los ancianos seguían pensando que los muertos necesitan atención... Si no se los atendía, los muertos podían cobrar venganza sobre los vivos.[1]

W. G. SEBALD

O SÉCULO DA MEMÓRIA

A cultura modernista, de acordo com Andreas Huyssen, foi impulsionada por utopias de "futuros presentes" que poderiam ser entendidos a partir da construção dos paradigmas de modernização, incluindo neles as alegorias de purificação racial ou de classe que, mais tarde, desembocaram nos governos autoritários que executariam os genocídios e os massacres do século XX. O ensaísta utiliza a noção oposta de "passados presentes" para pensar num deslocamento na experiência e na sensibilidade do tempo que se operaria a partir da década de 1980. Esses passados presentes, talvez formações reativas à globalização, constituem-se através de uma musealização instantânea do espaço cultural mais amplo e apontam para um desejo impossível de recordação total.[2]

A conjectura de uma memória total, vislumbrada por Borges em *Funes, el memorioso*, é aterradora. Ireneo Funes, que não só

---

1 "Onde eu nasci – um remoto povoado no fundo de um vale – os anciãos continuavam pensando que os mortos necessitam de atenção... Se não os atendessem, os mortos podiam cobrar vingança dos vivos" [tradução livre].

2 HUYSSEN, A. *Seduzidos pela memória*. Rio de Janeiro: Aeroplano, 2000, p. 7.

lembrava de cada folha de cada árvore de cada serra, mas também de cada uma das vezes que a havia percebido ou imaginado, não era, porém, capaz de pensar.

O excesso de memória bloquearia o pensamento crítico, pois imoderado amor ao passado impede que se viva o presente. Dessa maneira, a sociedade que conseguisse a recordação total estaria paralisada, presa para sempre numa rede infinita de lembranças, refém de uma interminável e dolorosa rememoração de detalhes irrelevantes.

Mas o discurso da memória, minado incessantemente por um desejo de esquecimento que se alimenta do medo e da culpa, aparece como um subtexto na obra de vários artistas contemporâneos. Para eles, as experiências extremas do genocídio e da diáspora latino-americana, que culminaram no episódio atroz do desaparecimento de milhares de pessoas sob as ditaduras militares, implementado através de brutais e sofisticados processos de esquecimento e sutis políticas de amnésia, reconduzem a questão da memória a partir dos efeitos do poder sobre os corpos.

A irracionalidade e a injustiça da dominação reaparecem como crueldade na relação do sujeito com o corpo, seja o seu, seja o do outro. De acordo com Adorno e Horkheimer, o amor-ódio pelo corpo impregna toda a cultura moderna, que o reconhece como um bem a ser possuído e, assim, distingue-o do espírito, lugar do poder. O corpo como objeto é uma coisa morta, *corpus*, cadáver, tabu, objeto de atração e repulsão.[3]

O corpo, como lugar de interdição, é ardentemente desejado, ao mesmo tempo em que, por ser considerado inferior e servil, é menosprezado e maltratado. Exibido como lugar do sofrimento e da exclusão, doente ou ferido, repulsivo, às vezes morto, o corpo denuncia uma condição de abjeção.

---

3 Cf. ADORNO, T. W. e HORKHEIMER, M. *Dialética do esclarecimento: fragmentos filosóficos.* Trad. Guido Antônio de Almeida. Rio de Janeiro: Jorge Zahar, 1985, p. 217.

Nessa perspectiva a abjeção é um gesto político, que implica a narração e a exposição do corpo humilhado, do corpo-cadáver, e o retorno permanente de um corpo hipersignificado, que funciona como um suporte eficaz para a política cultural da sociedade pós-industrial. Sintetiza-se, nesse gesto, um sintoma obsessivo – que seria da ordem do patológico –, e um reconhecimento da eficácia concreta da memória na busca do corpo ausente, do corpo subtraído – literal ou metaforicamente – pelo aparato do Estado.

Durante os processos ditatoriais latino-americanos, alguns aristas se empenharam em criar uma arte de resistência, que lograsse desvendar e denunciar, a partir da opressão vivida, as armadilhas do poder. No Chile, o grupo de artistas conhecido como Escena de Avanzada – Carlos Altamirano, Catalina Parra, Eugenio Dittborn, o grupo CADA, Juan Dávila e outros – reformulou, desde o final dos anos 1970, as práticas artísticas ao trasladar o suporte da arte para o corpo vivo e para a cidade.[4] O corpo (e a cidade como corpo social), castigado fisicamente pela violência, constituiu-se como um espaço sacrificial de ritualização da dor ou como um lugar de transgressão sexual e social. As práticas de artistas brasileiros desse período – Hélio Oiticica, Lygia Clark, Antonio Manuel, Artur Barrio, Cildo Meireles, entre outros – poderiam, também, ser lidas através desse prisma crítico.

De acordo com Richard, na pós-ditadura, "enquanto a arte do exílio deseja a história como plenitude e transcendência, as práticas geradas no Chile trabalharam com uma temporalidade histórica não só desprovida de toda heroicidade, mas, em rigor, inenarrável".[5] Os artistas da Escena de Avanzada operaram através de uma sucessão imbricada de memórias e contramemórias que se debatem contra o esquecimento no afã de recobrar o sentido disseminado num punhado de fragmentos descontínuos.

---

4 Cf. RICHARD, N. *Intervenções críticas. Arte, cultura, gênero e política.* Belo Horizonte: UFMG, 2002, p. 13 e ss.

5 Ibidem, p. 23.

Assim, ao se encontrarem os dois momentos da arte, o do exílio e o da resistência, se confrontaram duas concepções do histórico. Por um lado, estaria a história como *continuum* linear de sentido, por outro, a percepção de uma temporalidade estilhaçada, através da qual o sujeito intenta rearticular o sentido como perda ou como falha. Hoje, ante a iminência de um desejo de memória, de comemoração e de rememoração, essa oposição aparece a partir da identificação de um segmento da sociedade com os recursos da mimese simbólica abstrata ou da representação naturalista ou referencial, em oposição às práticas efêmeras, conscientemente escamoteadas ou dispersas no espaço individual e social – corpo e cidade –, defendidas pelos artistas da resistência.

No confronto entre esses dois postulados – um completamente imerso no campo tradicional da história e das belas-artes, o outro claramente disseminado num âmbito comunitário de resistência – abre-se um debate crucial para nossa cultura: até quando e de que maneira é possível lembrar os desastres do passado imediato e quais seriam as estratégias efetivas da arte para manter viva e ativa a memória desses acontecimentos nas gerações futuras?

LÁPIDES DE PAPEL

Em meados da década de 1980, logo após o fim da ditadura, o jornal argentino *Página 12* começou a publicar pequenas notas – como obituários – em que a foto de um ou vários desaparecidos era acompanhada de um texto. A nota, separada do corpo do jornal por uma linha preta que fazia as vezes de moldura, ainda hoje é publicada, no mesmo dia e no mesmo mês em que cada desaparecimento aconteceu. Nas páginas do jornal, o pequeno retângulo, geralmente na parte inferior da folha, contém uma ou várias fotos, a data do desaparecimento, um breve texto e uma dedicatória.

Boa parte das imagens provém de documentos de identidade, mas algumas estão claramente recortadas de fotografias de grupos, que exibem rostos de jovens sorridentes e, às vezes, franca-

1977 - 18 de mayo - 1997

Mabel Fernández de Kofman

Horacio Manuel Kofman

DETENIDOS DESAPARECIDOS

"No solamente se imponen un patrón de moralidad más alto que el de cualquiera salvo santos, sino que, en momentos tales, lo llevan de hecho a la práctica"
Eric J. Hobsbawm

NI OLVIDO NI PERDON

Sus compañeros, sus familiares, sus amigos.

JUAN CARLOS MARSANO

ROXANA VERONICA GIOVANNONI

"Sé que una cosa no hay que es el olvido"
J. L. Borges

PABLO GUSTAVO LAGUZZI

10 de abril - 7 de setiembre 1974
Tendría 21 años

A los 6 meses de edad fue asesinado por la Triple A (Alianza Anticomunista Argentina).
Como los chicos de la calle, de las villas miseria y los hijos de los desaparecidos fue víctima de la ferocidad de este sistema injusto, irracional e irresponsable.
Sus asesinos siguen impunes en el poder con amenazas, mentiras y políticas salvajes.
No te olvidaremos. Siempre estás presente en los actos de cada día.

MARIA ELENA MEDICI

Desaparecida
Vista en la ESMA
en diciembre de 1976

A veinte años de tu desaparición
nos duele tu ausencia
nos consuela tu recuerdo

Tus padres; hermanos, Jorge y Héctor; hermana, María Rosa; sobrinos y sobrinas.

Detenidos por las Fuerzas Armadas y desaparecidos el 27 de julio de 1976 a los 19 años de su detención y desaparición y en nombre de la verdad que es la única que nos puede devolver la salud, pedimos a quien los haya visto o estado con ellos, que nos digan cuál fue su destino y que hicieron con sus cuerpos.
Siempre están presentes entre nosotros.

Aurora Morea *Su madre* — **Mario Bronzel** *Su hijo y hermano* — **Noemí Pedrini** *Su hermana*

Sus cuñados, Enrique Garrido y Mariana Gutman
Sus sobrinos y nietos

Oscar Arturo Alfonso Gastón
Detenido - desaparecido
Paraguayo - 16-02-77

Con tus maduros 17 años nos diste ejemplos de humildad, solidaridad, paciencia, tesón y convicción.
Soñamos y luchamos por un mundo mejor, donde no haya nunca más represores ni oprimidos.
Hoy a 27 años de tu ausencia sigue más vigente que nunca tu memoria.
Está latente en nuestros corazones.
¡Ni olvido ni perdón!

Tu madre, hermanos y amigos.
¡Hasta la victoria siempre!

1978 • 18 de mayo • 1995

CLAUDIO ERNESTO LOGARES

MONICA SOFIA GRINSPON DE LOGARES

Hay hombres que nunca partirán
"Hay hombres que nunca partirán
y se les ve en los ojos,
pues uno recuerda sus ojos muchos años después
de que se han partido."
"Ser aquello que aceptaron el sufrimiento
y lo hicieron suyo para la salvación de otros hombres
sin decir una sola palabra
pero dejaron abiertos, bien abiertos sus ojos
para que nunca los olvidemos cuando ellos hayan partido."
Miguel Arteche (Chile 1926)

Paula, mami, hermanos

ANA MARIA CARUSO

34 años, Prof. en Letras

ROBERTO CARRI

36 años, sociólogo, periodista

24 de febrero de 1977

Secuestrados de su domicilio en Hurlingham. Vistos en el centro clandestino de detención Sheraton (La Matanza), dependiente del I Cuerpo de Ejército.

"Sin una vela encendida, sin una flor a su lado, sin una cruz en la tierra, hay dos sueños sepultados."
El último sapucay, O. Valles

A 20 AÑOS
memoria y justicia para los 30.000 desaparecidos.
Sus hijas Andrea, Paula y Albertina

CECILIA INES CACABELOS

Ceci **17 años**

Desaparecida el 11/10/1976

"Y tu recuerdo, permaneciendo,
me está diciendo
me está diciendo que no hay olvido"

MEMORIA VERDAD JUSTICIA

MAMÁ, NANA Y TUS SOBRINOS
CECILIA, PAULA Y GERARDO

¿la viste? ¿la conociste? escribinos a:
buscocacabelos@yahoo.com.ar

ALFREDO MOYANO — **MARIA ASUNCION ARTIGAS**

(embarazada de tres meses, tuvo una niña en el campo de concentración)

Desaparecidos: 31/12/1977

PORQUE AMARON LA VIDA
LUCHARON POR LA JUSTICIA,
QUE ES LA VIDA PARA TODOS
FUERON DESAPARECIDOS
POR LOS HOY INDULTADOS
PERO SIGUEN PRESENTES
SIEMPRE VIVOS
EN EL CORAZON DE SU PUEBLO
QUE RECLAMA JUSTICIA

Sus madres, hermanos, familiares y compañeros.

PALOMA ALONSO

21 años - detenida-desaparecida el día 30 de Julio de 1977

Aún esperamos que la conciencia de la gente que está comprometida con el país, más los hombres y mujeres condenados al hambre y a la ignorancia, sean finalmente quienes dirán si la Argentina es un desierto donde estamos condenados a la injusticia y el desamparo.
Todavía esperamos que los hombres honestos puedan crear un país en donde la vida merezca ser vivida.

Tus padres Carlos e Ivonne.
Tus hermanos Mercedes y Pablo.
Tu abuela, tíos, primos y amigos.

Amanda Virginia Prato
María Adela Chiappe
María Gabriela Leguizamón

Detenidas-desaparecidas
el 12 de febrero de 1978 en Mar del Plata.

El olvido es el camino más corto para la injusticia.
Siempre exigiremos la verdad.
Moni, mamá, primos, compañeros y amigos.

Notas à maneira de obituários do jornal *Página 12*, desde 1985, Buenos Aires, Argentina mente risonhos. Outras são lembranças de viagens, festas de casamento, de aniversário. Há, ainda, fotografias de casais, às vezes com crianças pequenas, em alguns casos há grupos familiares inteiros, pai, mãe, filhos, netos...

Os textos geralmente são assinados por familiares, amigos ou companheiros de luta e ensaiam alinhavar os poucos dados de uma biografia inconclusa: estudos de segundo grau, início ou conclusão dos estudos universitários, trabalho, casamento, filhos: soldado marplatense, operário, médico, professor, presidente do Centro de Estudiantes de Ingenieria, empregado do Sindicato de Prensa de Córdoba, costureira, enfermeira, professora, obstetra, grávida de dois, de três, de seis meses, faltavam dez dias para ter seu bebê, estudante de letras, de medicina, de jornalismo, de ciências econômicas, de psicologia, de direito, de sociologia, Universidade de Buenos Aires, de La Plata, de Córdoba, de Tucumán, do Comahue...

Outras vezes, as fotografias são acompanhadas de versos anônimos ou de poetas que se liam com fervor na época: Antonio Machado, César Vallejo, Mario Benedetti, de fragmentos de alguma canção de protesto e até de letras de tango.

As palavras, os textos, ao lado das fotografias, constituem-se como os nós de uma rede de afetos que contextualiza o luto dos vivos e se abre para o desejo de uma memória continuamente renovada.

Os retratos em preto e branco metaforizam, no rarefeito e falho grão da impressão do jornal, a tristeza, o luto, a ausência, o esquecimento. São, como aponta Nelly Richard, retratos "detidos, congelados no presente contínuo de uma morte em suspenso".[6] A fixidez e a imutabilidade desses retratos fotográficos que ano após ano se repetem opõem-se à contínua mutabilidade do meio – o jornal – no qual são publicados.

---

6 RICHARD, N. "Memoria, fotografía y desaparición: drama y tramas", *Punto de Vista*, n. 68, Buenos Aires, dez 2000, p. 31.

A utilização da fotografia vernacular – carteira de identidade, álbuns de casamento, de família, de férias – nos processos comemorativos das catástrofes contemporâneas vem apontando para uma apropriação comunitária da rememoração, antes delegada aos desígnios do poder. Tornar pública a imagem familiar denota o inenarrável da tragédia e, ao mesmo tempo, seu caráter mais obscuro e perverso.

Não é preciso evocar os enormes panos com as apagadas imagens dos filhos levadas nas passeatas pelas Madres de Plaza de Mayo, ou as fotos dos desaparecidos sob a legenda "*Donde están?*" presas nas roupas das mães no Chile para comprovar que o uso da fotografia já é um procedimento de rememoração e de protesto comum em todos os lugares onde há assassinatos ou massacres, na América Latina ou fora dela.

A natureza da imagem fotográfica faz com que se acredite que ela seja capaz de certificar a existência do seu referente. A aderência da imagem fotográfica ao referente explica a importância do seu uso estratégico para lembrar tempos ou seres desaparecidos, já que funciona como prova irrefutável de existência. A fotografia sempre esteve perturbadoramente ligada à morte, ao desaparecimento do corpo vivo e do tempo vivido, cria o paradoxo visual de um efeito de presença do vivo que se encontra eternamente negado pelo congelamento num tempo morto. Esse paradoxo é o que leva a fotografia a ser frequentemente colocada no registro do fantasmal e do espectral, por compartilhar com fantasmas e espectros "o ambíguo registro do presente-ausente, do real-irreal, do aparecido-desaparecido".[7]

A instantaneidade da imagem fotográfica que aponta, ao mesmo tempo, para uma identidade com o reproduzido e para um distanciamento aurático, "parece material disposto para intentar caminhos no monumento que, recolhendo a literalidade

---

7 Idem.

da lembrança, a materialize sem transformá-la em objeto morto".[8] Nem a consciência do arbitrário da imagem fotográfica logra afastar de nós a ideia de que um resto dessa pessoa ausente está nos olhando desse fragmento de papel impresso. Como espelhos do real, aparentemente naturais, essas imagens não deixam entrever nenhuma operação estética que as afaste do estatuto da verdade. Uma verdade que ainda não é e que não mais será, suspensa entre a vida e a morte pela indeterminação residual do fotográfico que mantém a presença do corpo desaparecido suspensa, eternamente "dividida entre perda e resto".[9]

LÁPIDES DE PEDRA

A iniciativa, assinada por dez organizações de direitos humanos, de construir um monumento e instalar nele um parque de esculturas que serviria de homenagem aos desaparecidos foi apresentada ao governo da cidade de Buenos Aires em dezembro de 1997. Meses depois, o projeto foi aprovado e se autorizou a construção de um monumento que incluísse os nomes dos desaparecidos e a elevação de um grupo de esculturas escolhidas através de um concurso público internacional.

O projeto do *Monumento a las víctimas del terrorismo de Estado*, idealizado pelo escritório Baudizzone, Lestard e Varas associado aos arquitetos Cláudio Ferrari e Daniel Becker, ganhou o concurso promovido em 1998.

O projeto arquitetônico, acompanhado por um parque de esculturas, visa a localizar num local pontual, entre a terra e o rio, a lembrança dos desaparecidos.

O Parque de la Memoria, como ficou chamado, se encontra próximo da Esma (Escuela Superior de Mecánica de la Armada, notório

---

8 SILVESTRI, G. "La presencia del ausente. Problemas de representación pública en las artes plásticas". Disponível em: www.bazaramericano.com.

9 RICHARD, N., *op. cit.*, p. 31.

centro de detenção e tortura), em frente ao Río de La Plata, um sítio carregado de sentidos históricos e simbólicos. Se o mítico estuário foi a via fluvial pela qual chegaram à região não somente os conquistadores espanhóis, mas também as aluviões imigratórias de europeus que constituiriam a maior parte da população da Argentina, hoje é o túmulo onde jazem os corpos de milhares de argentinos, jogados, ainda com vida, dos aviões da Força Aérea Nacional.

Um caminho reto, de blocos de cimento colorido, margeado de árvores, separa o parque da margem do rio e dos prédios próximos à Ciudad Universitaria, o *campus* da UBA. O monumento corta profundamente, em zigue-zague, a encosta semicircular que se debruça sobre o rio. Como uma ferida aberta, percorre toda a longitude do espaço, da entrada subterrânea até a costa. Estilizado e simples, parece se oferecer como um lugar de reflexão e oração que enlaça o rio com a cidade, o passado recente com os desejos de memória.

A trajetória sinuosa está emoldurada por quatro muros descontínuos, nos quais estão inscritos os nomes dos desaparecidos. Sobre as paredes de pórfiro patagônico, que orientam o olhar ao longo da rampa, estão ordenados cronológica e alfabeticamente os 30 mil nomes dos desaparecidos. Às vezes, uma placa vazia, uma lápide sem nome, apontará para a rasura de identidade que antecedeu o desaparecimento.

Os muros com os nomes são as lápides das tumbas escamoteadas que outorgam, aos vivos, um lugar para o luto pessoal, familiar, nacional. De acordo com Andreas Huyssen, "a inscrição do nome é uma velha estratégia da memória, mas a nomeação, neste caso, não é tradicional, nem heroica, nem triunfalista",[10] porque os que estão sendo lembrados não são soldados heroicos nem mártires imolados no altar da pátria. Os que estão sendo lembrados nos muros de pórfiro eram homens e mulheres comuns, do-

---

10 HUYSSEN, A. "El Parque de la Memoria. Una glosa desde lejos". In: *Memoria. Antología. Punto de Vista*. Buenos Aires: Libronauta, 2001, p. 166.

nas de casa, estudantes, profissionais, operários que acreditavam num mundo diferente do proposto pelas elites econômicas e militares do país e que, por causa dessa crença, foram sequestrados, violentados, torturados e assassinados.

O monumento argentino dialoga com dois monumentos paradigmáticos do século XX: o Museu Judaico de Berlim, de Daniel Libenskind, e o Vietnan Veterans Memorial, de Maya Lin.

Sem buscar igualar os fatos que provocaram a construção desses memoriais – cada um deles aponta para fatos diferenciados e não assimiláveis: o extermínio de judeus nos campos de concentração nazista e a desastrosa guerra que os Estados Unidos provocaram e perderam no Vietnã –, é possível encontrar pontos de contato entre eles, já que em ambos os discursos locais se entrelaçam com as condições políticas internacionais. Por outro lado, esses monumentos apontam também para a lembrança de um pensamento utópico pretérito que estaria na base de qualquer desejo de um futuro melhor.

Daniel Libenskind diz que seu museu está "entre as linhas": "uma é uma linha reta, mas quebrada em vários segmentos; a outra é uma linha tortuosa, mas indefinidamente contínua."[11] As duas linhas desenvolvem-se através de um diálogo limitado, mas definido. Diversas vozes se entrelaçam no projeto do edifício. Em primeiro lugar, há uma relação difusa com a estrela de Davi que brilha nas moradas dos judeus de Berlim. Há, também, uma pauta musical estilhaçada, a memória dos berlinenses deportados e desaparecidos, e, finalmente, uma alusão ao apocalipse urbano que Walter Benjamin tece ao longo de *Rua de mão única*. A ênfase especial do Museu Judaico é a contradição entre ordenado e desordenado, escolhido e não escolhido, som e silêncio. O vazio e o silêncio são matérias essenciais de uma estrutura que toma corpo no interior de um zigue-zague. Um novo tipo de organização que está planejado em torno de um centro que não é, o vazio.

---

11 LIBENSKIND, D. Disponível em https://libeskind.com/work/jewish-museum-berlin/

O monumento de Maya Lin, no qual se entra como no Museu Judaico de Berlim e no Parque de la Memoria, sob o nível do chão, é, porém, mais simples: duas paredes triangulares que se unem em ângulo obtuso e cujas extremidades apontam para o monumento de Washington e o Lincoln Memorial. Os muros feitos de granito preto são polidos como espelhos e sobre eles estão gravados os nomes dos mais de 50 mil soldados mortos ou desaparecidos na guerra do Vietnã. Familiares ou amigos costumam deixar flores, fotos, cartas, condecorações perto dos nomes dos seus seres queridos. O Vietnan Veterans Memorial se constitui, assim, como um dos mais comoventes espaços de contemplação, reflexão e oração.

MEMÓRIA, MEMORIAIS, MONUMENTOS

O termo "memória ativa", criado na Argentina pela psicanalista Eva Giberti, aponta para uma memória que se colocaria a serviço da justiça para se servir do passado sob o domínio da vida.

De acordo com Giberti:

> *La memoria conserva la temperatura y la vibración imprescindibles para salir al rescate de lo sucedido porque los seres humanos podemos quedar prisioneros de esa realidad corrompida en la que, por efectos del tiempo y el olvido, se desactivan los recuerdos de lo acontecido* [...] *porque cuando se carece de memoria se pierde la responsabilidad personal e institucional.*[12]

Essa memória se constituiria a partir de uma ação coletiva, consciente e constante que se faria efetiva através da reclamação.

---

12 "A memória conserva a temperatura e a vibração imprescindíveis para sair em resgate do ocorrido porque nós, os seres humanos, podemos ficar prisioneiros dessa realidade corrompida na qual, por efeito do tempo e do esquecimento, se desativam as memórias do ocorrido [...] porque quando se carece de memória, perde-se a responsabilidade pessoal e institucional" [tradução livre]. In: GIBERTI, E. "Memoria Activa", *Página 12*, dez 1992. Disponível em: http://spot.net.ar/evagiberti/artículos.

Para Giberti, essa reclamação é a função maior de uma memória que não cessa de se fazer ouvir. Uma memória que restituiria as redes de sentidos e, ao repor o que falta, o que não está, ou o que está no modo de não estar, resgataria do vazio aquilo que foi subtraído. A memória ativa se constituiria, assim, como uma memória ativada que permitiria aos homens refazer a esgarçada trama dos dias, suturar as feridas abertas pela violência do Estado e convocar para junto dos vivos os que já foram e os que ainda hão de ser.[13]

Para o psicanalista argentino Hugo Vezzetti, seria necessário contribuir para um trabalho de reconstrução da memória que nos envolva, que seja capaz de interrogar e, eventualmente, alterar as certezas e os valores que contribuíram para obscurecer a recuperação teórica desse passado. Nesse sentido, uma genealogia da violência e da ilegalização das instituições do Estado não poderia estar ausente de uma memória que deseje ser eficaz na construção de um futuro diferente.[14]

Esse trabalho da memória possui um caráter que excede os objetivos políticos: a necessidade simbólica de salvar a particularidade de fatos, de pessoas, de vidas. Esse tipo de memória, denominado por Todorov "memória literal" porque, única e intransferível, é diferente da memória exemplar, cujo paradigma é a justiça e que carrega, portanto, um alto nível de abstração.[15]

De acordo com Graciela Silvestri, a decisão de realizar o Parque de la Memoria se vincula à necessidade de resolver o conflito entre memória literal e memória exemplar, entre história coletiva e lembranças intransferíveis, conflito que já está presente, também, nos recordatórios posteriores à *Shoah*.

---

13 Cf. TERÁN, O. "Tiempos de memória", *Punto de Vista*, n. 68, p. 12.

14 Cf. VEZZETTI, H. "La memoria nos involucra", *Página 12*, 8 jul 1999. Disponível em: http://www.pagina12.com.ar/1999/suple/psico/99-07/99-07-08/psico1.htms.

15 Cf. SILVESTRI, G. "El arte en los límites de la representación", *Punto de Vista*, n. 68, Buenos Aires, dez 2000, pp. 18-24.

No caso especial da Argentina, o desaparecimento de milhares de pessoas ativou processos de negação que favoreciam a esperança e impediam o luto. Por outro lado, a resistência exercida pelas mães e avós que fizeram públicas suas dores pessoais, privadas, torna, ainda hoje, difícil pensar nas estratégias com que a arte pode abordar o que aconteceu. Crimes que negaram às pessoas até o direito a morrer e, aos seus familiares e amigos, o direito a enterrá-los e pranteá-los, exigem a aparição pública de instâncias individuais.

Sabemos que o trabalho da memória, que por definição é seletiva, não há de se esgotar na recuperação do passado, mas deve apontar para um desejo de futuro. Essa terrível responsabilidade foi depositada na arte. Acreditou-se que ainda existia, transparente, o antigo pacto retórico entre público e obra e que as belas-artes (neste caso a arquitetura e a escultura) seriam capazes, como outrora, de dizer o indizível, de representar o irrepresentável.

Se o projeto do Parque de la Memoria, completamente imerso no campo tradicional das belas-artes, cumpre com todas as demandas do sistema – autoria arquitetônica, artistas convidados e concurso artístico aberto –, as pequenas notas de *Página 12*, ao contrário, nascem como produtos híbridos, inseridos anonimamente nas páginas da mídia impressa. Essas modestas inclusões aproximam-se, como operações contaminadas, das práticas das pintadas e dos *escraches* realizados por grupos militantes de direitos humanos, as Madres de Plaza de Mayo e H.I.J.O.S., mas também a trabalhos de arte como as *Inserções em circuitos ideológicos*, de Cildo Meireles.

Finalizo, então, postulando duas questões:

Como uma arte que não ambiciona o conclusivo, o total, que se assume como fragmentária e residual, pode preservar essas terríveis lembranças?

Onde, então, localizar a memória? Lá longe, no Parque, nas bordas da cidade e na margem do rio, num espaço longínquo que se afasta do fluir da vida? Ou no cotidiano da página do jornal, na hora do café da manhã, como o momento obrigatório de reflexão e meditação, que nos faça ver e lembrar dia após dia, rosto após rosto, para evitar o olvido oficial, a amnésia social que está implícita na ideia de monumento?

Texto originalmente publicado em: SILVA, *Marcio Seligmann (org.).* Palavra e imagem: memória e escritura. *Chapecó: Argos, 2006.*

Monumentos horizontais: a memória nas ruas

> Com cada repetição, o que é repetido perde em importância e o ato de repetir ganha importância e dá um novo sentido, a repetição *é* o sentido mesmo. A repetição é um meio de criar leveza. Gosto do arranhado de um disco, uma máquina que gira no vazio ou um movimento e sons infinitos...
>
> THOMAS HIRSCHHORN

Em 1976, na galeria Carmen Waugh, na rua Florida, 900, Buenos Aires, Federico Peralta Ramos e Antonio Berni participaram da exposição Crenças e Superstições de Sempre. Nessa oportunidade, Berni apresentou *La difunta Correa*, trabalho considerado, na época, um *environment* de grandes dimensões. A obra consiste em uma pintura-colagem da Defunta amamentando seu filho (uma boneca de plástico) no deserto, rodeada por objetos do culto popular alusivos às graças pedidas: retratos fotográficos, muletas, gessos ortopédicos, garrafas com água, velas, flores e todo tipo de oferendas populares.

A crítica Rosa María Ravera descreve a instalação:

> Berni situa a cena num ambiente noturno inescrutável, onde o intenso azul do céu e a paisagem rarefeita são muda resposta ao trágico evento que se recorta claramente no primeiro plano [...]. Por sua vez, a horizontalidade da mulher insinua seu vínculo com a terra, com a

Antonio Berni, *La difunta Correa*, 1976, instalação. Exposição Creencias y Supersticiones de Siempre, Galeria Carmen Waugh, Buenos Aires, Argentina

Antonio Berni, *La difunta Correa*, 1976, instalação. Remontagem na retrospectiva do artista no Museo Nacional de Bellas Artes, Buenos Aires, Argentina, 1997 que irá se confundir em breve, sendo já seu cabelo una mata de ervas secas entre as pedras.[1]

A história da Defunta acontece no interior da Argentina. Em 1835, durante uma das tantas guerras civis, um paisano de sobrenome Bustos foi recrutado pelas *montoneras* de Facundo Quiroga e levado à força para La Rioja. Sua mulher, Deolinda Correa, em desespero, pegou o filho recém-nascido e seguiu as pegadas dos rebeldes. Dias depois, uns tropeiros a encontraram sobre um pequeno morro, morta de sede e cansaço. A criança, viva, ainda mamava no seu seio. Enterraram a mulher perto do Cemitério de Vallecito, na encosta da serra Pie de Palo.

A Defunta Correa era conhecida desde o fim do século XIX como uma alma boa que ajudava os tropeiros a encontrar o gado perdido. Seu culto transcendeu a região a partir do terremoto de San Juan (1944) e se expandiu pelo país por obra dos caminhoneiros, versão contemporânea dos tropeiros. Numerosos altares da Defunta proliferam pelas estradas e pelas ruas da cidade, com suas intermináveis oferendas de água.

Antonio Berni tinha desenvolvido desde a década de 1960 duas personagens arquetípicas dos arrabaldes portenhos: Juanito Laguna e Ramona.

Juanito – Joãozinho – é um personagem típico da América Latina: um menino de favela, que ganha a vida recolhendo lixo nas ruas, um menino muito pobre (não um pobre menino, como Berni faz questão de ressaltar). Juanito vive em cenários de lata e papel-cartão, de ferro-velho e sucata, sonhando com naves espaciais e brinquedos que nunca terá.

Ramona é uma mulher do interior que vai para a cidade grande em busca de fortuna e acaba se prostituindo. Rendas, sapatos, roupas vistosas, telas bordadas são os objetos que rodeiam Ramona.

---

1 Acessado em 6 jun 2007 e disponível em: www.diariodecuyo.com.ar/home/new_noticia.php?noticia_id=96574.

Nesse período, os primeiros meses do golpe de estado do general Videla, nasce a instalação *La difunta Correa*. Para Berni, a Defunta (como o Gauchito Gil)[2] é um dos novos mitos: o recurso ao velho fetichismo como forma de apoio e salvação individual. O fracasso das religiões, das ideologias e da democracia levaria o povo defraudado e explorado a buscar formas de restauração material e anímica. No desamparo, não encontram alternativa a não ser se refugiar em novas divindades protetoras. A Defunta Correa é apenas a imagem espelhada de sua própria miséria, de sua insegurança cotidiana.[3]

***

Conectado ao grupo H.I.J.O.S.,[4] o GAC (Grupo de Arte Callejero) organizou, no dia 20 de dezembro de 2002, uma procissão que percorreu os lugares onde foram assassinados, um ano antes, cinco jovens participantes dos distúrbios que aconteceram nas proximidades da Plaza de Mayo. Fizeram um percurso que partiu da Plaza de Mayo, passando por cada um dos cinco lugares onde caíram as vítimas, colocando no chão uma placa de 1 x 1,30 metro. com o nome da vítima e um altar. A partir dessa data, a *Homena-*

---

2 Antonio Mamerto Gil adquiriu seu caráter de divindade depois de ser assassinado pela polícia. Antes de ser executado, o Gauchito disse ao oficial palavras premonitórias. "Você vai me degolar, mas quando chegar em casa, junto com a notícia do meu perdão vão te dizer que teu filho está morrendo de doença má. Como vai derramar sangue inocente, invoca meu nome ante Deus, Nosso Senhor, pela vida de teu filho, porque o sangue do inocente faz milagres." A partir desse momento foi venerado, e seus altares se distribuem ao longo das ruas e das estradas da Argentina. O artista Sergio Gravier fez alguns altares nas ruas de Palermo Soho em 2003. É necessário destacar que, nos últimos anos, vários desses santos populares passaram a serem cultuados em altares construídos em bairros de classe média de Buenos Aires.

3 BERNI, A. Acessado em 8 jun 2007 e disponível em: http://www.paseosimaginarios.com/berni/obragrafica.htm. "Esa mujer muere inconsciente de su destino, de ser el símbolo del desamparo, el miedo y el terror. El pueblo, pueblo de abajo, le atribuye – porque inconscientemente así lo desea – el poder sobrenatural de protegerlos en la desdicha, la desgracia y el dolor. La muerte de la Correa no tiene nada de heroico, fue una fatalidad horrible como pudo ser la muerte por un rayo."

4 H.I.J.O.S. é um grupo integrado por filhos de desaparecidos, assassinados, exilados e ex-presos políticos durante a ditadura militar argentina que agrupa, também, outros jovens que se identificam com esses pontos básicos. Cf.: http://www.chez.com/hijosparis/hijos-puntos.htm.

Homenagem aos assassinados pela repressão policial na rebelião popular de 20 de dezembro de 2001, Buenos Aires, Argentina

gem aos assassinados pela repressão policial na rebelião popular de 20 de dezembro de 2001 (janeiro de 2002 – até hoje) é realizada nos dias 20 de cada mês. As placas, retiradas muitas vezes, como os altares, são recolocadas em cada homenagem. A intenção dessa ação é transformar o espaço físico de trânsito cotidiano em lugares carregados de significado, espaços para a memória e para a denúncia; deixar uma marca histórica no solo da cidade para que os pedestres participem da construção desse ritual.

O GAC propõe, ainda, que essa atividade seja apropriada por outros grupos de pessoas para ser repetida em todos os lugares onde se tenha cometido esse tipo de crime.

***

A ONG Rio de Paz, criada no início de 2007, logo após a onda de atentados que a cidade sofreu no final de 2006, vem organizando manifestações pela paz, que possuem um aspecto indubitavelmente "artístico".

As ações, realizadas em espaços centrais do Rio e de outras cidades – praia, praças, largos frente a edifícios públicos –, se caracterizam pela repetição de elementos alusivos à morte e aos seus rituais.

Assim, no dia 17 de março de 2012, voluntários da organização Rio de Paz fincaram setecentas cruzes de um metro de altura na areia da praia em frente ao Copacabana Palace. Usavam camisetas pretas e informaram que cada cruz representava uma vítima de violência no estado no decorrer do ano. Um mês depois, colocaram 1.300 rosas vermelhas nas areias da praia de Copacabana, na altura da avenida Princesa Isabel, para lembrar os mortos no estado desde o início do ano até aquele dia.

***

O artista suíço Thomas Hirschhorn construiu monumentos e altares perecíveis para seu panteão pessoal de heróis. São acumulações heterogêneas de imagens e textos, semeados de objetos *kitsch*, velas votivas, fotos, flores de plástico, bonequinhos. Os altares são colocados em lugares onde os homenageados poderiam ter morrido por acidente ou por azar: num canto qualquer à beira do passeio, na rua. Os passantes eventuais são convidados a testemunhar essas ações de comemoração particulares e ser inspirados por elas ou não. Hirschhorn dedicou quatro dessas peças a artistas como Otto Freundlich e Piet Mondrian e a escritores como Ingeborg Bachmann e Raymond Carver.

Os monumentos, dedicados aos filósofos admirados por Hirschhorn, combinam o aspecto devocional com o informativo. Até hoje foram feitos monumentos para Spinoza, Bataille e Deleuze e outro está planejado para Gramsci. Com exceção do de Bataille, cada monumento foi erguido no país de nascimento do filósofo, mas deslocado dos sítios oficiais. Assim, o de Spinoza está no distrito das luzes vermelhas em Amsterdã, o de Deleuze num bairro norte-africano em Avignon e o de Bataille numa vizinhança turca em Kassel. Esses deslocamentos parecem ser ajustes: o radicalismo do filósofo é igualado ao periférico de sua locação. Esse confronto sugere uma refuncionalização do monumento, que de uma estrutura unívoca que rasura os antagonismos passa a ser um arquivo subalterno, contra-hegemônico, que pode ser utilizado para articular diferenças.

***

O jovem escultor norte-americano Seth Wulsin – que vive na Argentina desde 2005 – finalizou um trabalho sobre as 48 janelas do pátio de recreação da Penitenciária de Caseros, Buenos Aires, inaugurada em 23 de abril de 1979, durante a ditadura de Jorge Rafael Videla. O edifício, que está sendo derrubado por ordem judicial, apresenta grandes janelas, cada uma composta por 209 círculos de vidro grosso. Ao eliminar alguns vidros da trama, o jogo de claro-escuro entre os espaços com e sem vidro forma rostos. Nas janelas do prédio, onde foram alojados presos políticos em condições desumanas durante o terrorismo de Estado, pode-se vislumbrar, de acordo com o reflexo do sol, uma série de semblantes humanos. Para vê-los, temos que nos movimentar ao longo dos paredões semidestruídos e, então, por um artifício de reflexos e sombras, as faces aparecem e desaparecem sutilmente. À medida que os andares da prisão foram derrubados, os rostos desapareceram junto com os muros.

***

No dia 30 de dezembro de 2004 se incendiou a boate República Cromañón, localizada no bairro do Once, em Buenos Aires. Provocado por um fogo de artifício quando a banda Callejeros tocava,

Altares populares, República Cromañón, 2003, Buenos Aires, Argentina o fogo propagou-se rapidamente ao chegar ao teto. O resultado foi 193 mortos, centenas de feridos, lesões físicas e traumas psicológicos.

Quase imediatamente, a boate e seus arredores se converteram em lugar de peregrinação e santuário. No primeiro dia do ano, o local, que já estava cheio de fotos, velas, flores e mensagens para as vítimas, logo se converteu num espaço de preces, o que foi incentivado pela missa que o bispo auxiliar de Buenos Aires, monsenhor Eduardo García, ofereceu. Desse santuário, que existe até hoje, partiu também a primeira das muitas marchas que familiares, amigos e vizinhos realizariam primeiramente como homenagem e depois como pedido de justiça.

***

O ato de sinalizar espontaneamente com objetos de afeto ou de culto os lugares onde houve mortes por acidente, assassinato ou desastres naturais já é um *tópos* comum à nossa cultura, cada vez mais ameaçada pela iminência de catástrofes. A utilização desses objetos – velas, flores, santinhos, cartas, bichos de pelúcia, próteses, roupas, tênis ou sapatos usados, fotos de identidade, de álbuns de casamento, de família, de férias – nos processos comemorativos das catástrofes contemporâneas vem apontando para uma apropriação comunitária da rememoração, antes delegada aos desígnios do poder. O monumento, ou altar, parece estar sempre em processo de construção e se expande horizontalmente por agregação de pequenos objetos ao redor do lugar da tragédia. Objetos-oferendas que aspiram a despertar a benevolência do ausente, objetos-relíquias que tocaram o corpo desaparecido, ou quase ex-votos, doados em troca das graças recebidas.

Esses recordatórios populares denotam, ao mesmo tempo, a premência de uma sinalização do lugar de memória e a falta de expectativas da população em manter essas memórias ativadas pela ação do poder constituído.

Paralelamente, alguns artistas realizam operações similares, propondo respostas alternativas para demandas de memória singulares. Os altares e monumentos de Antonio Berni, Thomas Hirschhorn, Seth Wulsin ou os rituais coletivos do GAC podem ser confrontados com instalações populares, como os altares da Defunta Correa e o santuário de Cromañón, em Buenos Aires, ou com ações efêmeras, como as recentes manifestações no Rio de Janeiro em decorrência da violência urbana. Ao refazer essas instalações, ao repetir essas ações, os artistas visam exaltar a consciência da própria massa anônima que age espontaneamente.

O movimento não é de mão única. Podemos perceber também a apropriação desses procedimentos artísticos pela comunidade. As ações da ONG Rio de Paz, roteirizadas e interpretadas com rigor, são exemplo disso. Do mesmo modo, na Argentina, várias assembleias populares refizeram alguns dos trabalhos do GAC durante as comemorações do golpe de 1976. Os vizinhos prepararam mapas que assinalavam as casas dos desaparecidos do bairro e, em procissão, percorreram o trajeto entre elas.

As ações, repetidas ou refeitas *ad infinitum* – *Homenagem aos assassinados pela repressão policial na rebelião popular de 20 de dezembro de 2001* do GAC ou as manifestações da ONG Rio de Paz –, ritualizam os acontecimentos rememorados ou denunciados. Seria importante ressaltar a permanência dessas estruturas rituais – procissões, cruzes, enterros, altares, oferendas – fora de qualquer referência mítica ou religiosa explícita.[5] A relação com os rituais do catolicismo, porém, é inevitável nesses casos. Os mecanismos de mapeamento dos lugares, de fixação das lembranças a locais específicos, seguidos da repetição do percurso ano após ano podem ser entendidos como a recriação de uma outra via-crúcis. Andar em procissão ou peregrinagem pelos locais do sofrimento e o escárnio contribuiria para o religamento (no sentido primeiro

---

5 PERNIOLA, M. *Pensando o ritual: Sexualidade, morte, mundo*. São Paulo: Livros Studio Nobel, 2000, p. 231.

da *religio*: *religare*) da vida atual com as memórias reprimidas da tortura, da violência e da morte. Essas ações, repetidas no tempo e no espaço, propiciariam a criação de mitos que deslocariam para o presente os resíduos do passado.

Mario Perniola, apoiado nas reflexões de Kierkegaard, aponta que, através da repetição, a vida passada retorna ao presente, mas, precisamente por isso, retorna diferente: "ao mesmo tempo determinada e única."[6] Na experiência da repetição, o diferente, o novo irromperia através de pequenos desvios, deslocamentos imperceptíveis, erros mínimos.

É nesse local que espreita o paradoxo. Segundo a etimologia ciceroniana, *religio* derivaria de *relegere*, reler. Uma releitura que não seria interpretação e compreensão do texto, mas uma interminável repetição mecânica de palavras e frases que visaria anular toda e qualquer significação. De acordo com essa vertente, a função da repetição não seria lembrar, mas esquecer.[7]

***

Os altares e os monumentos de Hirschhorn não admitem o espetáculo nem o cinismo e são, muitas vezes, impregnados de humor. Exaltam a figura e a obra de um personagem, mas abominam a ideia de panteão. Constroem espaços em que se mesclam objetos evocativos, imagens, textos, documentação de todo tipo e, muitas vezes, abrigam conferências e outras atividades relacionadas com a figura homenageada. Como afirma Patricia Falguières, "tudo o que um Estado já não pode fazer (já não há grandes homens, já não resta espaço público), o faz Hirschhorn, que põe mãos à obra. Monumentos de monumentos".[8] Espaços "populares", para uso

---

6 Ibidem, p. 30.

7 Ibidem, p. 231.

8 FALGUIÈRES, P. "Merzar el mundo". In: *United Nations Miniatura* (catálogo). Málaga: CAC Málaga, set-nov 2003, pp. 46 e 47.

público. Seu caráter supostamente caótico esconde a lógica de uma intenção precisa.

Se o monumento, como antes o altar, era a cristalização de um bem moral que o Estado situava como exemplo e guia – uma estrutura vertical imperecível, uma lição de quem "sabe" para quem deve "aprender" –, os novos monumentos exaltam a consciência da própria massa anônima que os constrói e os deixa morrer espontaneamente.

Cabe destacar que a tendência à horizontalidade nos lugares de recordação vem acontecendo a partir das últimas décadas do século XX. Seu marco poderia ser o Vietnan Veterans Memorial, de Maya Lin (1982). Os materiais mais nobres e duradouros – mármore, granito, bronze – expandem-se no sentido longitudinal e são muitas vezes substituídos por outros, menos usuais – chumbo, acrílico, madeira –, ou mesmo perecíveis.

Essas obras alentam duas intenções: reivindicam as memórias e tomam posse do espaço público como potência de significação. A especulação do solo, a ocupação das redes viárias e o emprego massivo do automóvel, o confinamento dos cidadãos em seu lar frente à tela da TV, o descaso das autoridades deterioraram o espaço público. Essas intervenções propõem renová-lo; refazer a arte como elemento de encontro coletivo, reivindicar as praças como locais de informação, de discussão e de interação. Na rua, as obras enunciam argumentos fundamentais para iniciar um debate, para "reclamar o mundo", para ressignificar o tempo e o espaço.

***

Os primeiros sintomas desse desejo de ressignificação no campo da arte contemporânea já podiam ser mapeados no livro *The Reenchantment of Art*, 1991, de Suzi Gablik. Gablik diagnostica o desgaste da estética modernista – baseada no isolamento, no desengajamento e na pureza – e propõe, para as próximas décadas, uma arte essencialmente social que rejeite qualquer aspiração de neutralidade e autonomia. Para ela, a agenda da arte seria recuperar um subtexto de responsabilidade, extraviado nos modelos estéticos modernistas, e ir além da dissociação entre o estético e o social.[9] Muitos artistas estariam preocupados com a criação de práticas que enfatizassem a essencial interconexão humana ou que evocassem o sentimento de pertencimento a uma totalidade maior. Fundamentalmente, já não veriam a arte como um espaço de luta pela liberdade individual de expressão.

No ensaio "Notes on Abstraction" (1987), Peter Halley lembra que os artistas dos anos 1970 acreditavam no nascimento de uma cultura pós-capitalista, na qual a arte como mercadoria seria substituída por ações transgressoras – *performance* e *site-specific* – que não redundariam em objetos colecionáveis. Ele postula que, pelo contrário, esses anos não representaram o florescer de uma nova consciência, mas a derradeira voz da velha autonomia idealista.[10] "Depois disso nenhuma expressão cultural estaria fora do sistema de consumo: um mundo cristalino que responde apenas aos imperativos numéricos, à manipulação formal e aos controles econômicos."[11]

Para Halley, seriam necessárias ações políticas de deriva ou de suspensão: *ações de retaguarda*. Elas visariam alimentar a cultura com aquilo que é sem valor: ideias excêntricas que parecem inócuas e que, por isso, não são notadas nem apropriadas pela mídia, ideias duvidosas que não investem no estatuto da veracidade e, por isso, não são prejudicadas quando manipuladas, ideias niilistas, repudiadas por serem depressivas em excesso. O *retaguardismo* não seria apenas a rejeição da revolução, mas sobretudo a desconstrução da ideia da revolução.[12]

Ideias niilistas, depressivas em excesso? Poderíamos considerar assim esses monumentos, esses rituais? Seriam ações de reta-

---

9 GABLIK, S. *The Reenchantment of Art*. Nova York: Thames and Hudson, 1991, p. 5.

10 HALLEY, P. "Notes on Abstraction", Arts Magazine, Nova York, v. 61, jun / verão 1987. Disponível em http://www.peterhalley.com. Acessado em 29 ago 2007.

11 Idem.

12 GABLIK, S., *op. cit.*, p. 18.

guarda esses atos de luto infinitamente repetidos, insuportáveis para uma sociedade, que não escreve epitáfios, que não levanta lápides, que expulsou para fora dos limites de suas cidades a presença dos ausentes?

Os rostos que Seth Wulsin esculpiu ao longo de muitos meses, nas vidraças da penitenciária infame, desapareceram junto com os últimos escombros. Cintilaram um momento sob o sol da tarde, mas já não existem. Do altar para Raymond Carver restam algumas fotografias – talvez menos que as arquivadas nos computadores dos jornais brasileiros, mostrando as ações da ONG Rio da Paz. O santuário de Cromañón ainda está lá, se arruinando no tempo. No final da Juan B. Justo, do lado dos galpões vazios, um altar do Gauchito Gil persiste e se estende sobre o passeio imundo. Na estrada de terra entre Biribiri e Diamantina, uma cruz de madeira anônima se confunde com o amarelo queimado da paisagem. A intempérie devorou todas as cores – das flores de papel aos santos de gesso. Também apagou os nomes.

Não deveríamos nos alarmar, a Defunta Correa, a de Berni, abandonada por décadas num depósito, está agora muito bem conservada na coleção de Amália Lacroze Fortabat, a dona de Olavarría, que construiu seu museu em Puerto Madero. Mas a Defunta Correa, a de Berni, ela nunca esteve em rua nenhuma.

Texto originalmente publicado em: ANDRÉS RIBEIRO. *Marília,* RIBEIRO FREIRE; *Luiz Alberto (orgs.). Anais do* XXVII *Colóquio do Comitê Brasileiro de História da Arte. Belo Horizonte: C/Arte, 2008*

Água e memória: histórias de espectros

> E se somos de fato em parte sinônimo de água, que é plenamente sinônimo de tempo, então nosso sentimento em relação a este lugar melhora o futuro, contribui para esse Adriático ou Atlântico de tempo que armazena nossos reflexos para quando tivermos partido há muito. A partir deles, como a partir de retratos em sépia desgastados, o tempo talvez será capaz de fazer de modo semelhante a uma colagem, uma versão do futuro melhor do que seria sem eles.[1]
>
> JOSEPH BRODSKY

Enamorado de Veneza, Joseph Brodsky sugere que o principal traço estilístico do mundo seria a água, porque o pensamento tem como modelo a água: "Assim se da com a escrita de uma pessoa; com as emoções; com o sangue."[2] Estas obras – à beira da água, sobre a água, na água – reinventam a relação entre a paisagem e a memória e, apesar de serem marcos do memorável, o ocultam, escamoteiam, subvertem. Metonímias – precisas ou imprecisas, perduráveis ou efêmeras – nos envolvem numa trama em que atuam como detonadoras de histórias, de perguntas sem resposta, de advertências, de ameaças.

No canal de San Cristoforo, que une Veneza a Murano, está a ilha de San Michele. A ilha, cingida por um muro de tijolos ver-

---

1 BRODSKY, J. *Marca-d'água*. São Paulo: Cosac Naify, 2006, pp. 81 e 82.
2 Ibidem, p. 82.

melhos que deixa aparecer apenas os cumes dos ciprestes e se interrompe entre a igreja e a capela de mesmo nome, de fachadas muito brancas, acolhe o cemitério de Veneza. Sobre a água, não muito longe da porta principal, flutua uma barca na qual Dante e Virgílio se aproximam da cidade dos mortos. O monumento de bronze, que participou da 52ª Bienal de Veneza (2007), é de Georgy Frangulyan, escultor russo de origem armênia.

Reluzentes ao sol, quase invisíveis nas névoas da manhã, os poetas navegam em direção a uma ilha a que nunca chegarão. Imagens espectrais que permanecem, que retornam, uma e outra vez, para encontrar seus mensageiros: os que escutarão as palavras pronunciadas pelos espectros e as repetirão para os que não sabem escutá-las. A imagem rarefeita da escultura de bronze se adivinha desde o *vaporetto*. Nunca está próxima, jamais vemos os detalhes dos rostos, das vestes; somente as sombras que derivam, próximas e distantes, às portas da cidade dos mortos.

I. À BEIRA DA ÁGUA

PARTIGIANAS

"'Como veem, a minha não é uma história – diz Lina Berion, estafeta de Pádua torturada no Palazzo Giusti –, mas um pequeno episódio sem valor.'

"'Estas pobres páginas não têm mais que uma virtude – afirma Mirelia Tamassia –, são rigorosamente verdadeiras. Vida vivida e vivida com muitas lágrimas.'

"Ida D'Este confia à escritura a necessidade de afirmar a verdade não só contra as pesadas e odiosas críticas dos adversários políticos, mas também dos homens do seu partido, que duvidavam de sua prisão no Lager di Bolzano.

"Giovanna Zangrandi intitula seu relato autobiográfico sobre a experiência da resistência, *Os dias verdadeiros*, e adverte no prefácio: 'Pessoas, lugares, acontecimentos, palavras narradas neste diário são verdadeiras, não se trata de uma reconstrução romanceada.'

"O livro de Zangrandi é publicado em 1962, ano da retomada da narrativa sobre a Segunda Guerra Mundial; ano no qual sente a premência do testemunho: 'chega de silêncio, certas experiências não devem ser perdidas. Agora é o tempo de falar'. No lançamento do livro reivindicará: 'politicamente é humilde, mas é claro e é o meu reposicionamento', convencida de que 'da crua limpeza da realidade saísse um testemunho e uma moral' ignorada pelos jovens. Para os jovens, sobretudo, tinha recuperado seu diário, para aqueles jovens dos anos 1960, ignorantes do passado e pouco atentos ao retorno do fascismo no presente."[3]

Em Veneza, na Riva dei Sette Martiri,[4] ao olhar para as águas da Laguna, vemos, debruçado sobre um laivo de praia, à mercê das marés, o corpo de uma mulher. A água bate uma e outra vez sobre seus cabelos desgrenhados, sobre suas roupas gastas.

O *Monumento alla Partigiana Veneta* é um dos mais intrigantes monumentos do século XX e o mais oculto: a mulher nos é mostrada no seu momento de maior desamparo, de maior solidão: um cadáver que o mar depositou na areia, quem sabe quando. As águas turvas da Laguna expulsaram de suas entranhas esse corpo morto, mas ninguém o reclamou: largado na areia, o corpo de bronze não se decomporá nunca.

Na maré alta, o corpo abandonado fica submerso sob as águas verdes. Na maré baixa, à luz do sol, se estende longamente sobre os degraus de pedra. Permanecerá sempre exposto – no frio da noite, no sol do meio-dia –, varrido pelas ondas inconstantes. Mas continua a ser o corpo de uma mulher e nenhuma outra imagem pode contar melhor essa história escamoteada.

---

3 SEGA, M. T. "Passaggi di memoria. Le donne, la Resistenza, la storia", *Venetica. Rivista di storia contemporanea*, 2005. Disponível em www.italia-liberazione.it/ita/doc/Passaggi di memoria.doc.

4 Durante a Segunda Guerra Mundial aconteceu nesse lugar um episódio trágico contra as forças *partigianas*. Depois do desaparecimento de um soldado alemão, o alto-comando decidiu executar, como retaliação, sete prisioneiros políticos. Em 3 de agosto de 1944, os invasores convocaram a população para assistir ao fuzilamento. Com o fim do regime fascista e a constituição da República italiana, a prefeitura de Veneza mudou o nome da antiga Riva dell'Imperio para o de Riva dei Sette Martiri.

Augusto Murer e Carlo Scarpa, *Monumento alla Partigiana Veneta*, 1969, Veneza, Itália

O *Monumento alla Partigiana Veneta*, de Augusto Murer (1922-1985) e Carlo Scarpa (1906-1978), foi inaugurado em 1969 em substituição ao monumento do mesmo nome, de Leoncillo Leonardi (1915-1968), de 1957, em terracota policromada, que fora destruído em 1961 durante um atentado fascista.

Ao conhecer a escultura de Murer, primeiro lugar no concurso realizado em 1964, Scarpa decide colocá-la num nível inferior ao do observador. Para isso, concebe um caixote flutuante de ferro e cimento revestido com placas de cobre sobre o qual apoia a figura jacente, de modo que a estátua apareça quase deitada sobre a superfície da água, liberada ao movimento das ondas. Da borda da Riva, uma interrupção no muro deixa o passante entrar no monumento, descendo por várias pilastras em concreto e pedra de Ístria, de seção quadrada e alturas variáveis, que vão em direção à Laguna. Scarpa quer que o monumento participe "dos acontecimentos como um elemento vivo da cidade. A oscilação das marés e o movimento contínuo das águas provocarão surgimentos e desaparições...".[5]

Graciela Silvestri conclui seu ensaio "La presencia del ausente. Problemas de la representación pública en las artes plásticas"[6] com a análise da *Partigiana*, que interpreta como uma obra pertencente a um período em que a arte "renegava a forma para submergir na vida"[7] Para a arquiteta, a obra se oporia totalmente aos monumentos tradicionais, pois não está à altura da vista, em movimento ascendente para o céu, mas só se percebe ao descer o olhar até a beira da água, de onde surge num "estranho equilíbrio entre permanência e dissolução".[8] No projeto de Murer e Scarpa, o formalismo

---

5 SCARPA, C. "Base for the 'Partigiana' by Augusto Murer". Disponível em: http://www.mimoa.nl/projects/Italy/Venice.

6 SILVESTRI, G. "La presencia del ausente. Problemas de la representación pública en las artes plásticas". Disponível em: http://www. bazaramericano.com.

7 Idem.

8 Idem.

modernista parece recuar, "instável, dependente dos elementos mínimos, como se não quisesse nem pudesse impor sua violência".[9] Ante a *Partigiana*, a síntese formal não acontecerá jamais; ante ela, somente nos depararemos com ambiguidade e obscuridade: o desconsolo de um trabalho de luto que nunca acaba.

O cadáver está aí, apesar dos esforços da maré para ocultá-lo, continuaremos sabendo que é esse o lugar em que permanece, como tantos outros permaneceram. O discurso estético de Murer e Scarpa atravessa o discurso político e aponta para o problema da representação literal da memória dos vencidos. Em 1968, em plena crise da representação, o monumento aposta em um conceito de representação que parecia extinto para sempre. Aborda, porém, uma questão urgente: a de manter ativas as lembranças de um passado que ameaça o presente.

Símbolo de dor e sacrifício, a *Partigiana* testemunha, também, uma advertência ante o panorama político dos anos 1960 na Itália: a exigência de ativar a memória das mulheres que se engajaram na resistência contra o fascismo daria resposta à ameaça do ressurgimento do fascismo, ideologia que se pensava derrotada para sempre.

II. SOBRE A ÁGUA

PABLO MÍGUEZ: TESTEMUNHO DE LILA PASTORIZA, SOBREVIVENTE DA ESMA (ESCUELA SUPERIOR DE MECÁNICA DE LA ARMADA)

"Pablo Míguez foi um adolescente de 14 anos sequestrado em 12 de maio de 1977, de madrugada, em uma casa de Avellaneda, província de Buenos Aires. Foi levado com sua mãe, Irma Beatriz Sayago, ou Violeta, e Jorge Antonio Capello, seu companheiro. Pablo passou vários meses no Vesúvio[10] e, seguramente depois de 10 de agosto de 1977, foi levado à ESMA,[11] disse Lila, onde esteve por aproximadamente um mês e meio, ao lado de Lila, escutando os gritos da sala de torturas. Pablo pedia – disse – que o levas-

---

9 Idem.

10 Um dos centros clandestinos de detenção durante a ditadura militar na Argentina, 1976-83.

11 Centro clandestino de detenção.

sem com seu pai, que não era militante político. Contou também que, no Vesúvio, podia andar por aí, mas não sabia por quê. Não pôde se despedir de sua mãe. Lila relatou que um dia ele lhe disse 'Lá matam a gente' e concluiu: 'Era um garoto muito alegre, tremendamente vivaz.'"[12]

Em Buenos Aires, no Parque de la Memoria, distante 60 metros da costa do Río de la Plata, levanta-se o monumento *Reconstrucción del retrato de Pablo Míguez*, de Claudia Fontes. Ancorado a uma plataforma flutuante no rio, de modo tal que as ondas lhe emprestam um leve balanço, uma escultura de aço inox de corpo inteiro do jovem desaparecido surge sobre as águas, como uma miragem ou um espectro. Longínqua, a imagem de Pablo Míguez se levanta, sobre a pele das ondas, de cara para o horizonte: às vezes se desvanece entre os reflexos do sol na água, outras é uma sombra obscura à procura de justiça.

Pablo Míguez foi sequestrado, torturado e assassinado aos 14 anos de idade, durante a última ditadura militar na Argentina. A artista, que não o conheceu, escolheu lembrá-lo porque Pablo nasceu no mesmo ano que ela.

O trabalho de Claudia Fontes foi minucioso; era essencial para ela reconstruir o retrato do jovem. Como não havia imagens de Pablo do tempo de seu desaparecimento, Claudia fez uma pesquisa com a ajuda de diversos programas usados em antropologia forense para deduzir informações tridimensionais a partir das imagens bidimensionais; utilizou também referências de diversos corpos para a reconstrução da imagem perdida. A posição da escultura, de costas para o espectador, foi tomada de uma foto do pai de Pablo quando tinha a idade do filho desaparecido. O pai doou – como se doa um órgão – uma imagem de sua própria infância para reconstruir a imagem extraviada do filho.

O rosto de Pablo, o corpo e a atitude foram representados e materializados de modo preciso para que a escultura fosse o mais semelhante possível à aparência do adolescente vivo. Paradoxalmente,

12 Testemunho de Lilia Pastoriza. *Página 12*, Buenos Aires, 24 de mar 1998.

Claudia Fontes, monumento *Reconstrucción del retrato de Pablo Míguez*, 2009, Buenos Aires, Argentina essa semelhança não pode ser verificada pelos espectadores, já que a contemplação da imagem está interditada pela sua posição de costas para o mirante e pela sua locação definitiva a 60 metros da costa.

Para Claudia Fontes, as pessoas desaparecidas estão, de alguma maneira, presentes, "mas nós somos proibidos de vê-las".[13] Essa é a figura de *páthos* da obra: vemos, podemos ver a imagem subtraída de Pablo Míguez porque acreditamos. Nesse quase nada de reflexos e de névoas, à beira do rio, ele aparece porque desejamos seu aparecimento. A imagem longínqua e fugidia de um corpo ausente entrelaça memória e história com ficção, ética com estética, esquecimento com lembrança. Ao penetrar no território da memória, do que já não é mais visível, desvelamos os invisíveis que reverberam ante nosso olhar.

> Participo deste concurso com este projeto porque anseio recordar que o dia 12 de maio de 1977, às 3 da manhã, Pablo Míguez, de quatorze anos de idade, foi privado de sua liberdade e de seu futuro...[14]

O parágrafo anterior, extraído do projeto apresentado para o Concurso de Esculturas "Parque de la Memoria", aprovado pelos legisladores de Buenos Aires em 1998, mostra a ênfase que a artista coloca sobre sua própria memória recuperada – ela também tinha 14 anos quando Pablo foi sequestrado e não sabia ou não lembrava do acontecido na época. Como sua própria infância, Pablo lhe dá as costas, ele está longe, olhando para o mar. Pablo Míguez, *non unum, sed multa*, é agora um clarão ocasional sobre o Río de la Plata, um lampejo melancólico na memória dos outros, uma imagem desidentificada que se pôde identificar através de vestígios. A *Reconstrucción del retrato de Pablo Míguez*, como um farol apagado, advertiria qualquer viajante desprevenido sobre as coisas que aconteceram deste lado do rio.

---

13 FONTES, C. *apud* ROSSI, C. *et alii*. In: Concurso de Esculturas "Parque de la Memoria". Buenos Aires: Eudeba / Comisión Monumento a las Víctimas del Terrorismo de Estado, 2000, p. 250.

14 Idem.

III. NA ÁGUA

BAS JAN ADER

> Bas Jan Ader nasceu na Holanda, em 1942. Seu pai foi executado pelos nazistas por ajudar refugiados judeus quando Ader tinha dois anos. Estudante rebelde, ele fracassou no curso de arte da Rietveld Academy. Seu amigo Ger van Elk lembra que ele usava uma folha de papel o semestre todo, apagando seus desenhos depois que estavam prontos. Em 1970, começou seu primeiro filme de queda que o mostrava sentado numa cadeira caindo do segundo andar de sua casa.
>
> Em 1975, Ader embarcou no que ele chamou de "uma viagem de barco muito longa". Essa viagem seria parte central de um tríptico chamado *À procura do maravilhoso*: a perigosa tentativa de cruzar o Atlântico num barco a vela de 12 ½ pés. Seis meses depois de sua partida, seu barco foi encontrado semisubmerso na costa da Irlanda. Bas Jan havia desaparecido.[15]

Ante nossos olhos, estende-se uma ampla superfície obscura e inundada, onde charcos lodosos alternam com plantas rasteiras e musgos aquáticos. Às vezes, delicadas garças-brancas a sobrevoam e se detêm sobre a lama negra. No Giardino delle Vergini, no final do Arsenale, durante a 53ª Bienal de Veneza, 2009, parte dos canteiros simétricos do jardim francês cedem lugar a um pântano. Uma "arca de tumbas extraviadas",[16] *Momentary Monument (Swamp)* – Monumento Transitório (Pântano) –, de Lara Favaretto, evoca os espectros de pessoas perdidas, pessoas cujo destino final se desconhece e não há tumba nem lápide que lembre seu lugar de repouso.

Para criar esse pântano, Favaretto espalhou turfa, areia vulcânica, material vegetal em decomposição, ferro, madeira e água, num prado arado no Giardino delle Vergini. Esse pedaço do terreno

---

15 FAVARETTO, L. *Momentary Monument (The Swamp)*. Berlim: Archive Books, 2010, p. 374.

16 VERZOTTI, G. "Lara Favaretto", *ArtForum*. Acessado em 21 out 2009 e disponível em: http://findarticles.com/p/articles/mi_m0268/is_9_42/ai_n6081703/.

inundado, informe, em decomposição – tão úmido e desordenado contra a relva aparada do Giardino – seria para a artista:

> Um cemitério. Uma paisagem que é um tesouro de tumbas vazias, onde os enterrados e os mortos permanecem sem nome, sobrevivendo numa simbiose de mistério e desejo, de salvação e perdição, de refúgio e resignação.[17]

A obra de Favaretto remove a paisagem construída e coloca no seu lugar outra: o pântano, o aspeto primordial da paisagem veneziana. O pântano – *a ciénaga, a palude, le marais, the swamp, das Moor* – é o lugar onde a natureza prolifera e se afunda; nem terra nem água; um reino intermediário de miasmas e animálias, de lodo original no qual tudo cresce, rasteja, afunda, apodrece.

Oposto tanto à verticalidade ameaçadora do bosque quanto à natureza ordenada do jardim, o pântano é o obscuro, o inelutável, a morada das almas extraviadas, o repouso dos corpos silenciados. A febre e a loucura rondam seus abismos úmidos onde corpo e mente, enfraquecidos, sucumbem ao chamado das profundezas. O pântano é lento, paciente e repetitivo; é um espaço perturbado que permanece o mesmo enquanto muda; que pode desorientar e ofuscar. Pode ser, porém, um lugar encantado, um lugar enfeitiçado, o jardim de um palácio real, ou um vulcão que exsuda cinzas do centro de um deserto aquático.

Negado pela cultura como lugar prístino de origem, o pântano aponta para um final onde a matéria animal e vegetal se metamorfoseia, desmancha-se e renasce outra. Por isso, todo pântano tem que ser corrigido, drenado, canalizado. Separam-se as águas da terra, cria-se um lago, um córrego, estende-se uma ponte. Porque, na imaginação humana, esse lugar de sombras e de eflúvios tem que ser exterminado, excluído, apagado de qualquer paisagem. Sobre esses pântanos, os homens constroem jardins que, ao

---

17 Idem.

Momentary Monument (Swamp), 2009,
Lara Favaretto, Veneza, Itália

se afastarem da natureza natural, criam a paisagem para torná-la cenário de fantasias que se incorporam ao mundo natural como se dele fossem parte.

Ambrose Bierce e Antoine de Saint-Exupéry, escritores; Bas Jan Ader, artista; Christopher Johnson McCandless, viajante; Bobby Fisher, campeão de xadrez; François Villon, poeta; Glenn Miller, músico... Mesmo que a artista faça uma longa lista dos rememorados no monumento, ele parece ser a metáfora perfeita para os desaparecimento nas catástrofes do século XX.

Momentary Monument (Swamp), paisagem criada no Giardino delle Vergini, é também um espectro que emerge do passado através de infindáveis e antigos relatos. Evocaremos apenas dois: o pântano de Grendel, descrito em *Beowulf* como refúgio dos monstros – um lugar onde nada nem ninguém deixa rastros –, mas, sobretudo, o Styx ou Estige, rio da invulnerabilidade, um dos rios do Inferno que, de acordo com a mitologia grega, se estendia por nove amplos meandros que formavam um pântano – a laguna Stigia – que deveria ser atravessado para chegar ao Hades.

Na *Divina comédia*, Dante transforma o Estige e seu pântano no quinto círculo do Inferno, onde são precipitados os coléricos e os indolentes. Esse pântano também impregna com suas fétidas exalações a cidade de Dite. No Canto IX do Inferno, ao chegar à cidade, o poeta atravessa o Estige e evoca o pântano:

Questa palude che 'gran puzzo spira
cigne dintorno la città dolente
u'non potemo intrare ormai sanz'ira.[18]

Dite, a cidade no centro do pântano, o sexto círculo do Inferno, é um cemitério abandonado, uma cidade povoada somente por

---

18 "Este pântano que horrível odor exala / Rodeia à cidade dolente / Onde já não podemos entrar sem ira." [tradução livre] ALIGHIERI, D. "Inferno". In: *Divina Commedia*. Florença: La nuova Italia Editrice, 1963, p. 103.

mortos, iluminada pelas labaredas que saem dos sepulcros profanados. Nada se vê através da fumaça, apenas escutam-se os lamentos dos hereges, dos que não acreditavam na vida depois da morte. No Inferno, Dante cria a analogia entre o pecado e a punição (*contrapathos*): os que negaram a existência de vida depois da morte permanecerão eternamente mortos entre os mortos.

Como o pântano de Dante, o pântano de Favaretto encerra um cemitério onde vagam já não as almas dos hereges, mas as almas dos transgressores, dos que se aventuraram ao desconhecido, dos que não aceitaram morrer na cama, dos que desapareceram em prol de uma utopia. Para a artista, porém, o pântano é também um arquivo de desejos irrealizados, no qual os mortos continuam protegendo seus sonhos e os nossos, onde podemos imaginá-los envelhecendo numa espécie de vida na morte. O que une esses seres é quase uma heresia: o desejo de uma vida que os precipite na aniquilação sem restos, sem um corpo para enterrar. A ausência do corpo adia o luto e deixa sempre um espaço para as dúvidas, alimenta a esperança de que os desaparecidos continuariam a viver em algum lugar, perdidos, amnésicos. Favaretto dá a eles um lugar de repouso.

A artista diz ter submergido no lodo do pântano, na putrefação constante que se dissemina sob sua superfície inundada, alguns objetos que discutissem a relação com o tempo e suas mudanças. Esses objetos estariam impregnados por ideias de desilusão, de esquecimento, de fantasias tão vívidas que se sentiriam como reais, de vida eterna, de possibilidade de restaurar o mundo cambiante ou de reencantá-lo.

Para Lara Favaretto:

> O pântano oscila entre o patético e o trágico à procura de uma nova maneira de agir sobre a realidade . É uma forma de demência vista como uma linguagem que investiga o sentimental. A laguna dos insanos, o cemitério subterrâneo ou submerso. Um arquivo de documentos escritos em caracteres tão obscuros que parecem rabiscos.[19]

---

19 FAVARETTO, L., *op. cit.*, p. 2.

Na exposição Out Of It, 2010, na Klosterfelde Galerie, Berlim, Lara Favaretto mostrou três instalações que evocam as pessoas desaparecidas e um livro de artista intitulado *Momentary Monument*, que documenta e amplia o trabalho realizado em Veneza.

Esse volume consta de três partes. A primeira é um prólogo escrito pela artista em que explica como um pântano é criado. A parte central, em oito capítulos, relata as histórias de vinte desaparecidos e descreve a passagem através do pântano. Finalmente, o epílogo é "A desaparição da desaparição", escrito por Chris Sharp. No anexo, entre outros textos e fotos, Lara Favaretto inclui uma longa lista de quase quatrocentos desaparecidos. Pessoas que queriam renascer ou que queriam escapar ou que queriam desaparecer ou que desapareceram sem querer.

O livro é uma das formas mais consagradas de arquivar a memória. O pântano é "um arquivo de documentos escritos em caracteres tão obscuros que parecem rabiscos"; o livro não decodifica os rabiscos, agrega, porém, outros ao arquivo daqueles que procuraram a solidão ou dos que foram obrigados a ela.

O pântano e o livro coexistem na memória. Por um tempo, a desordem da lama primordial, substrato inquieto da vida em expansão, se impôs sobre a ordem paisagística do Giardino delle Vergini. Com a conclusão da Bienal, o pântano desaparecerá e a terra, arada de novo, voltará a abrigar o jardim francês (camadas de pântanos e jardins construídos e destruídos sobre a terra inundada das ilhas venezianas). O livro não perpetua a existência do pântano nem de seu tesouro de tumbas alegóricas; no livro, a linha-d'água traça uma escritura finita (ou interminável) que enumera e relata as vidas dos desaparecidos nas páginas-sepulcros. Podemos somar, aos que Favaretto reúne, tantos outros: Ofelia Giugni, Erminia Mattarelli, Enrichetta Cabassa, *partigianas* mortas pelos fascistas, Pablo Míguez, sua mãe, seus companheiros...

O pântano de Lara Favaretto, jardim às avessas, simulacro da natureza intocada, território pronto para a proliferação e o desvanecimento, efêmero e interminável, limitado e infinito, guarda em si o germe do perecível, um ponto de corrupção e de morte. Antijardim, contrapaisagem, o *Monumento momentâneo*, habitado por lembranças espectrais, é receptáculo e arquivo da memória: uma paisagem construída como simulacro da paisagem originária.

***

Desde tempos longínquos, as fontes elevam as águas em direção ao céu ou as despenham em rumorosas cascatas. A água é fonte de vida, alimento precioso que renova terra e ar em celebrações intermináveis. Nas obras de Murer e Scarpa, de Fontes e de Favaretto, porém, a água permanece no seu estado natural: lenta e constante na Riva dei Sette Martiri, lodosa no Río de la Plata, imóvel no falso pântano. Essas águas não celebram a vida, mas mitigam a dor da morte porque propiciam aparições súbitas de imagens espectrais. Giorgio Agamben, falando também de Veneza, acredita que o espectro "é um morto que de pronto aparece [...] envia sinais, às vezes fala, mas nem sempre de modo inteligível".[20] O espectro seria o estágio que segue a morte e a decomposição do cadáver, feito, de acordo com o filósofo, de marcas – *segnature* –, signos, cifras, datas, tudo o que o tempo deixa sobre os seres e os objetos.

Estas obras – à beira da água, sobre a água, na água – surgem como os espectros. Materializadas em bronze, aço, turfa e lodo, fazem visível a presença dos vencidos para aqueles que não querem, não sabem ou não podem vê-los.

Texto originalmente publicado em: VIEIRA, *Elisa Maria Amorim;* CORNELSEN, *Elcio Loureiro;* SILVA, *Márcio Seligmann (orgs.).* Imagem e memória. *Belo Horizonte: FALE/UFMG, 2012.*

---

20 AGAMBEN, G. *Desnudez*. Buenos Aires: Adriana Hidalgo, 2011, p. 56.

V ESPAÇOS DA MEMÓRIA

A cidade escondida: lembranças de Brasília

Para Alexis

O PAÍS DESCOBERTO

Sobre a cabeça, os aviões
Sob os meus pés, os caminhões
Aponta contra os chapadões, meu nariz

CAETANO VELOSO

Quando cheguei ao Brasil, em 1975, meus novos amigos brasileiros me repetiam uma pergunta estranha: "Quem descobriu a Argentina?" Sem saber o que responder, perdia-me em inúteis explicações. Insistia que meu país tinha se conformado, durante o século XIX, num turbilhão de lutas fratricidas a partir da fragmentação do Vice-reinado do Río de la Plata. Escutavam atentamente, mas, logo depois, voltavam a me perguntar: "Mas quem descobriu a Argentina?" Então, para me esquivar do assunto, falava vagamente de Juan Díaz de Solís, devorado pelos índios charruas nas margens do Río de la Plata, porque assim a conversa mudava rapidamente de tema e terminávamos nos entendendo através da história do bispo Sardinha, igualmente comido na costa das Alagoas pelos índios caetés.

A ideia de uma Argentina preexistente, anterior à conquista e à colonização, não encontrava lugar no meu imaginário nem no de nenhum argentino de minha geração, impregnados, desde a escola primária, pelos heroicos relatos da história oficial. Quando éramos crianças, tínhamos aprendido que a Argentina havia sido construída, depois das guerras da independência e da unificação, com muito derramamento de sangue crioulo e grandes aluviões de imigração europeia.

Levou bastante tempo para eu entender e aceitar a poderosa narrativa de origem que marca, para os brasileiros, a data precisa do nascimento do país, 22 de abril de 1500.

> Numa bela manhã de abril de 1500, a imponente frota de caravelas portuguesas que viajava para o Oriente, pelo caminho aberto dois anos antes por Vasco da Gama, viu o perfil arredondado de um morro do lado oeste. O Capitão-mor da expedição dá ordem de parar e aproximar-se da costa desconhecida. Ao findar do dia – a 22 de abril – seus navios estavam ancorados em magnífico porto natural, em uma terra selvagem de vegetação luxuriante: na praia, homens e mulheres, nus, armados de arco e flecha, se reúnem e se aglomeram, estupefatos com o espetáculo inaudito. [...] Pedro Álvares Cabral, o Grande Capitão, tomou posse da terra em nome do Rei de Portugal e mandou celebrar uma missa pelo superior dos franciscanos que levava consigo para conversão dos pagãos orientais; erigiu uma grande cruz de madeira que mandara cortar ali mesmo com um machado de ferro, objeto da admiração e da curiosidade imensa dos indígenas, que ainda estavam na Idade da Ppedra, e oito dias mais tarde, se fez ao mar, retomando o caminho de Calicute. Malabar, Índia, seu ponto de destino.[1]

Essa narração não pertence a um livro escolar, mas ao texto que o crítico de arte Mário Pedrosa escreveu como apresentação para o catálogo da exposição de arquitetura brasileira "Do barroco a Brasília", realizada em 1959 no Museu de Arte Moderna de Tóquio. Para o crítico, assim como para o imaginário nacional, parece perdurar até hoje essa ficção que marca a origem do Brasil, apoiada pela carta de

---

1 PEDROSA, M. *Dos murais de Portinari aos espaços de Brasília*. In: AMARAL, A. (org.) São Paulo: Perspectiva, 1981, p. 321.

Pero Vaz de Caminha ao rei de Portugal, narrando o descobrimento e descrevendo as belezas e as riquezas naturais da nova terra.

Tudo está anunciado nesse relato: o descobrimento fortuito, a exploração da terra e da beleza dos nativos e nativas, o desprezo por seu primitivismo, a superioridade tecnológica dos portugueses, a evangelização, o abandono.

Na narrativa de Pedrosa, o Brasil, "à diferença dos seus vizinhos do outro lado dos Andes, o Peru e os países adjacentes, e também do México, na América do Norte",[2] não tinha uma história anterior à chegada dos europeus, e se a tem, é insignificante. Porque no Brasil tudo é novo e importado do outro lado do mar. "Sendo nova, sendo vasta, não havendo no seu solo senão a virgindade do mato e do solo [...], a América se fez com essas transplantações maciças de culturas vindas de fora...".[3]

A partir desses postulados, o crítico define o Brasil como um país "condenado ao moderno". O moderno, o novo, para Pedrosa, estaria determinado, entre outros fatos, por essa presumida ausência de tradições vernáculas e pela opulenta disseminação da arte barroca, "a arte de 'vanguarda' da Europa de então",[4] através das missões jesuítas. Essa arte proliferaria em frutos vigorosos até a infeliz imposição do neoclássico, "uma arte fria, inteiramente importada".[5]

A *boutade* (repetida em vários outros textos) de definir o Brasil como país condenado ao moderno lhe serve para reivindicar o barroco das Minas Gerais – barroco colonial – como o primeiro estilo nacional, em detrimento do afrancesado neoclássico, importado pela corte portuguesa em 1816, e para justificar, dentro do possível, o surgimento de uma arquitetura moderna no Brasil, apoiada, difundida e impulsionada pelos poderes ditatoriais – porém "revolucionários" – do Estado Novo primeiro e pelos discursos populistas do desenvolvimentismo, mais tarde. Sem essa

---

2 Idem.
3 Ibidem, p. 304.
4 Ibidem, p. 322 e ss.
5 Ibidem, p. 321 e ss.

conjunção não se teria construído o edifício do Ministério de Educação (1937-1943),[6] no Rio de Janeiro, nem o conjunto arquitetônico da Pampulha (1943-1944), em Belo Horizonte, e muito menos Brasília (1956-1960).

Otília Arantes aponta que Mário Pedrosa, cujo maior interesse crítico estava nas artes plásticas, localizava na arquitetura moderna o eixo principal do projeto construtivo brasileiro, que ainda encontrava resistência de um contingente de críticos e artistas contrários a uma arte afastada da figuração. Nos anos 1950, o debate em torno da arte abstrata, identificada com a vanguarda, levou Pedrosa a encarar a arquitetura como a "síntese das artes",[7] como declararia no título do Congresso Internacional de Críticos de Arte de 1959, "Brasília, síntese das artes", realizado em Brasília, São Paulo e Rio de Janeiro.

A arquitetura moderna brasileira que começava a ser notada no exterior por volta da década de 1940 era, na realidade, a arquitetura internacional trasladada para o Brasil com todos os seus conceitos de funcionalidade e pureza formal intactos. Acompanhada de um discurso utópico e demagógico, coincidia com os desejos de modernização reinantes no Brasil do pós-guerra.

Mário Pedrosa, militante do Partido Comunista, leitor de Trótski e Rosa Luxemburgo, não podia desconhecer as contradições desse processo, e mesmo sendo um intelectual comprometido com o projeto de modernização, temia que o mecenato oficial exasperasse a vocação formalista e monumental da arquitetura moderna brasileira.

Nessa linha de pensamento, considerava o conjunto da Pampulha um "capricho magnífico", comparável às loucuras dos príncipes absolutistas dos séculos XVII e XVIII, construído graças ao impulso

---

6 Projeto desenvolvido pelos arquitetos brasileiros Lúcio Costa, Oscar Niemeyer, Affonso Reidy, Carlos Leão, Jorge Moreira e Ernani Vasconcelos, a partir de um pré-projeto de Le Corbusier.

7 ARANTES, O. *Mário Pedrosa: itinerário crítico*. São Paulo: Página Aberta, 1991, p. 79.

experimentalista do "pequeno ditador local", Juscelino Kubitschek, então prefeito de Belo Horizonte.

Kubitschek, durante cujo mandato presidencial seria planejada, construída e inaugurada Brasília, foi prefeito de Belo Horizonte, nomeado pelo interventor federal Benedito Valadares, na Era Vargas; e, sucessivamente, governador de Minas Gerais e presidente da República, eleito pelo voto popular. A metáfora de Pedrosa criará, porém, um mal-entendido que se perpetuará.

Para um segmento da crítica internacional, uma empreitada tão gigantesca como a construção da capital só podia ser possível graças ao poder ilimitado atribuído às ditaduras latino-americanas lideradas por personagens excêntricos. Assim, o crítico Robert Hughes[8] se refere a Juscelino como um tirano narcisista e sensível ("*narcissistic and touchy supremo*").

Apesar de não concordar com o projeto desenvolvimentista de Kubitschek, Mário Pedrosa tem fé em Lúcio Costa e aposta no seu projeto, "uma bela utopia"[9] que talvez nada tivesse em comum com a Brasília que JK queria edificar.

Brasília, cidade-oásis, conceito que Pedrosa toma emprestado de Worringer, instalada no árido planalto central e afastada das áreas vitais onde sempre se desenvolveu o processo cultural, econômico e político do Brasil, se perfilaria como a cidade do futuro, cidade utópica a partir da qual poderiam começar a se resolver as enormes contradições brasileiras.

A CIDADE ANUNCIADA

Antes de ser una realidad de calles, casas y plazas, las que sólo pueden existir y aún así gradualmente, a lo largo del tiempo histórico, las ciudades emergían ya completas por un parto de

---

8 HUGHES, R. *The Shock of the New: Art and the Century of Change*. Londres: Thames and Hudson. 1991, p. 209.

9 PEDROSA, M., *op. cit.*, p. 93.

la inteligencia en las normas que las teorizaban, en las actas fundacionales que las estatuían, en los planos que las diseñaban idealmente, con esa fatal regularidad que acecha a los sueños da razón...[10]

ÁNGEL RAMA

As cidades americanas foram destinadas desde suas origens a uma vida dupla, disse Ángel Rama em *La ciudad letrada*.[11] Acima da cidade material, submetida às mudanças do tempo, situa-se outra cidade, que corresponde à ordem dos signos. Essa cidade permanece inalterável antes, durante e depois de qualquer construção, já que sua permanência não depende de processos materiais. Antes de existir sobre um território, a cidade existia numa representação simbólica feita de palavras escritas, normas, mapas e planos.

Nunca uma cidade foi tão anunciada como Brasília, nunca tão desejada. Em 1789, alguns grupos libertários incluíam em seus sonhos de independência de Portugal a fundação de uma cidade capital no interior do país.

Na década de 1820, Tomás Antônio Vilanova Portugal, conselheiro do rei d. João VI, que ambicionava fazer do Brasil o primeiro império americano, separado de Portugal, pretendia que a capital se erigisse no interior. O patriarca José Bonifácio de Andrada, durante o Brasil Império, escreveu uma larga dissertação sobre a necessidade de construir uma capital mediterrânea, em Goiás, à qual deu o nome de Brasília. Esse documento foi apresentado à primeira Assembleia Constituinte, dissolvida pelo imperador d. Pedro I.

---

10 "Antes de ser uma realidade de ruas, casas e praças, as que somente podem existir e ainda assim gradativamente, ao longo do tempo histórico, as cidades emergiam já completas por um parto da inteligência nas normas que as teorizavam, nas atas fundacionais que as estatuíam, nas plantas que as desenhavam idealmente, com essa regularidade fatal que espreita os sonhos da razão" [tradução livre]. In: RAMA, Á. *La ciudad letrada*. Hanôver: Edições do Norte, 1984, pp. 10 e ss.

11 Ibidem, pp. 10 e ss.

Em 1877, Francisco Adolfo Varnhagen, visconde de Porto Seguro, enumerou 12 razões para construir a sede do governo imperial "n'alguma paragen bastante interior", longe de todos os portos de mar.

Os constituintes de 1891 apoiaram esse projeto, incluindo-o na primeira Constituição republicana e reservando à cidade um local específico: o Planalto Central, o altiplano onde nascem as três grandes bacias do Brasil – a do Amazonas, a do São Francisco e a do Prata. Todas as Constituições da República, de 1891, de 1934, de 1937 e de 1946, anunciaram sua fundação.

Em 1957, o projeto de Lúcio Costa, vencedor do concurso para a construção da nova capital, fixaria para sempre a forma da cidade anunciada e inscreveria definitivamente Brasília no elenco das cidades letradas que Ángel Rama identifica a partir da remodelação de Tenochtitlán, em 1521.

AS RUÍNAS DO FUTURO

> Olho Brasília como olho Roma: Brasília começou com uma simplificação final de ruínas.
>
> CLARICE LISPECTOR

A ideia de uma cidade criada do nada, sobre o altiplano árido e vazio – o Planalto Central – reflete, como num espelho, a lenda de um Brasil "descoberto" num território onde nada existia. A Terra de Vera Cruz, habitada apenas por "silvícolas", sem o fausto nem a riqueza cultural dos impérios inca ou asteca, era apenas uma página em branco onde tudo poderia ser escrito. "Nunca tivemos passado, nem rastros de passado atrás de nós."[12] Apenas alguns milhões de nativos incultos e belos.

A cidade sem passado nem rastros de passado surgiria distante e radiosa, Brasília, criada no nada e do nada, e operaria simbolica-

---

12 PEDROSA, M., *op. cit.*, p. 305.

mente como uma segunda descoberta do Brasil. Não por acaso, o projeto de Lúcio Costa propôs para a cidade a forma de um avião, nova nave capitã, que pousaria sobre o deserto, trazendo-lhe a civilização do litoral. Nem seria por acaso que o projeto se originara do traçado de uma cruz, com um gesto que encerrava, ao mesmo tempo, posse do território e liderança espiritual.

Essa cruz – como a da primeira missa – será repetida em todas as publicações sobre Brasília, seja no simples desenho do projeto de Lúcio Costa, seja na foto, de 1957, do cruzamento entre o eixo monumental e o eixo rodoviário, duas rodovias que, naqueles dias, iam do nada ao nada.

Paradoxalmente, dessa estrutura em cruz, que depois se transformará em avião, nascerá Brasília, cidade sem cruzes, sem esquinas.

Em seu clássico estudo sobre Brasília, James Holston[13] nota que na cidade planejada não há multidões urbanas nas praças, amizades construídas nos passeios, grupos conversando nas esquinas, porque não há praças, nem ruas, nem esquinas. A simples confirmação desse dado ressoa em todos os testemunhos sobre a cidade.

"Brasília é uma cidade abstrata. E não há como concretizá-la. É uma cidade redonda e sem esquinas. Também não tem botequim para a gente tomar cafezinho. É verdade, juro que não vi esquinas", dirá Clarice Lispector numa crônica que data da época da inauguração.[14]

Sem esquinas, sem espaços de convivência espontânea, quase sem história, Brasília, inaugurada em 1960, foi tombada no final da década e, mais tarde, declarada patrimônio histórico da humanidade, ao lado de Ouro Preto, Olinda, Veneza e Roma.

Adrián Gorelik acredita que, apesar de ter nascido como monumento da modernidade ocidental, destinada a exaltar a arquitetura moderna brasileira e a estabelecer no mundo ocidental um novo conceito cultural de cidade, Brasília foi, em pouco

---

13 HOLSTON, J. *The Modernist City*. Chicago: The University of Chicago Press, 1989.

14 LISPECTOR, C. *A descoberta do mundo*. São Paulo: Nova Fronteira, 1986, p. 13.

tempo, uma mostra do fracasso, não somente da ideia de cidade moderna, mas do projeto de arquitetura brasileira. "Brasília não é só a cidade mais moderna do século XX, como, fundamentalmente, é um museu da modernidade, numa época em que o mero passar do tempo, o atual, não é moderno e o moderno deve ser preservado".[15]

Como museu da modernidade, como testemunho da falência do projeto utópico desenvolvimentista, Brasília é uma cidade congelada e imutável. Tombado, protegido por lei, todo o Plano Piloto deve ser preservado sem modificações. Assim, edifícios e praças, ruas e jardins, murais e esculturas serão para sempre iguais a si mesmos. Em Brasília, a cidade letrada e a cidade real parecem, por fim, coincidir.

BRASÍLIA / TROPICÁLIA

Eu organizo o movimento
Eu oriento o carnaval
Eu inauguro o monumento
No planalto central do país
O monumento é de papel crepom e prata

CAETANO VELOSO

Ainda hoje, em qualquer subúrbio brasileiro, é possível encontrar alguma casa que remeta, em sua fachada, à colunata do Palácio da Alvorada. Rápida e espontaneamente, o imaginário popular apoderou-se das novas e modernas formas de Niemeyer e as transformou em ícones da brasilidade. Sucessivamente, as colunas não só seriam construídas, como também representadas. Repetidas em cartazes populares, miniaturizadas em suvenires *kitsch*, pintadas nos muros de botecos de arrabaldes e nas carrocerias dos caminhões, as colunas de Brasília percorreram o país.

---

15 GORELIK, A. "Tentativas de compreender uma cidade moderna", *Revista Block*, n. 4, 1999, p. 62.

Depois da edificação de Brasília, amada e odiada com idêntico furor, a ordem dos signos do Brasil modificou-se substancialmente. A cidade, como um sonho concretizado da modernidade, infiltrou-se no discurso das artes e, se um setor popular aceitou-a e quis reproduzi-la na ingênua e humilde escala das periferias, outros setores, ligados às classes médias do Rio de Janeiro, criaram obras que a criticaram.

Nesse sentido, seria interessante examinar até que ponto uma obra como *Tropicália*, de Hélio Oiticica, estabelece, de viés, um diálogo com Brasília. O *Penetrável*, de 1967, é um conjunto de recintos, uma espécie de cenário tropical de madeira e lona com plantas, araras, terra, pedregulho, textos rabiscados em suportes precários, que o espectador vai percorrendo como num labirinto para chegar a um cubículo final, escuro, no qual um televisor está sempre ligado.

Para o artista, andar pelo penetrável deveria ser como "estar caminhando pelas estreitas ruas do morro, orgânicas como a arquitetura fantástica das favelas".[16] No catálogo da primeira exposição retrospectiva de Hélio Oiticica, em Barcelona, em 1992, a fotografia de *Tropicália* e a do morro da Mangueira estão reproduzidas lado a lado, da mesma maneira que no catálogo da documenta X.

Em entrevistas ao *Jornal do Commercio* do Rio de Janeiro, em maio e junho de 1967, o artista também insiste no seu objetivo de marcar com o conceito de tropicália "um modo novo de caracterizar certos elementos da manifestação atual da arte brasileira, que possam erguer-se como uma figura autônoma, não cosmopolita".[17]

A arquitetura do morro reconstruída por Hélio Oiticica no interior do belo edifício do Museu de Arte Moderna do Rio de Janeiro, impecável exemplo da arquitetura modernista, projetado por Affonso Reidy, parece desvelar, de alguma maneira, a cidade real que se esconderia no interior da cidade ideal.

---

16 OITICICA, H. "Tropicália". In: *Hélio Oiticica* (catálogo). Barcelona: Fundació Antoni Tapies, 1992, p. 125.

17 Ibidem, p. 123.

Da mesma maneira, Caetano Veloso, na sua canção "Tropicália" (1968), tece em volta de uma Brasília, nunca nomeada, uma rede de alusões sarcásticas.

No lento e misterioso começo dessa canção, Augusto de Campos lê "o sonho (ou o pesadelo) de uma noite de verão brasileira na qual entram como componentes a guerrilha urbana e Brasília",[18] sonho (ou pesadelo) que se resolve a partir da palavra "carnaval".

Todos os clichês do Brasil se mesclam, então, na "geleia geral" da canção: carnaval e mulatas, samba e bossa nova, matas e sertões, roseiras primaveris e coqueiros nordestinos, Iracema e Ipanema, Roberto Carlos, Chico Buarque e Carmen Miranda.

Plena de paródias, saturada de citações, a canção flui através de um inventário caótico de imagens residuais. Na aparente desordem dos símbolos, Brasília vai sendo edificada como um monumento moderno. Esse monumento, porém, é tão frágil como as alegorias de papel crepom e prata dos desfiles das escolas de samba.

De uma tropicália a outra, a cidade do futuro, capital da ditadura militar que governou o país desde 1964, soçobra entre a utopia revolucionária do final dos anos 1960 e a carnavalização antropofágica da cultura brasileira proposta pelo movimento tropicalista.

LEMBRANÇAS DE BRASÍLIA

O monumento não tem porta
A entrada é uma rua antiga,
Estreita e torta
E no joelho uma criança sorridente,
Feia e morta,
Estende a mão

CAETANO VELOSO

---

18 CAMPOS, A. *Balanço da bossa e outras bossas*. São Paulo: Perspectiva, 1978, p. 164.

Quando foi aprovado, em 1956, o projeto de Lúcio Costa para o Plano Piloto, Brasília contemplava uma população de meio milhão de habitantes. Apesar das intenções expressas de deslocar para o interior o centro administrativo, tradicionalmente situado no litoral – a primeira capital do Brasil foi Salvador e, mais tarde, o Rio de Janeiro –, o programa do concurso do Plano Piloto não previu o crescimento urbano. Os candangos,[19] trabalhadores contratados para a construção da cidade e suas famílias, em primeiro lugar e, mais tarde, migrantes dos sertões em busca de ocupação, estabeleceram-se nos acampamentos de trabalho ou em assentamentos irregulares que as autoridades da capital tentaram, inutilmente, eliminar. A cidade planejada, então, viu-se rapidamente circundada por "cidades-satélites" orbitando em torno do claro traçado do Plano Piloto.

Em 1994, Alfonse Hug, curador da 25ª Bienal de São Paulo, então diretor do Goethe Institut de Brasília, organizou, junto com Evandro Salles, a exposição Revendo Brasília, através da qual pretendia "uma abordagem crítica da capital brasileira, aproveitando os recursos da fotografia artística" (*sic*).[20]

A mostra foi patrocinada pelo Goethe Institut e pela Fundação Athos Bulcão, com colaboração do Ministério das Relações Exteriores, em Bonn, e da embaixada da República Federal Alemã, em Brasília.

Os curadores convidaram três artistas alemães – Ulrich Görlich, Andreas Gursky, Thomas Ruff – e três brasileiros – Mário Cravo Neto, Rosângela Rennó, Miguel Rio Branco, que passaram um tempo na capital para realizar seus trabalhos.

Seis anos depois, ao revisar o catálogo da exposição, que percorreu o país em 1994 e 1995, aparecem visões multiplicadas de sucessivas cidades escondidas, pois, nele, não só se documenta a exposição, como também se contextualiza a cidade em textos variados.

---

19 Os operários que trabalharam na construção de Brasília, em sua maior parte originários do Nordeste, foram chamados "candangos", palavra derivada do quimbundo e que significa vilão, ordinário, de mau gosto.

20 HUG, A. *Revendo Brasília* (catálogo). Brasília: Goethe Institut; Fundação Athos Bulcão, 1995, p. 10.

O curador encabeça a antologia com o ensaio que dá título à mostra: "Revendo Brasília". Seguem-se "A questão da capital: marítima ou não interior", de Francisco Adolfo Varnhagen (1877), "Desenvolvimento inicial da moderna arquitetura", de Walter Gropius, *Der Weg der Esel. Der Weg der Menschen*, de Le Corbusier, "A Carta de Atenas" (1933) e "Relatório do Plano Piloto de Brasília", de Lúcio Costa, "Brasília, a cidade nova", de Mário Pedrosa, a declaração da Unesco: *People, cities and nature: culture today*, "Brasília, utopia e realidade", de Frederico Morais, "Cruel horizonte", de Evandro Salles, e um último texto do curador, "Estereótipos do cotidiano".

Somente esses dois últimos textos se referem à exposição, os outros buscam explicar a cidade dentro do projeto mais amplo da arquitetura moderna internacional, que, nesse caso, parece norteada pela influência da Bauhaus. Seria possível também analisar a multiplicidade e a alternância dos idiomas desses textos, que não seguem um padrão preciso, português/alemão, por exemplo, como se esperaria de um evento promovido pelo Goethe Institut.

Os trabalhos dos artistas, porém, mostram, entre suas diferenças, uma estranha identidade de condutas, por assim dizer, nacionais. Enquanto as imagens dos artistas alemães exibem edifícios, paisagens ou panoramas da cidade, as dos brasileiros ignoram completamente a arquitetura grandiosa e se detêm morosamente sobre rostos humanos ou detalhes degradados das cidades-satélites.

No cruzamento dessas visões – cidade sem gente, gente sem cidade – as obras nos oferecem ora a imagem de um mundo cristalizado e imóvel, ora a visão de um outro, flexível, poroso, em permanente mutação. Rosângela Rennó e Ulrich Görlich utilizam estratégias semelhantes para o desvelamento de uma cidade crepuscular que nasce e prolifera no interior da cidade cristalina.

Na sua instalação, intitulada *Trabalho de divulgação*, Ulrich Görlich transferiu o Arquivo Público do Distrito Federal, juntamente com seus funcionários, para as galerias do Teatro Nacional de Brasília. Os visitantes tinham a possibilidade de examinar o acervo de fotografias referente à fundação de Brasília e encomendar ampliações para uso próprio.

A instalação de Rosângela Rennó reúne, junto à incisão parietal em bronze da palavra *Imemorial*, título do trabalho, fotografias de operários que morreram durante a construção de Brasília e de meninos que trabalharam nos seus canteiros de obras.

Ao deslocar do seu edifício o Arquivo Público da capital e ao se apropriar das fotos das fichas dos operários do arquivo da Novacap (companhia urbanizadora da nova capital do Brasil), para exibi-los, primeiro no Teatro Nacional de Brasília, e mais tarde nos mais prestigiosos espaços institucionais do país, os artistas desvelam o enterrado, o não sincrônico, o menor, e reconduzem a problemática política à agenda da arte ocidental da contemporaneidade, por meio de práticas de resistência e interferência.

No *Trabalho de divulgação*, assim como no *Imemorial*, arquivo e monumento, depositários tradicionais da memória, são desmascarados através de estratégias que põem em evidência justamente aquilo que a história oficial estava empenhada em ocultar.

A CIDADE ESCONDIDA

> Marozia consiste di due città: quella do topo e quella della rondine; entrambe cambiano nel tempo; ma non cambia il loro raporto: la seconda è quella che sta per sprigionarsi dalla prima.[21]
>
> ITALO CALVINO

A instalação de Görlich exige do espectador uma participação ativa, já que o artista lhe propõe investigar nos arquivos e apropriar-se de imagens para incluí-las em seus arquivos pessoais. Dessa maneira, será possível estabelecer uma continuidade entre a Brasília contemporânea e a dos tempos pioneiros da construção.

---

21 "Marozia consiste em duas cidades: a do rato e a da andorinha; ambas mudam no tempo; mas não mudam sua relação: a segunda é a que está por livrar-se da primeira" [tradução livre].

As fotos do Arquivo Público, do final da década de 1950, publicadas no catálogo da exposição Revendo Brasília, perderam a camada azul e se transformaram em imagens praticamente monocromáticas, de um vermelho intenso, iluminado por luzes alaranjadas. O material deteriorado comporta leituras suplementares. De algum modo, a cor vermelha das fotografias aponta para algo que não estava previsto nos dias utópicos da construção.

No catálogo da exposição, o trabalho de Görlich está encabeçado por um fragmento de *The Modernist City*, de James Holston: "O contexto arquitetônico da vida na rua".

> Em entrevistas, ao serem solicitados a comparar Brasília com suas cidades de origem, os brasilienses invariavelmente comentam, qualquer que seja o tamanho dessas últimas, uma diferença básica: "Não tem gente na rua."[22]

Logo se reproduzem algumas das fotos do arquivo: grandes extensões de terra plana e vermelha; céus vermelhos; edifícios enormes no meio do nada; estruturas gigantescas; um grupo de aviadores e um padre franciscano; uma multidão de trabalhadores esgrimindo suas ferramentas de trabalho (e não conseguimos saber se é um gesto de orgulho ou de rebeldia); um enterro sob o sol do meio-dia; uma tumba humilde no meio do cerrado.

Görlich, que abandona nesse trabalho as grandes imagens em preto e branco que revelava e fixava diretamente sobre os muros das salas de exposição, já havia trabalhado com apropriação de imagens históricas como as do Reichstag de Berlim ou as do centro da cidade de Münster arrasada pelos bombardeios. O alcance político de seu trabalho parece residir na atualização do arquivo em sua dupla função de retorno à origem e lugar do poder.

Ao se apoderar de alguma foto do Arquivo, o visitante tende a confrontá-la com a situação contemporânea e, a partir desse mo-

---

22 HOLSTON, J., *op. cit.*, p. 105.

mento, desencadeia-se um processo de ressignificação. A cidade do presente tentará encontrar, nas imagens da cidade do passado, o que se perdeu, o que se esqueceu, o que foi deixado para trás.

O trabalho de Rosângela Rennó também nasce das sobras da cultura, do que foi deixado de lado no processo de resolver o que tem valor. Em *Imemorial*, a artista confronta o projeto monumental da nova capital com o massacre de operários na sua construção. Através de depoimentos recolhidos pelo Projeto História Oral, do Arquivo Público do Distrito Federal, Rennó tomou conhecimento de que, certo dia, dois operários brigavam por comida, no alojamento da empreiteira Pacheco Fernandes. A Guarda Especial de Brasília chegou atirando. O fato foi silenciado. Os mortos nunca foram contados.

A partir desse relato, a artista revisa os arquivos dos funcionários da Novacap à procura dos mortos e surpreende-se ao comprovar que havia muitas crianças empregadas. Organizando os funcionários pela ordem de entrada na empresa, Rennó cria dois novos arquivos, o dos operários falecidos e o das crianças contratadas.

Na instalação, cinquenta fotografias (60 x 40 x 2 centímetros) são colocadas no chão e na parede, sobre bandejas de ferro. A palavra "imemorial", em bronze, é fixada na parede. As fotos dos mortos, feitas em película ortocromática pintada, preto sobre preto, permitem que uma sombra prata percorra obliquamente a obscuridade. As fotos dos meninos conservam a cor sépia amarelada e escura das velhas fotografias. A foto da ficha, desprendida do arquivo e refotografada, conserva, aumentadas, as feridas dos grampos – dois furos no peito – e as evidências da passagem do tempo. Nem nomes, nem histórias, somente um número identifica as pessoas.

No contexto da exposição, *Imemorial* é um testemunho claro da amnésia voluntária instaurada pelo poder. "Amnésia", repete a artista, não esquecimento. Amnésia: perda da memória, total ou parcial. O termo médico aponta para uma evaporação dos sentidos. A gente esquece que alguma coisa foi esquecida. Amnésia social, amnésia coletiva, como Heinrich Böll define a relação da Alemanha do pós-guerra com seu passado nazista. Em

Rosângela Rennó, *Imemorial*, 1994,
quarenta retratos em película ortocromática pintada e
dez retratos em fotografia em cor em papel resinado sobre
bandejas de ferro e parafusos. Título "Imemorial" na parede
em letras de metal pintado, 60 x 40 x 2 cm (cada bandeja)

algum momento, algo foi irremediavelmente perdido; as fotos que Rennó recontextualiza não restauram a memória, mas testemunham o esquecimento: essas pessoas foram fotografadas para serem esquecidas. Suas fichas, nos arquivos da Novacap, eram seus túmulos.

Por um breve tempo, do chão e do muro do Teatro Nacional, da dourada Brasília, alguns operários que a construíram olharam com seus olhos cegos. No catálogo da exposição, *Imemorial* completa-se com as fotografias do Túmulo do Candango Desconhecido, construído em 1958 e depois destruído, do Novo Túmulo do Candango Desconhecido, construído em 1985, e de um fragmento de *As cidades invisíveis*, de Italo Calvino.

Nas páginas do catálogo, duas humildes tumbas em ruínas atestam a precariedade das homenagens e, de alguma maneira, assinalam o lado épico da construção de Brasília. O Túmulo do Candango Desconhecido, escondido pelo mato, é o avesso do imponente Memorial JK, projetado por Niemeyer e inaugurado em Brasília, em 1981.[23] Como um monumento precário, o *Imemorial* de Rennó opõe-se criticamente aos memoriais de Niemeyer ao exibir, obliquamente, os rastros da exploração que o arquiteto comunista havia esquecido.

Se lermos o catálogo como um suplemento à instalação, perceberemos que, através do seu trabalho, Rennó propõe a possibilidade de descobrir uma outra cidade, aquela que se esconde e prolifera no interior da cidade do futuro. Com Calvino, adverte-nos:

> [...] *su una qualità intrinseca di questa città ingiusta che germoglia in segreto nella segreta città giusta: ed è il possibile risveglio – come um concitato aprirsi di finestre – de um latente amore per il giusto, non ancora sottoposto a regole, capace dei ricomporre una città più giusta ancora di quanto non fosse prima di diventare recipiente dell'ingiustizia. Ma se si*

---

23 O Memorial JK está situado na praça do Cruzeiro, onde, em 1957, foi celebrada a primeira missa de Brasília.

scruta ancora nell'interno di questo novo germe do giusto vi si scopre una macchiolina che se dilata come a crescente inclinazione a imporre ciò che è giusto attraverso ciò che è ingiusto, e forse è il germe d'una immensa metropoli [...][24]

Esse "amor latente pela justiça, ainda não submetido a regras", que nasce e prolifera no interior da cidade injusta, impregna *Imemorial.* E mesmo que o resgate da memória seja circunstancial e efêmero, a obra afirma a possibilidade de se resistir à amnésia social através da arte.

Faz tempo Rosângela Rennó deseja interromper o fluxo das imagens criado pela fotografia, e, para isso, apropria-se de imagens existentes. Como Freud que, no *Mal-estar na civilização* (1930), inquieta-se por gastar impressão, tinta e papel, por mobilizar uma pesada máquina arquivística para contar histórias que todo mundo conhece,[25] como Borges, que lamenta "acrescentar à infinita série um símbolo a mais", Rennó acredita que existem demasiadas fotografias no mundo e, em consequência, apenas refotografa imagens de fotografias. (*En abyme*, o referente da fotografia é uma fotografia...) Mas, apesar da retórica do gesto, cada velha fotografia refotografada se transforma numa nova fotografia, um novo arquivo, um símbolo a mais que vem agregar-se à infinita série.

As fotos esquecidas – restos de um álbum de família, fotos de identificação abandonadas, arquivos penais, fotogramas cortados na edição da película – são resgatadas e recontextualizadas como provas da amnésia social.

---

24 "Sobre uma qualidade intrínseca desta cidade injusta que brota em segredo na secreta cidade justa: e é o possível despertar – como um simultâneo abrir-se de janelas – de um latente amor pelo justo, ainda não submetido a regras, capaz de recompor uma cidade ainda mais justa do que era antes de transformar-se em recipiente da justiça. Mas se escrutinamos ainda no interior deste novo gérmen do justo, descobrimos uma manchinha que se dilata como a crescente inclinação a impor aquilo que é justo através daquilo que é injusto, e talvez seja o gérmen de uma imensa metrópole." [tradução livre]. In: CALVINO, I. *Le città invisibili.* Turim: Einaudi, 1972, p.167.

25 DERRIDA, J. *Mal de archivo: una impressión freudiana.* Madri: Trotta, 1997, p.16.

A posteriori, a imagem refotografada se mostra plena de sentidos e aponta para um universo significativo do qual sempre esteve distante. Destinadas desde sempre à invisibilidade, produzidas para serem arquivadas e logo esquecidas, as imagens do arquivo alcançam, finalmente, visibilidade no campo da arte.

Um dos poucos trabalhos em que Rennó não usa fotografias de arquivo é *Estados Unidos/United States*, instalado no In-site 97. Ainda assim, não foi ela quem tirou as fotos. A artista contratou Eduardo Zepeda, fotógrafo especializado em retratos de casamento, nascido em Nayarit e residente em Tijuana, para fotografar, em seus lugares de trabalho, imigrantes de cada estado do México que vivessem em Tijuana.

Sua ideia era "fotografar a mexicanidade no lugar menos mexicano que existe, que é Tijuana". Por isso não quis "fotografar as pessoas que tentam cruzar a fronteira, mas as que permanecem, as que vão até o extremo ocidental-norte do México". [26]

Tijuana, que vem se incorporando em parte à periferia de San Diego, parece "um exemplo de como as continuidades binacionais, que configuram uma metrópole transfronteiriça, não eliminam as descontinuidades entre o setor norte-americano e o mexicano".[27] A barreira física e econômica que se estende na fronteira entre Tijuana e San Diego cria, do lado mexicano, uma zona de densidade onde se amontoam pessoas provenientes de todos os estados do país, que trabalham, vivem da caridade ou simplesmente esperam.

Para cartografar os protagonistas desse complexo cenário, a artista procurou identificar um nativo de cada estado, decidiu quanto a todas as locações que seriam utilizadas e fez a produção das imagens que, finalmente, Zepeda fotografou. O projeto foi finalizado em Tijuana. Antes de serem plotadas na cidade, as fotos

---

26 Em entrevista à autora, maio de 2001.

27 CANCLINI, N. G. "Arte desurbanizado, desinstalaciones fronterizas". In: *Insite* 97 (catálogo). San Diego: Installation Gallery, 1998, p. 40.

foram manipuladas digitalmente com o objetivo de fazer cortes e alcançar a saturação de cores e maior definição.

A obra, que consta de 16 imagens, foi instalada nas vitrines do Museu das Crianças, em San Diego. Acima de cada foto, sobre uma faixa amarela, estavam escritos os nomes dos estados mexicanos aos quais essas pessoas pertenciam.

Como os candangos mortos durante a construção de Brasília, que somente puderam entrar no Teatro Nacional da cidade através das imagens de *Imemorial*, os trabalhadores mexicanos de Tijuana atravessaram, também em imagem, a fronteira.

As duas obras de Rennó apontam para situações de exclusão/inclusão em dois episódios-chave da história das cidades latino-americanas. Brasília, ícone da modernidade autoritária e predadora que desembocaria no golpe de 1964, seria, ao mesmo tempo, o feito mais importante e o maior fracasso da agenda das vanguardas artísticas brasileiras do pós-guerra.[28] Tijuana/San Diego, cidade fronteiriça, é uma entre as tantas megalópoles formadas nos últimos cinquenta anos pela expansão urbana que eliminou as descontinuidades entre cidades vizinhas.

O trabalho de Rennó – como o de Görlich – pode ser examinado a partir das últimas reflexões sobre o conceito do político na arte. A questão política na arte contemporânea pode ser abordada apenas através de práticas de resistência ou de interferência, pois o colapso da representação – hoje não pode haver nenhuma representação simples da realidade, da história, da política, da sociedade, pois todas só podem ser constituídas textualmente – desvela os conteúdos ideológicos implícitos nas imagens. Hal Foster distingue entre uma "arte política", que produz representações ideológicas num esquema retórico estrito, e uma "arte com uma política", que buscaria produzir um conceito do político operativo na realidade presente.[29]

---

28 Cf. SCHWARZ, R. *Sequências brasileiras*. São Paulo: Companhia das Letras, 1999, p. 199.

29 FOSTER, H. *Recodificação, arte, espetáculo, política cultural*. São Paulo: Casa Editora Paulista, 1996, p. 206.

Rosângela Rennó está empenhada em testemunhar e exibir os peróxidos amnésicos que corroem as imagens de nossa cultura. Seu projeto de trabalho é uma prolongada tentativa de resistir à irremediável dissolução dos sentidos dessas imagens. A possibilidade de revelar o desqualificado, o esquecido, o escondido, o enterrado e conectá-lo – dos lugares privilegiados do sistema e através de uma prática cultural prestigiosa às contradições do presente, que seu trabalho representa – demonstra a eficácia da arte no exercício de sua função política, ao revelar falhas e vazios, impaciência absoluta de um desejo de memória.

VOLTAR A BRASÍLIA

Moramos na cidade, também o presidente
E todos vão fingindo viver decentemente.
RENATO RUSSO

Onde está hoje aquela Brasília, imponente cidade do futuro, síntese de todas as artes? A cidade real, de cal e canto, continua no Planalto Central, isolada como sempre esteve. E vazia. Ao seu redor, as cidades-satélites crescem e multiplicam-se desordenadamente. No recinto confinado do Plano Piloto, a capital – a corte, como alguns a chamam – funciona praticamente três dias por semana, alguns meses por ano, e é considerada pelo povo o lugar onde o poder se alia à corrupção.

A maior parte dos brasileiros nunca foi a Brasília. Para eles, a cidade é – como a Itabira de Drummond – apenas um retrato na parede. Entretanto, um resto de orgulho nacionalista impregna ainda o sentimento do povo quando vê na tela do televisor as imagens impecáveis dos belos edifícios recortados contra céus de desmesurada beleza.

Clarice Lispector, no seu texto inaugural, profetizou que em Brasília não poderia nascer samba. Nos anos 1980, uma rica vertente do rock brasileiro nasceu em Brasília. Nessa época, parecia que essa música – urbana por excelência – seria sua expressão exata. Logo as bandas de rock se multiplicaram, rebelando-se contra os restos de uma MPB decadente, e testemunharam, por um breve tempo, a triste experiência de ser jovem e viver em Brasília.

Talvez o expoente mais significativo dessa geração coca-cola, como ele mesmo a chamou, tenha sido Renato Russo, filho de diplomatas, líder da banda Legião Urbana.

Livre de qualquer ufanismo, Russo evoca, em letras impregnadas de uma impotência melancólica, o sonho de um mundo melhor e mais justo, sabendo de antemão que esse sonho acabou.

"Faroeste caboclo" narra a longa epopeia de um retirante que atravessa o Brasil para chegar, num dia de Natal, à cidade radiante – "Meu Deus, mas que cidade linda!/ No Ano Novo eu começo a trabalhar" –, mas consegue apenas ser um brinquedo nas mãos dos coronéis locais, traficantes, polícia corrupta, jovens ociosos e militares inaptos.

Nunca chegará à cidade iluminada. João de Santo Cristo atravessará, em nova via-crúcis, todas as misérias das cidades-satélites: Taguatinga, Planaltina, Ceilândia, onde morre assassinado.

> E João não conseguiu o que queria
> Quando veio pra Brasília com o diabo ter
> Ele queria era falar com o presidente
> Pra ajudar toda essa gente que só faz
> sofrer.

A imagem de João, morto no meio da rua, evocará a figura de Cara de Cavalo, o bandido que Hélio Oiticica imortalizara em *Homenagem a Cara de Cavalo* (1966), braços abertos contra o asfalto, sob a frase "Seja marginal, seja herói".

Mas nem o heroísmo é uma possibilidade nos anos 1980. Enquanto os jovens artistas do eixo Rio-São Paulo pintam freneticamente, impulsionados pelo prazer de seus corpos jovens, apoiados por um mercado incipiente, mas vigoroso, como convenientemente anunciado por Bonito Oliva e os líderes locais da Transvanguarda, a música urbana de Brasília revelará as falácias do processo de redemocratização.

O que foi escondido é o que se escondeu
E o que foi prometido, ninguém prometeu.
Nem foi tempo perdido.
Somos tão jovens.

Muitos daqueles jovens já não existem. Exterminados pela Aids ou silenciados pelo êxito midiático, abandonaram de muitas maneiras a cidade que instigou sua rebeldia.

Em Brasília, hoje, nada se passa, apenas se traçam os destinos do país. A cidade que foi, num primeiro momento, promessa de futuro, depois símbolo do poder ditatorial e, finalmente, memorial de si mesma, resiste, apesar de tudo, habitada por forasteiros nostálgicos para testemunhar, talvez, que "o futuro não é mais como antigamente".

Texto originalmente publicado em: MELENDI, *Maria Angélica;* VENEROSO, *Maria do Carmo Freitas (orgs.).* Diálogos entre linguagens. *Belo Horizonte: C/Arte, 2009.*

Intervenções suburbanas: anotações e esboços

> O subúrbio é a água parada e os becos, mas é também o balaústre azul-celeste e a madressilva e a gaiola com o canário. "Gente atenciosa", falam as comadres.
>
> JORGE LUIS BORGES

> Toda obra é o modelo de um mundo viável. Toda obra, por mais crítica e mais negativa que seja, atravessa esse estado de mundo viável, porque faz se reencontrarem elementos que se mantêm separados.
>
> NICOLAS BOURRIAUD

I. SOBRE O SUBÚRBIO

O conceito de subúrbio – palavra quase em desuso – confundiu-se nos últimos anos com o de periferia. O prefixo "sub", no latim clássico, tem um sentido espacial e outro temporal. No primeiro, indica alguma coisa que está embaixo de – "sob", em português –, no segundo sentido, "sub" quer dizer depois, até, neste tempo. Na Roma antiga, onde se originou o termo, "*suburbia*" eram os arredores da cidade, um lugar que já não era "*urbs*" – a urbe –, mais ainda, não era "*rur*" – a região rural. Em realidade, um entre-lugar, um espaço de passagem, onde se podia não ser totalmente urbano sem ser definitivamente rural.

Nas cidades contemporâneas, o subúrbio aparece e cresce, geralmente como uma "mancha de óleo", cercando-as, até o ponto de se tocarem os subúrbios de umas e outras, destruindo o território intersticial que constitui a fronteira entre o urbano e o rural. Por isso, os subúrbios são, hoje mais do que nunca, lugares de trânsito, onde se travam as batalhas pelo direito à moradia ou às condições de moradia; redutos das culturas minoritárias, das misturas sociais e étnicas, da transição entre religiões e laicidades. Os subúrbios não são periferias, no sentido em que não são apenas bolsões de exclusão social, tão localizados quanto marginais. Estão em todas as partes, inclusive no cerne dos centros urbanos, e, se considerarmos todos os subúrbios do mundo e todas as desigualdades da economia globalizada, denunciam um mundo "invivido" no qual, de qualquer modo, temos a obrigação de viver.

No suburbano tudo se mistura e tudo se transforma, porque o suburbano é um modo de vir a ser e de vir a estar. Marginal não porque está à margem, mas porque está transitando sempre entre uma e outra margem – centro / subúrbio ou subúrbios / subúrbios –, o ser suburbano é aquele que consegue viver a cidade em toda sua plenitude e em todos os seus riscos.

É preciso circular por esses lugares e tentar fazer uma passagem entre o que é seguro, cotidiano, e o que é incerto, ainda a ponto de ser descoberto. Esse processo geraria uma sensação de "despaisamento", um estado de apreensão que induziria a uma intensificação perceptiva: de repente, o espaço assume um sentido, a possibilidade de uma descoberta, o temor de um encontro indesejado. O olhar se faz penetrante, o ouvido se dispõe à escuta.

Como sujeitos coletivos, poderíamos pesquisar esses territórios, observando com particular atenção as áreas de margem e os vazios urbanos, os espaços abandonados ou em via de transformação. Porque eles constituem o negativo da cidade construída, são áreas intersticiais, espaços abandonados ou em via de transformação. Nesses sítios, as memórias foram removidas pelo desenvolvimento incessante dos sistemas urbanos, por isso se constituem como o lado obscuro da cidade, espaços de confronto e contaminação entre o orgânico e o inorgânico, entre natureza e artifício.

Em algum momento do século XX, a idealização do subúrbio se constituiu como um *tópos* da cultura latino-americana. O subúrbio era um lugar amável e, sobretudo, verdadeiro, onde morava a "gente humilde" – migrantes, imigrantes, operários da industrialização recente – da canção de Chico e Vinicius. Casas simples, cortiços, botequins; as vizinhas conversando nos portões, os homens à mesa do bar, as crianças na rua.

Jorge Luis Borges, que construiu grande parte de sua obra a partir de uma certa memória ficcional dos subúrbios de Buenos Aires, afirma:

> Subúrbio é uma titulação receosa, uma bravata de homem que tem medo de perder o último trem. Ninguém informa – "Vivo no subúrbio" –, preferem avisar o bairro.

E aponta esse uso de palavras genéricas de localização – o centro, o subúrbio, a roça –, que parece servir para afirmar (ou para disfarçar) uma identidade que está sendo sempre renegociada.

Borges nos lembra, também, que o subúrbio é uma projeção, quase uma ilusão, criada pela obra de alguns poetas e artistas que, ao impor ao leitor uma visão própria do subúrbio, modificavam a consistência e os sentidos do subúrbio real.

Reivindico, hoje, essa visão idealizada e um pouco romântica do subúrbio para opô-la à noção de periferia. Porque se o subúrbio ainda está no interior da urbe, se ainda permanece como participante do conceito do urbano, mesmo que problematizado ou diminuído, a periferia, arrebatada num turbilhão de miséria, violência e medo, parece, ao mesmo tempo, negar e afirmar todas as qualidades da cidade.

Paradoxalmente, mais urbano que a urbe, o subúrbio toma forma, apenas, a partir das lembranças ficcionais de tempos não vividos. Há, para todos, um certo subúrbio que nos pertence e que está sempre num passado impreciso, num tempo que acreditamos ter sido melhor.

II. *LAVA LA BANDERA*

É outono em Lima, corre o ano de 2000. Todas as sextas feiras, um grupo de artistas chega, ao meio-dia em ponto, na Plaza Mayor da cidade. Carregam bacias vermelhas de lavar roupa, sabão marca Bolívar, cordas e bandeiras peruanas de todos os tamanhos. Lentamente, se colocam atrás das correntes que circundam a fonte que está no centro da Plaza de Armas e esperam. O povo não tarda em chegar. Homens, mulheres e crianças, anciãos e jovens, operários, professores, jornalistas, atores e atrizes, burocratas e desempregados, todos fazem fila para ensaboar, enxugar e estender a sua bandeira – as que eles mesmos levaram para a praça –, nos varais colocados nos jardins. Todas as sextas-feiras desse outono, da uma às três da tarde, a Plaza Mayor de Lima transforma-se no luminoso e fresco pátio de uma lavanderia.

Alguns meses antes, um grupo de artistas reunira-se em frente à Oficina Nacional de Procesos Electorales para montar um ataúde e realizar uma performance. Esse ato, além da oficialização da morte da democracia no Peru, marcou também o nascimento do Colectivo Sociedad Civil, integrado por Gustavo Buntinx, Susana Torres, Emilio Santisteban, Claudia Coca, Fernando Bryce, Abel Valdívia e Luis García Zapatero. Todos, à exceção de Buntinx, que é historiador da arte, são artistas plásticos.

Lava la bandera foi uma performance cujo objetivo era o de produzir uma imagem emocional que pudesse agitar a consciência coletiva a partir da ressignificação de alguns dos símbolos mais estáveis da nação: a Plaza Mayor e a bandeira nacional.

O espaço tradicional da Plaza Mayor de Lima, onde está situado o Palácio de Governo e os edifícios do poder institucional, foi o lugar escolhido por seus criadores para pôr em cena a corrupção do regime e confrontá-la com o símbolo sagrado da unidade nacional: a bandeira peruana. A pátria estava suja, corrompida, portanto era necessário lavá-la – com sabão e bacia – no espaço mais representativo da vida social e política do país: a Plaza de Armas.

Como explicou mais tarde Gustavo Buntinx, o auge de *Lava la bandera* ocorreu como consequência do descrédito da classe política do país, seguindo a morte de sete pessoas na Marcha de los Cuatro Suyos. O governo de Fujimori tinha se encarregado de difundir a ideia de que essas mortes eram culpa de um ressurgimento *senderista*[1] impregnado no protesto social. Naquele momento, o objetivo consistia em não dar crédito a qualquer elemento antagônico acusando-o de terrorista e associando-o ao Sendero Luminoso.

Dessa maneira, e tal como Buntinx afirma, *Lava la bandera* representou a pressão de um setor da sociedade civil que não queria dar o braço a torcer e tinha decidido conduzir o protesto até suas últimas consequências. Quer dizer, todos os cidadãos que nunca estiveram de acordo em negociar politicamente com um regime claramente mafioso e corrupto encontraram em *Lava la bandera* seu melhor lugar de resistência. Por isso, essa performance converteu-se na vanguarda estratégica do movimento opositor e, curiosamente, foi se disseminando para além das fronteiras do Peru.

A bandeira (com seu significado de unidade territorial e espiritual) e a praça pública (alusão à centralidade do poder) converteram-se nos dispositivos utilizados para manifestar a absoluta crise do pacto social no Peru e, sobretudo, para propor uma maneira nova de significar a nação.

A partir de elementos corriqueiros muito comuns e de práticas domésticas cotidianas, essa ação evidenciou as conexões entre vida comum e política, e demonstrou que a construção de um novo sujeito poderia partir de uma interpelação radical dos símbolos no espaço simbólico da cidade.

III. ARTE, CIDADE E POLÍTICA

Entre o final dos anos 1960 e o começo dos 70, artistas latino-americanos que viviam em países quase exclusivamente con-

1 Sendero Luminoso (SL) é uma organização guerrilheira peruana de tendência maoista.

trolados por governos autoritários desenvolveram estratégias de ação que se dirigiam, em primeiro lugar, contra o sistema político e, só depois, contra as instituições da arte, que naqueles anos não estavam, ainda, muito bem delineadas. Eventos como Opinião 65 (1965), Apocalipopótese (1968), no Rio de Janeiro; Do Corpo à Terra (1970), em Belo Horizonte; e *Experiências 68* (1968), em Buenos Aires, para citar apenas uns poucos entre os muitos que se sucediam no continente, respondiam não só a um desejo generalizado de participação ativa na vida política e social, mas também a uma expansão dos limites da arte.

Um tremor de revolta atravessaria essas décadas. Traço de união que alinhavava as reivindicações locais com a Revolução Cubana, os Black Panthers, os movimentos contra a guerra do Vietnã, a guerrilha boliviana, o Maio Francês, a revolta estudantil que explodia ao longo do continente, de Tlatelolco e Berkeley a Rio de Janeiro, São Paulo, Montevidéu, Córdoba e Buenos Aires.

Quase quarenta anos depois e numa situação político-social bastante diferente, observamos, na América Latina, o surgimento de novos grupos de ação que se aproximam daquelas práticas político-conceituais. Os jovens artistas deste século parecem, em princípio, se opor às políticas de globalização neoliberal, mas, sobretudo, ao sucateamento das instituições culturais e à voracidade do mercado de arte.

Evidentemente, as manifestações de Seattle e Gênova, os movimentos contra a guerra no Iraque, ou os realizados em diversos países por conflitos locais, como o caso Fujimori, no Peru, ou a crise de 2001 na Argentina, apontam para uma sintonia com aquelas estratégias.

Como ver esse retorno? Nesse sentido, Hal Foster opera com um modelo elaborado a partir do conceito freudiano de *a posteriori* (*Nachträglichkeit*). De acordo com esse conceito, a vanguarda histórica e a neovanguarda são constituídas de uma forma similar, através de uma complexa rede de futuros antecipados e passados reconstruídos, num "*a posteriori* que exclui qualquer simples esquema de antes e depois, causa e efeito, origem e repetição".[2]

Assim, o trabalho de vanguarda nunca é pleno de sentido no seu momento inicial, porque há uma falha na ordem simbólica do seu tempo, impedindo que ele seja decodificado. Agindo através de duas operações – uma de ruptura, outra de restauração –, práticas do passado recente retornam, não só para aprofundar essas falhas, mas para suturá-las. Para Foster, reprimida parcialmente, a vanguarda retorna, mas retorna do futuro: tal é sua temporalidade paradoxal.[3]

Através de uma complexa rede de futuros antecipados e passados reconstruídos, cada época sonha com a próxima, mas esse sonho só é possível através da rememoração e da contínua reconstrução do passado imediato.

Os *coletivos* – a palavra é notadamente sessentista – de artistas proliferaram a partir do começo deste século em Porto Alegre, Rio de Janeiro, Belo Horizonte, Fortaleza, Recife, São Paulo, Brasília, Buenos Aires, Córdoba, Rosário, Lima e Santiago. No Brasil, seriam detectados pelo sistema no Panorama 2001/2002. Os trabalhos desses artistas ressignificariam as práticas contestatórias da segunda metade do século XX.

Esses grupos operam com ações diretas sobre o espaço urbano, buscando, como queriam os situacionistas na década de 1960, uma religação afetiva com os espaços degradados ou abandonados da cidade, com o que foi expulso, apagado ou esquecido na afirmação dos novos centros.

Para mapear a emergência desse retorno *a posteriori*, seria bom voltar a 1968, quando o periódico *L'Humanité* chamou o estudante Daniel Cohn-Bendit, líder da rebelião em Nanterre, de judeu-alemão. Dos muros de Paris, os jovens responderam: "Todos somos

---

2 FOSTER, H. *The return of the real; the avant-garde at the end of the century*. Cambridge: The Mit Press, 1996, p. 29.

3 Idem.

judeus-alemães!" A frase era ao mesmo tempo uma afirmação de identificação com o outro – *Dany le rouge*, o judeu-alemão – e um desvelamento do fascismo da imprensa gaullista. Judeus-alemães, negros, mulheres, mineiros bolivianos, *zafreros tucumanos*, camponeses peruanos, operários do salitre do Chile, favelados do Brasil eram o "outro social", os oprimidos, os condenados da terra. Trinta anos depois, num site da Universidade do Texas que se abre com a frase "Todos somos Marcos", lê-se:

> Marcos é um gay em San Francisco, um negro na África do Sul, um asiático na Europa, um chicano em San Isidro, um anarquista na Espanha, um palestino em Israel, um indígena nas ruas de San Cristóbal, um membro de gang em Neza, um roqueiro no campus da Universidade, um judeu na Alemanha, [...] um comunista no período pós-Guerra Fria, um prisioneiro em Cintalapa, um pacifista na Bósnia, um Mapuche nos Andes, um professor sindicalizado, um artista sem galeria e sem portfólio, [...] uma mulher só numa estação de metrô às dez da noite, um campesino sem terra, um editor alternativo, um trabalhador desempregado, um médico sem consultório, um estudante não conformista, um dissidente do neoliberalismo, um escritor sem livros nem leitores [...]

Ao se identificar com as minorias discriminadas, oprimidas e exploradas que estão começando a resistir e a falar, com todos os que trazem desconforto e inquietação à boa consciência do poder através das redes virtuais da internet, Marcos e os zapatistas reencenam antigas operações de resistência política e cultural. Dentro do novo sistema de comunicação global, artistas e intelectuais irmanados no projeto insurrecional de Marcos são convocados à produzir imagens e textos de apoio ao movimento.

Através desse espaço desierarquizado, se põe em marcha uma operação que contamina e desconstrói a academia, o jornal, a biblioteca, o museu, a livraria, a galeria, o mercado, enfim. A relevância do Ejército Zapatista de Liberación Nacional (EZLN) no imaginário contemporâneo pode mapear-se pela penetração dos seus comunicados no debate acadêmico norte-americano. Como exemplo disso, ao site da Universidade do Texas pode-se acrescentar a inclusão do texto, divulgado pela internet, "Declaración de la Selva Lacandona", do EZLN no livro *The Postmodern Debate in Latin America*, organizado por John Beverly, José Oviedo e Michael Aronna e editado pela Duke University.

Zapatistas mexicanos ou judeus-alemães, críticos e artistas aproximam-se hoje do "outro cultural" e identificam-se com ele. Como arquivistas ou colecionadores, organizam acervos, confrontam representações, planejam e enumeram estratégias. Alguns pontos que poderíamos examinar: a divisão da autoria ou seu compartilhamento pelos membros do grupo, o caráter efêmero ou definitivamente desmaterializado da obra e o uso de práticas que se confundem com as da publicidade popular ou com as dos movimentos populares.

Por outro lado, cabe apontar que nem sempre esses grupos evitam os espaços institucionalizados pelo poder, mas instalam neles o germe da resistência e da dissidência. Abrem-se também para outros espaços heterogêneos e globais, nos quais as suas obras são lançadas, recuperadas ou perdidas para sempre como garrafas flutuando no mar.

III. *IRMÃS*

De julho a setembro, na cidade de Belo Horizonte, no estado mediterrâneo de Minas Gerais, no Brasil, florescem os ipês. Esplendorosas de flores brancas, amarelas e purpúreas, essas árvores colorem o brando inverno dos trópicos. Em agosto de 2003, Cinthia e Marilá – as artistas visuais Cinthia Marcelle e Marilá Dardot – saíram pelas ruas da cidade colocando flores de papel crepom no chão, sob os ipês floridos. A intervenção foi registrada num livrinho, onde também eram dadas as instruções para fazer as flores e refazer a ação.

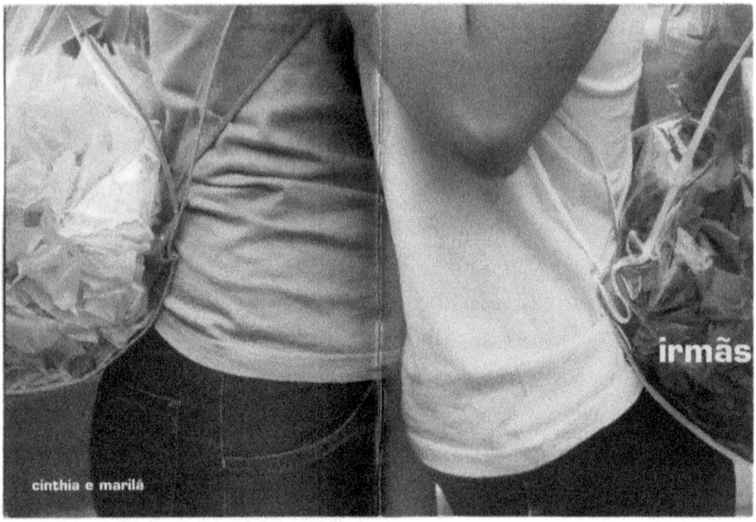

Cinthia Marcelle e Marilá Dardot,
Irmãs, 2003, ação/performance

Escolher seu par.
Compartilhar o fazer das flores.

Passear pela cidade,
encontrar as árvores.

Nas amarelas deixar
flores roxas.
Nas roxas, amarelas.

O nome do trabalho – *Irmãs* – e os materiais – ipês, papel crepom, mochilas e camisetas – apontam para a afetividade da obra. O que vemos nas poucas páginas do pequeno livro são os registros do trabalho. Cinthia e Marilá, vestidas com idênticas calças jeans, idênticas camisetas e idênticas mochilas transparentes, passeando pela cidade. A camiseta de Marilá é roxa e sua mochila carrega flores amarelas, inversamente Cinthia veste uma camisa amarela e leva flores roxas.

O transeunte inadvertido depara-se, inesperadamente, com as flores roxas sob a árvore amarela. No tráfego do fim da tarde, o motorista observa, no chão crivado de flores amarelas, uma árvore roxa.

Ao cabo de poucos dias, as flores serão esparzidas pelo vento ou se desmancharão com as primeiras chuvas. Naqueles que andam apressados pelas ruas das cidades, restará apenas a vaga lembrança de um fato incompreensível.

O trabalho de Cinthia e Marilá consegue criar, nos interstícios de uma cidade cada vez mais violenta e desumana, espaços liberados, lugares de estranhamento nos quais a percepção é posta em xeque. A flor artificial é colocada no lugar onde deveria estar a flor natural, mas a cor invertida (estamos falando também de uma inversão cromática, já que amarelo e roxo são cores complementares) propõe, ao olhar e ao andar, um outro ritmo. Um ritmo que perturba a rotineira organização do cotidiano. Um ritmo que, talvez, venha inventar relações de proximidade diferentes daquelas às quais parecemos estar condenados.

IV. UTOPIAS DE APROXIMAÇÃO

Os anos 1980 e 90 pareciam ter decretado o fim das utopias. Examinou-se muito o conceito, criaram-se outros, como heterotopia e distopia.

Mas, em 2001, Nicolas Bourriaud elaborou o conceito de "utopias de aproximação", práticas artísticas que se estendem num vasto território de experimentações sociais e pretendem agir, gerando novas percepções e novas relações de afeto, num mundo regulado pela divisão do trabalho, a ultraespecialização e o isolamento individual.

Para o escritor francês, a arte contemporânea desenvolve um projeto político enquanto se esforça em investigar e problematizar a esfera relacional. Para ele, a exposição é um lugar privilegiado onde se instalam coletividades instantâneas, regidas por princípios diversos de acordo com o grau de participação do espectador exigido pelo artista, a natureza das obras, os modelos de sociabilidade propostos ou representados, que geram um território de intercâmbios específico.

A arte contemporânea, de acordo com Bourriaud, pretende se inserir e agir dentro do tecido social, mais do que se inspirar nele. Antes que representar, se propõe modelar. Desse ponto de vista, a obra de arte se constitui um interstício social, um espaço de relações humanas que, ao se integrar mais ou menos harmoniosa e abertamente no sistema global, sugere outras possibilidades de intercâmbios que aqueles vigentes nesse sistema.

Para Bourriaud, hoje, a tarefa da arte no campo do intercâmbio das representações é criar espaços livres, propor temporalidades cujo ritmo atravesse aqueles que organizam a vida cotidiana, é favorecer relacionamentos intrapessoais diferentes daqueles que a sociedade da comunicação nos impõe.

Se apostamos, como o fez Duchamp, no fato de que *a arte é um jogo entre todos os homens de todas as épocas*, hoje não assistimos ao fim da arte nem ao fim do jogo, mas ao fim da rodada.

V. *MEMORIAL DO ESQUECIMENTO*

Em um muro, no centro da cidade, a jovem traça letras brancas sobre fundo preto. São os nomes das pessoas que cotidianamente trafegam por essa rua. A ação de Lais Myrrha consiste em solicitar aos passantes seus nomes e escrevê-los num muro externo preto com tinta branca. Os nomes, escritos uns sobre os outros, saturarão o muro até torná-lo branco. A escrita se apagará no ato de escrever.

Lais Myrrha opera quase sempre através de projetos que envolvem relações com a comunidade, na forma de pesquisas ou coletas de dados. Sua prática textual consiste, muitas vezes, no próprio gesto da escritura, que, nesses casos, torna-se puro traço no espaço. Nomes próprios, datas, preciosos substantivos geram um nomear que aponta, quase sempre, para o elemento pré-semântico da escrita ou para o esquecimento que ela favorece.

A aparição sutil do tema da morte desliza nesse trabalho no qual a repetição é apenas uma cerimônia necessária, um envoltório exterior. Escrita e repetição impedem a possibilidade de banalizar as imagens traumáticas da memória coletiva, porque o que se repete – e o que se apaga – é a soma incompleta das diferenças.

VI. INTERVENÇÕES SUBURBANAS

Na contemporaneidade, na América Latina e sobretudo no Brasil, percebemos um sistema de arte estruturado de acordo com as demandas do mundo globalizado. Esse sistema é periférico, mas mantém fortes laços com os centros hegemônicos.

Na introdução do livro *Politics/Poetics – documenta* x*: the book*, publicado contemporaneamente à exposição documenta x, em Kassel, Alemanha, declara-se a intenção de esboçar um contexto político para a interpretação das atividades artísticas no fim do século xx, através de uma montagem de textos e documentos do período imediatamente posterior ao pós-guerra até hoje. Logo em seguida, abre-se um mapa, datado de 1992, cuja legenda é “Centros

Lais Myrrha, *Memorial do esquecimento*,
ação, 2002, Belo Horizonte, Brasil

e periferias no mundo", uma rede hierárquica. O desenho do mapa, esquemático, impreciso, sem a Antártida nem as ilhas Malvinas, entre outras falhas, sobrepõe-se, em parte, à foto de umas torres gêmeas e cristalinas, unidas por uma passagem transparente.

Não há nenhum dado sobre a origem do mapa, nem sobre o lugar onde essas torres se elevam. (São as Torres Petronas, na época o edifício mais alto do mundo, em Kuala Lumpur, na Malásia.) Claras e luminosas, muito próximas das utópicas catedrais de cristal de Feininger e das perspectivas futuristas de *Metrópolis*, as torres parecem apontar para um futuro brilhante, uma espécie de contraponto ao mapa estilhaçado.

O mapa que reflete a nova ordem mundial abre-se a partir do vazio do Polo Norte. O risco que marca o centro (o oligopólio global) passa por Nova York, Chicago, San Francisco, Tóquio e Berlim. O resto é periferia: periferia integrada ao centro, periferia anexada, periferia explorada, periferia semi-isolada. O mapa ainda registra os links da rede global e as reservas territoriais estratégicas ou espaços de colonização pioneira.

Na América do Sul, o anônimo cartógrafo indicou as áreas de periferia anexada (a quê?), explorada (por quem?) e abandonada, os principais *links* da rede global (Lima, Santiago do Chile, Buenos Aires, São Paulo, Rio de Janeiro, Caracas) e as reservas territoriais estratégicas. A Amazônia e uma longa e estreita faixa que se estende ao longo da pré-cordilheira argentina até a Terra do Fogo estão incluídas nessa classificação.

Evidentemente essa cartografia nos coloca no subúrbio do mundo. Sobre essa localização suburbana – nosso lócus de enunciação – e sua relação com os centros é que me proponho a refletir.

Na 50ª Bienal de Veneza, o argentino Carlos Basualdo, um dos curadores da última documenta, se propõe, em *A estrutura da sobrevivência*, a reunir "obras que explorem os efeitos das crises políticas, sociais e econômicas nos países em desenvolvimento".[4]

---

4 Acessado em 02 ago 2017 e disponível em: http://universes-in-universe.de/car/venezia/bien50/survival/e-press.htm.

Ação *Homenagem aos assassinados pela repressão policial em 20 de dezembro de 2001*, GAC – Grupo de Arte Callejero, 2002, Buenos Aires, Argentina

A mostra busca refletir, de acordo com Basualdo, como artistas e arquitetos reagem nessas situações e quais as formas estéticas de sobrevivência e resistência praticadas. O curador parte do fato de que a arte, como forma de produção de conhecimento, contribui para a compreensão dessas circunstâncias para poder atuar sobre elas. Noções de sustentabilidade, auto-organização e a articulação de várias formas de agenciamentos estéticos como estratégias de resistência são recorrentes na exposição, assim como a poderosa imagem da mais chocante das evidências no que se refere às condições da cidade: a esmagadora presença das favelas.

A mostra, que tem os brasileiros Cildo Meireles, Alexandre da Cunha, Fernanda Gómez e Marepe, apresenta, também, uma obra do Grupo de Arte Callejero, coletivo argentino integrado por artistas plásticos, fotógrafos e designers gráficos. Esse grupo, que começou a trabalhar em abril de 1997, orientou sua ação para a tomada de espaços públicos urbanos, como uma forma de questionar os lugares tradicionais da arte. Desde essa época, utilizam para suas intervenções os espaços publicitários e o código de sinalização viário e realizam, também, ações performáticas. Como funcionaria a prática de intervenção suburbana num dos centros hegemônicos do sistema das artes contemporâneas?

De acordo com Carolina Golder, integrante do GAC, em Veneza seu trabalho perdeu toda a mensagem, a obra descontextualizou-se, perdeu toda a sua força. A experiência da Bienal fez com que se instalasse no grupo uma discussão muito forte e os artistas tiveram que parar para refletir. A súbita notoriedade causou conflitos

> Se você põe um cartaz na rua que diz que aí vive um genocida, tem que assiná-lo? É um elemento que ocupa o espaço público, assiná-lo seria contraditório. Esse cartaz está na rua e tem que se confundir no espaço público, tem que ser visto assim. Vale mais a mensagem que quem a emite. Vale mais a mensagem que a forma. Inclusive, antes tínhamos mais tempo para pensar nas formas [...]

As reflexões da artista se abrem para uma série de questões sobre arte e sistema de arte, e seria muito simples apontar, apenas, a potência da sociedade global para se apropriar e espetacularizar até as mais ferozes críticas.

Acredito, porém, que o importante nesse caso é a experiência múltipla e compartilhada das ações e as sinalizações dos artistas que ao serem desmembradas do continente e da cidade em que operam, provocam nos centros do sistema a emergência, nem que seja momentânea, do subalterno, do marginal.

Transformar a Plaza Mayor numa lavanderia suburbana, esparzir flores outras no sopé das árvores floridas, escrever num muro até caiá-lo, distribuir cartões telefônicos com a inscrição "me liga", cobrir com tinta dourada as folhas de outono, se oferecer a imprimir cartazes com os nomes e endereços das pessoas desempregadas... Essas aparições, breves e inesperadas, poderiam servir para constatar quanto de suburbano ainda persiste nos interstícios das metrópoles, no interior dos centros, para lembrar, com uma consigna de Maio de 1968, que sob os paralelepípedos – ainda – permanece a praia.

Texto originalmente publicado em: Revista Instituto Arte das Américas, *n. 3, Belo Horizonte, jan/jun, 2006.*

Garrafas no mar: da urgência à desesperança

Mesmo que eu mande em garrafas
Mensagens por todo o mar...

JOÃO BOSCO

Não trabalhar mais com a metáfora da
pólvora, mas com a própria pólvora.

MEIRELES

I.

Em 1970, Cildo Meireles deu início à proposta *Inserções em circuitos ideológicos*,[1] que se implementou através de dois projetos: o *Projeto Coca-Cola* e o *Projeto Cédula*. O *Projeto Coca-Cola* consistia em gravar informações e opiniões críticas nas garrafas retornáveis dessa bebida para, depois, devolvê-las à circulação. O artista colocava um decalque impresso em tinta branca, que só se tornava visível quando a garrafa estava cheia. O *Projeto Cédula*, do mesmo ano, convidava a inscrever informações ou críticas no papel-moeda. O próprio Meireles utilizava um carimbo para imprimir frases como:

Quem matou Herzog?
Yanquis, go home!
Qual é o lugar de um trabalho de arte?[2]

---

1 Deste ponto em diante *Inserções em circuitos ideológicos* será grafada como ICI.

2 MEIRELES, C. *Cildo Meireles* (catálogo). Valência: IVAM Centre del Carme, 2 fev a 23 abr 1995, p. 98.

Com esses trabalhos, nos quais o objeto era retirado do seu contexto, suplementado por uma proposição conceitual e reconduzido outra vez ao circuito originário, o artista dava início a um processo de comunicação em aberto, cuja extensão desconhecia e cujo alcance fugiam a qualquer intento de controle. O público era o destinatário, mas também o agente dessas ações que propiciavam a colaboração das pessoas para manter um fluxo de contra-informação ideológica.[3]

Meireles considerava que as *Inserções* partiam de duas práticas culturais comuns: as correntes de santos – uma rede de correspondência que se inicia quando alguém que recebe uma carta atende à proposta na qual se pede que seja copiada e enviada para um certo número de pessoas – e "as garrafas de náufragos arrojadas ao mar".[4]

O conceito de circuito elaborado por Meireles – "Circuito é uma circulação criada pela repetição"[5] – foi matricial para a concepção e execução dessas obras. O circuito seria, para o autor, o fato preexistente sobre o qual poderia ser feito um trabalho real: a "inserção", cujo caráter seria sempre contrainformativo.[6] A sofisticação do meio criaria sua própria armadilha, já que seria utilizada para desconstruir o paradigma inerente a ele: a alienação e a desidentificação.

Nos textos escritos na época da realização dos trabalhos, o artista insistia no fato de que as *Inserções* aspiravam a substituir a noção de mercado pela de público. Nesse sentido, Meireles apontava para o conceito, emergente no Brasil da época, da relação artista-marchand-mercado, que ele identificava como sendo similar ao processo de produção-distribuição-consumo.

---

3 No ensaio *Blue-Print Circuits, Conceptual Art and Politics in Latin America,* Mari-Carmen Ramírez aponta para uma inversão estratégica do modelo conceptual na arte do continente. A arte latino-americana opta pela apropriação do objeto como veículo privilegiado na construção de sentidos, em oposição a um segmento importante da arte conceitual norte-americana que, ancorado numa pesquisa sobre a linguagem, prescindiu dos objetos e os substituiu por proposições linguísticas.

4 MEIRELES, C., *op. cit.*, p. 98.

5 Ibidem, p. 103.

6 Ibidem, p. 98.

Anos mais tarde, em 1988, ao refletir sobre esse trabalho, o artista alega que as ICI tinham a pretensão de fazer o caminho inverso do *ready-made*. "Não é mais o objeto industrial colocado no lugar do objeto de arte, mas o objeto de arte agindo como objeto de indústria."[7] Como grafites ou pichações feitos sobre um objeto que circula, possibilitavam a interação entre o discurso do sujeito e a linguagem do artista: uma prática eminentemente social era transmutada em prática artística.

Uma das preocupações de Meireles, na época da criação dessas obras, era saber que objetos conservar e como conservá-los. Em entrevista a Nuria Enguita, o artista declara:

> Acredito que a única possibilidade de permanência de uma obra é a memória. A transitoriedade do tempo não implica impermanência. Essa possibilidade aumenta na medida em que a memória se torna mais coletiva. Esse seria seu corolário. Fora disso, nos moveríamos no domínio da materialidade, território precário, atravessado por forças enormes.[8]

Assim, os trabalhos seriam considerados marcos, evocações ou lembranças de fatos reais e visíveis, resíduos, ou restos apenas, do fazer do artista.

Inserções em circuitos ideológicos – obras que subsistem somente na medida em que não são obras de uma só pessoa, mas necessitam de coautores para crescer e se disseminar –, nas suas duas versões, *Projeto Coca-Cola* e *Projeto Cédula*, encontram-se, hoje, nos mais importantes museus e coleções do mundo. Em verdade, os objetos que se expõem – uma tríade de garrafas, algumas cédulas já fora de uso – não passam de relíquias, vestígios apenas de uma ação passada. Isso, porém, importa menos que sua permanência na memória e no trabalho de alguns artistas brasileiros.

---

7 Ibidem, p. 106.
8 Ibidem, p. 23.

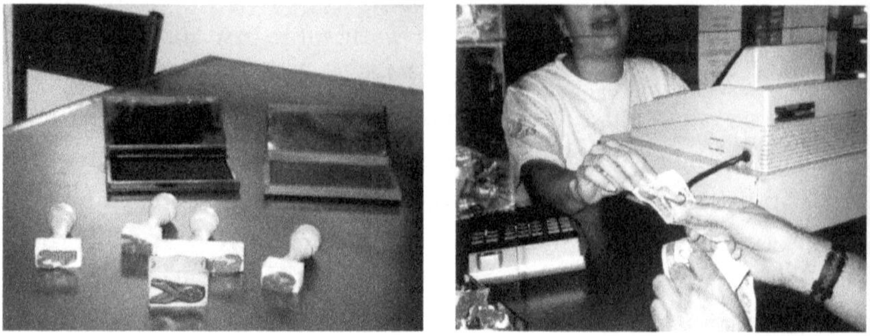

Sávio Reale, *Soropositiva*, ação, 1999

O projeto *Soropositiva*, do artista Sávio Reale, iniciado em 1999, surge a partir do logotipo de uma indústria de alimentos: a *Sadia*, que vende, através dessa marca, uma boa imagem para os produtos que oferece. Reale utiliza a marca (e a lembrança dela nas outras marcas que desenvolve: *Soropositiva – aidS – Sida*) para transmitir uma mensagem oposta àquela para a qual foi criada: um alerta contra os perigos da transmissão da Aids e as denúncias que a sua incontrolável propagação suscita.

Essa operação realça, por oposição, o que se esconde por trás da palavra *sadia*: a doença, os doentes, a disseminação de enfermidades epidêmicas e endêmicas no mundo contemporâneo. Num momento posterior, o laço vermelho da solidariedade, símbolo da luta contra a Aids, foi também incorporado ao trabalho. Foi confeccionado um carimbo com as palavras que, num primeiro momento, eram impressas sobre folhas de papel.

Em janeiro de 2004, o artista começa a utilizar aqueles carimbos em algumas cédulas de R$ 1, R$ 2 e R$ 5, que passa a usar em transações cotidianas, compra de serviços e produtos. Constata que, mesmo atingindo um grande número de pessoas, elas não costumam perceber a nota carimbada. Como acontece no contágio da doença, talvez o perigo da contaminação (quer de ideias, quer de HIV) seja percebido demasiado tarde.

Em dezembro de 2004, Sávio Reale realizou uma ação na praça Sete de Setembro, em Belo Horizonte, no contexto do Dia Mundial de Luta contra a Aids, cuja intenção era propor a questão de quem está sendo contaminado com o quê, além de instigar as pessoas para que tomassem alguma atitude ao receberem de volta a sua nota carimbada.

> Mesmo que não tomassem nenhuma atitude de imediato – ou que nunca tomem alguma atitude –, apenas o fato de passarem para a frente aquelas notas carimbadas contribuirá, mesmo que involuntariamente, para levar a questão até outras pessoas (o dinheiro continuará circulando, indefinidamente, junto com a mensagem que cada palavra encerra).[9]

O circuito do papel-moeda é, evidentemente, um excelente agente multiplicador da mensagem (lembremos que as notas carimbadas devem se manter em circulação até chegar às instituições bancárias, onde possivelmente serão retidas e destruídas) e seu simbolismo, no caso da transmissão de doenças sexuais, é claro.

O grupo Poro – Brígida Campbell, Marcelo Terça-Nada – retoma também a ideia de Cildo Meireles e, em 2002, cria um carimbo onde se lê: FMI – *Fome e Miséria Internacional*. O procedimento utilizado é o mesmo: carimbar cédulas e devolvê-las à circulação. Mas o que em 1970 era feito clandestinamente, hoje (o projeto está ainda em andamento) acontece nas salas de aula da universidade, em eventos públicos, à mesa de um bar...

Recentemente, o coletivo argentino Pobres Diablos fez uma versão em espanhol do carimbo e, a partir desse fato, grupos de outros países da América Latina encamparam o projeto. O *Projeto FMI*, que agora, através dos Fóruns Sociais e das redes da web, está se disper-

---

9 Declaração do artista à autora, 2004.

Grupo Poro, *Projeto FMI – revisitando Cildo Meireles*
(entre 2002 e 2006), diversos locais e cidades, Brasil e Argentina.
1) Carimbar notas com os dizeres: "FMI – Fome e Miséria Internacional"
2) Devolvê-las à circulação

sando pela América Latina, parece estar mais perto das inserções primeiras que o *Projeto Sadia*. Afinal, a contestação da atuação do Fundo Monetário Internacional, feita pelo grupo Poro, parece mais próxima das propostas dos anos 1970 que a reivindicação pela atenção à saúde pública (que implica também questões de gênero) de Reale. Essa proximidade, reforçada pela adesão do coletivo argentino Pobres Diablos (que se identifica como um "grupo de arte urbana que trabalha mediante intervenções efêmeras, abordando problemáticas sociopolíticas, define seu trabalho como contestatório e se declara em oposição ao pervertido circuito oficial de distribuição artística"[10]) se desmantela ao inserir essa proposta pontual em relação ao resto do *corpus* do trabalho, como se verá a seguir.

Ambos os trabalhos – *Projeto Sadia* e FMI – se constituiriam como versões contemporâneas de ICI, pois se apropriam do circuito preexistente, inserindo nele informações ideológicas. O projeto FMI ainda distribui a matriz para o carimbo num outro circuito muito mais amplo: a internet.

II.

O grupo Poro criou um santinho tipográfico – *Propaganda política dá lucro!!!* –, que foi distribuído por diversas pessoas em diversas cidades. O panfleto, de composição e tipografia popular, promete lautos benefícios monetários para quem fizer um curso profissionalizante de propaganda política. Algumas ementas são sugeridas: "Maquiagem e figurino", "Estratégias de sonegação fiscal e superfaturamento de orçamentos", "Como manipular dados a seu favor".

Nos períodos de propaganda eleitoral de 2002 e 2004, o panfleto foi distribuído em locais públicos de grande circulação e colado em quadros de aviso de escolas, bares, bancas de jornal e até galerias de arte. Foi, também, acumulado em lugares onde se costuma deixar fôlderes, panfletos e *flyers* para divulgação. Os

---

10 Disponível em: http://www.pobresdiablos.com.ar/.

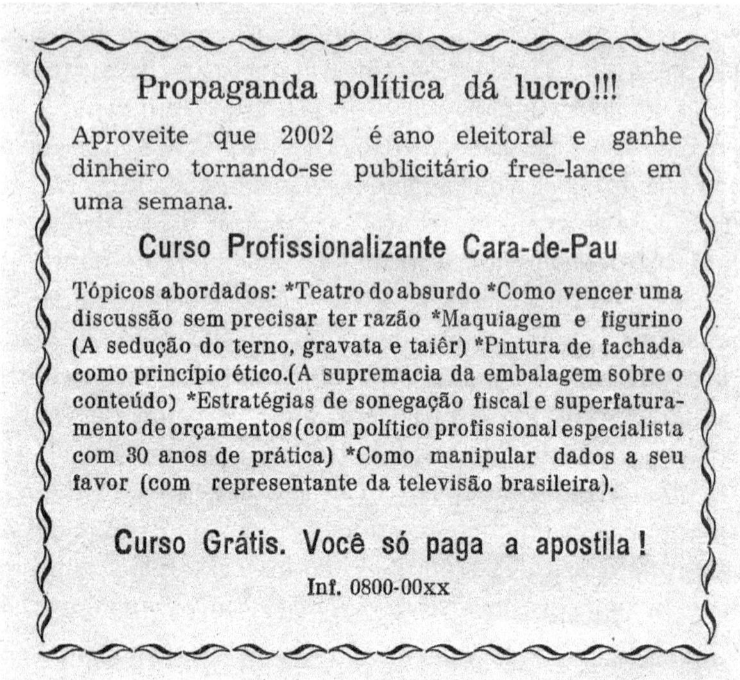

Propaganda política dá lucro!!!

Aproveite que 2002 é ano eleitoral e ganhe dinheiro tornando-se publicitário free-lance em uma semana.

Curso Profissionalizante Cara-de-Pau

Tópicos abordados: *Teatro do absurdo *Como vencer uma discussão sem precisar ter razão *Maquiagem e figurino (A sedução do terno, gravata e taiêr) *Pintura de fachada como princípio ético.(A supremacia da embalagem sobre o conteúdo) *Estratégias de sonegação fiscal e superfaturamento de orçamentos (com político profissional especialista com 30 anos de prática) *Como manipular dados a seu favor (com representante da televisão brasileira).

Curso Grátis. Você só paga a apostila!

Inf. 0800-00xx

Grupo Poro, *Propaganda política dá lucro!!!* (2002, 2004, 2008 e 2010), diversas cidades. Santinho impresso em tipografia, distribuído em locais públicos e afixado em bares, padarias, orelhões, murais, etc., em variados locais e/ou por diferentes pessoas, em período paralelo ao de uma campanha eleitoral.

santinhos foram, também, enviados pelo correio para pessoas de diversas cidades com instruções para que os distribuíssem. Finalmente, foi colocado na internet, no sítio da revista *Etcetera*,[11] com instruções para imprimi-lo e difundi-lo. "A partir do momento em que o panfleto foi colocado na internet, perdeu-se o controle de onde ele foi parar",[12] declaram os autores da proposta.

Ao lado dessa proposição, de nítido caráter político, como a já citada FMI, aparecem outras em que o elemento poético predomina. São intervenções, às vezes mínimas, nas ruas da cidade: pequenas marcas que destacam um canteiro, um poste, um bueiro, um muro quase destruído.

Ao exibir esses trabalhos numa galeria, percebemos que o que se mostra é apenas resto ou resíduo das ações: fotos ou vídeos das já realizadas, adesivos que propõem começar ou continuar outras. Mas o trabalho – a obra – nunca estará lá.

O que permanecerá desses trabalhos daqui a vinte ou trinta anos? Camiseta com dizeres já incompreensíveis, folhetos amarelados, vagas fotografias, recortes da imprensa, adesivos sem cola. Apenas registros, apenas suvenires. Nesses objetos, possíveis relíquias de obras, a arte sobreviveria apenas como a incerta equação de um instante, jamais um objeto pleno, nunca o resultado de um processo de sedimentação do pensamento estético ou da forma plástica.

É através de ações similares que muitos artistas contemporâneos se confrontam com o mundo e com sua cidade: interferindo, delicada ou incisivamente, no que eles têm de mais cotidiano, de mais ordinário, de mais rotineiro, de mais vulgar. Sua proposta consiste em tentar abrir, nessa dimensão concreta e unidimensional, pequenas trilhas que permitam escoar e dissolver o insuportável peso de um presente cada vez mais opaco e cada vez mais complexo.

---

11 O panfleto de 2002 foi publicado na 9ª edição da revista *Etcetera* no endereço: http://www.revistaetcetera.com.br/old/09/visuais/galeria/santinho.htm. A reedição de 2004 está disponível no site do Poro: www.poro.redezero.org.

12 Declaração do grupo Poro à autora, 2005.

III.

No final do século XX, quando a palavra "utopia" parecia ter sido proscrita para sempre, Nicolas Bourriaud elabora o conceito de "utopias de aproximação", entendendo por isso práticas artísticas que se estendem num vasto território de experimentações sociais. As "utopias de aproximação", ao pretenderem agir sobre um mundo regulado pela divisão do trabalho, a ultraespecialização e o isolamento individual, gerariam novas percepções e novas relações de afeto.[13]

Bourriaud concebe a *arte relacional* como um dispositivo que se propõe modelar o tecido social, inserindo-se nele e agindo a partir de seu interior. A exposição se constitui como um espaço de construção de coletividades instantâneas e efêmeras, um espaço de trocas e intercâmbios no qual o sujeito interage, não somente com as obras, mas também com o artista e com os participantes.

O autor considera a obra um interstício social, entendido como o lugar onde acontecem relações interpessoais. Para ele, a função da arte é propor temporalidades outras, diferentes daquelas que marcam a vida cotidiana: criar espaços de liberdade.

Ao mesmo tempo, constatamos que alguns artistas têm preferido abandonar os lugares consagrados e expor suas obras na rua, na mídia, ou em qualquer lugar que lhes permita se evadir ao máximo das estruturas institucionais; desinteressados de insistir numa já esgotada autonomia, eles reivindicam um real no estado bruto.

Nos últimos anos – os primeiros do novo milênio –, temos assistido, entre impávidos, esperançosos e receosos, o crescimento da instituição: a multiplicação dos museus, dos centros de arte, dos salões, das bolsas e dos curadores. A figura do artista aparece cada vez mais diluída, apenas uma engrenagem no interior de um complexo sistema gerido por leis de incentivo fiscal, bancos e banqueiros, fundações e conselhos curadores.

Nos dias de hoje, quando os caminhos naturais da arte e da política parecem ter mudado de lugar, a grande questão para muitos

---

13 Cf. BOURRIAUD, N. *Estética relacional.* Buenos Aires: Adriana Hidalgo, 2006.

artistas reside em: como desenvolver um processo de contestação no interior de um sistema que é capaz de neutralizar e incorporar qualquer perturbação? Resistir a essa institucionalização se inserindo no cerne da instituição, contaminando-a com um vírus que não a destrua, mas que denuncie suas cicatrizes e suas chagas, suas forças e suas fraquezas, pode ser uma estratégia possível. A recusa dos objetos e a fuga para a ação coletiva e/ou efêmera poderiam ser, mais que uma solução, uma tática de sobrevivência.

A legitimação dessas manifestações fugazes se radicaria numa instância sacrificial, "através da ação realizada num momento, sem resto que se traduza numa ausência consentida de futuro".[14] Esses procedimentos estariam negando o pressuposto modernista do artista como herói e atualizariam o conceito do artista como "protagonista social", conceito que teve seu auge entre 1960 e 1970. A ênfase na ação parece desprezar a criação de uma obra permanente e apontar para a substituição desta por um fato multiplicável ou um acontecimento transmissível.

Alguns artistas hoje propõem uma arte que não se reivindique como uma criação maior, que aposte no menor, no sentido de Deleuze e Guattari, um menor em que tudo é político e tudo é coletivo. "Escrever como um cão que faz seu buraco, como um rato que faz sua toca",[15] partindo de sua própria situação periférica, "do seu próprio ponto de subdesenvolvimento, seu próprio patoá, seu próprio terceiro mundo, seu próprio deserto".[16]

Paul Ardenne considera que, para esses artistas, herdeiros do realismo histórico, a arte deve existir apenas no instante de sua realização: ligada às coisas de todos os dias, numa relação estrita com o contexto.[17] Nesses casos, o artista faz uso da intervenção di-

---

14 Cf. ARDENNE, P. "L'Art contextuel. Un entretien avec Paul Ardenne". Disponível em: http://esse.ca/en/dossier-lart-contextuel-un-entretien-avec-paul-ardenne. Acessado em 14 nov 2017.

15 DELEUZE, G. e GUATTARI, F. *Kafka. Por uma literatura menor.* Rio de Janeiro: Imago, 1977, p. 28.

16 Ibidem, p. 29.

17 Cf. ARDENNE, P. "Art et politique: ce que change l'art 'contextuel'" Disponível em: http://www.cfwb/lartmeme.

reta com o intuito de se inserir e inserir seu corpo no âmago da vida política, no cerne da cidade entendida como pólis.

Arte contextual, assim é como Ardenne denomina as manifestações que optariam por colocar a obra em relação direta com o real, sem nenhuma intermediação. De acordo com o historiador,

> [a] posição da arte contextual é, em resumo, se distanciar: da representação (arte clássica), dos desvios (arte duchampiana), da arte tautológica, que analisa e estuda a si mesma (arte conceitual). A arte contextual aposta em destacar o potencial crítico e estético das práticas artísticas ligadas mais à apresentação que à representação, práticas que proponham intervenções no aqui e agora.[18]

Essa arte, precária e ativista, convocaria outros sentidos além da visão e permitiria, aos artistas, aproximações sensoriais que os levassem a uma investigação renovada do sensível. O artista contextual se constituiria como um corpo em meio a outros corpos, não reivindicando para si nem para sua obra qualquer lugar de privilégio. Ele agiria no interior de uma sociedade entendida como associação, através de micropolíticas com as quais estaria comprometido de uma maneira crítica. Mas não pretende mudar tudo: corrige alguma frase aqui, destaca uma cor lá e, ciente de que a linguagem da arte é uma linguagem de alteridade, preocupa-se em ser entendido, compreendido e avaliado.[19]

Esse artista, enfim, veria a proximidade como uma relação de afeto e, através de práticas de intersubjetividade, de compartilhamento da autoria ou de criação coletiva, se disporia a recombinar os signos, jogar com eles, não para dar à luz a Verdade, mas para fazer brotar muitas pequenas verdades, vê-las crescer e proliferar.

---

18 ARDENNE, P. *Un art contextuel: création artistique en milieu urbain en situation d'intervention, de participation*. Paris: Flammarion, 2004, p. 12.

19 Ibidem, pp. 34 e ss.

IV.

Os trabalhos dos artistas contemporâneos ressignificariam as práticas contestatórias dos anos 1960 e 70, ao operar com ações diretas sobre o espaço urbano. Buscam, como queriam os situacionistas, uma religação afetiva com os espaços degradados ou abandonados da cidade, com o que foi expulso, apagado ou esquecido na afirmação dos novos centros. Suas características principais seriam: a negação da autoria ou sua divisão entre os membros do grupo, o caráter efêmero ou definitivamente desmaterializado da obra e o uso de práticas que se confundem com as da sinalização urbana, a publicidade popular, os movimentos de massa ou com as tarefas cotidianas.

Trinta anos depois, quando qualquer impulso utópico parecia ter desaparecido, da selva Lacandona, no México, o Ejército Zapatista de Liberación Nacional (EZLN) começa a divulgar consignas similares. A disseminação dessas ideias já não se faz por meio de pintadas clandestinamente nos muros das cidades, mas através das redes da internet. O subcomandante Marcos e os zapatistas renovaram as antigas operações de resistência política e cultural se utilizando dos novos dispositivos da era digital. Através das redes da internet, se aproximaram das minorias discriminadas, oprimidas e exploradas, fortaleceram e deram voz aos que têm desejo de resistir. Assim, trouxeram desconforto e inquietação à boa consciência da classe média, que bocejava em paz. Os zapatistas instauraram, dessa maneira, uma prática cultural que parece ter o poder de recodificar signos culturais, antes de propor qualquer programa revolucionário. Como prática textual, plural e simbólica, o uso da rede demonstra-se capaz de resistir, nem que seja por um breve lapso de tempo, aos circuitos discursivos estabelecidos.

Se, no caso da guerra do Vietnã, o sistema de convocação de manifestações múltiplas levou anos para ser organizado, hoje a mobilização parece imediata. Constata-se, assim, que, cada vez mais, pela internet e as comunidades em rede, ação política, produção cultural e teoria crítica vêm se misturando para desenvolver um tipo de articulação diferente de qualquer outro criado anteriormente. Por outro lado, observa-se que os protestos e as mobilizações obedecem a uma estrutura descentralizada e sem nenhuma ideologia dominante.

É necessário refletir sobre como essas possibilidades afetam o sistema da arte e como, ao agir das bordas desse sistema, o perturbam e o neutralizam. O que, por enquanto, podemos suspeitar é que, através do espaço desierarquizado da rede, se põem em marcha operações que podem contaminar e desconstruir a academia, o museu, a galeria, a biblioteca, a livraria, o jornal: o mercado, enfim.

V.

Uma falsa fachada de madeira foi sobreposta à fachada real de uma oficina mecânica, na zona sul de Belo Horizonte. Ao longo de várias semanas, o muro branco foi se povoando de grafites feitos pelos jovens das comunidades adjacentes. Quando faltavam poucos dias para a exposição, a artista Lais Myrrha desmontou o arcabouço de madeira, que foi transportado e remontado no Museu de Arte da Pampulha.

No começo de sua carreira como artista, Lais Myrrha costumava operar quase sempre através de projetos que partiam de pesquisas, coletas de dados e arquivamentos. Os nomes próprios dos que circularam nas cidades onde os projetos foram realizados eram solicitados e inscritos sobre pedras soltas, tapumes, muros, formando tramas mais ou menos densas. Dessa vez, a coleta não seria induzida; o muro, como uma página em branco, esteve disponível na rua para quem quisesse desenhar ou escrever nele o que quisesse.

No mezanino do antigo cassino, sobre o belo piso de travertino ocre, a falsa fachada escancara tudo o que tem e teve de simulacro. Como a parede de madeira, na sua implantação na rua, acompanhava uma ladeira. Sua altura é, em parte, maior que o pé-direito

Lais Myrrha, *Fachada subtraída # 1*, ação, 2004, Belo Horizonte, Brasil do mezanino. A *Fachada subtraída, definitivamente inacabada* está montada canhestramente, com uma parte articulada que aumenta o desconforto do olhar estetizado do espectador.

Mas não é só isso o que incomoda, o que está fora de lugar. A maior perturbação é ver no espaço sagrado da grande arte, no salão que outrora abrigara as glórias de Guignard ou de Portinari, uma pintura que vem das ruas – uma versão diluída dos grafites do metrô de Nova York contaminada pelas imagens dos heróis do último mangá japonês –, traçada pelas mãos temerosas de meninos em situação de risco social.

Os muros da cidade, ao se instalarem no interior do museu, transformam-se em espectros de si mesmos, tristes aparições que nunca acharão sua alma nas salas nobres do antigo cassino.

VI.

A arte participativa dos anos 1960 e 70 – Hélio Oiticica e Lygia Clark, sobretudo, mas também Antonio Manuel, Lygia Pape, Cildo Meireles e outros – é considerada pelos artistas contemporâneos uma espécie de cena arquetípica de origem. Essa obra, que permaneceu nas sombras por algumas décadas, mas que hoje é objeto de releituras sensíveis, é o núcleo de referência das práticas artísticas relacionais e ativistas no Brasil.

Já em 1970, Meireles declarava que não trabalhava mais com metáforas, mas com a situação real:

> Era um trabalho que, na realidade, não tinha mais aquele culto do objeto, puramente, as coisas existiam em função do que poderiam provocar no corpo social.[20]

As estratégias de transgressão que o artista compartilhava com seus contemporâneos e que, além da negação do objeto, incluíam o ques-

---

20 MEIRELES, C., *op. cit.*, p. 98.

tionamento da instituição como o espaço sagrado capaz de neutralizar qualquer ideia, são hoje retomadas por muitos jovens. As práticas destes, por sua vez, ressignificam a arte do passado, destacando um potencial crítico que parecia ter sido rasurado ou esquecido.

Refazer uma obra de Cildo Meireles, trinta anos depois, significa pensar o acervo da arte como um museu vivo, cujas peças podem ser atualizadas e recriadas indefinidamente. Significa também pensar, com Baudelaire, que a "memória é o grande critério da arte".[21] Isso, para o poeta, queria dizer que toda obra devia incorporar e evocar a memória dos seus precedentes. Mas, sem dúvida, o presente modifica nossas memórias do passado e as obras contemporâneas iluminam, de alguma maneira, as propostas de obras mais distantes.

Revisitar as obras e os escritos dos artistas dos anos de chumbo tendo em vista as propostas da geração atual servirá não só para traçar genealogias, mas também para descobrir o que foi subtraído, reprimido ou rasurado nas narrativas da história oficial.

Constatamos que, depois de anos de luta dos artistas contra a instituição, ela segue de pé, cada vez mais forte, como se todos nossos esforços para aniquilá-la a tivessem nutrido. Gregory Sholette analisa a fascinação que as grandes instituições conservadoras – o museu, a universidade – exercem sobre seus críticos mais radicais. Para o autor – artista, professor, ativista –, elas nos atraem porque ainda mantêm uma posição simbólica cujas raízes estão profundamente fincadas na cultura democrática e no espaço público: de fato, na própria noção de cidadania.[22] A história dos últimos anos nos ensina que qualquer posição que, hoje, atacasse radical e frontalmente essas instituições se demonstraria vã, além de ingênua. A única atitude viável, então, nos levaria a concebê-las como espaços potenciais para o encontro e a negociação. Uma posição que significa se manter alerta para examinar as possibi-

---

21 BAUDELAIRE, C. *apud* FOSTER, H. *Design and Crime (and other diatribes)*. Londres: Verso, 2002, p. 67.

22 Cf. SHOLETTE, G. "Fidelidad, traición y autonomia: Dentro y más allá del museo de arte de la posguerra fría". Disponível em: <http://www.republicart.net/disc/instituition/sholette01_es.htm>. Acessado em 14 out 2017.

lidades de se apropriar de uma parte do poder institucional e, ao mesmo tempo, manter em relação a ele uma margem de autonomia razoável.

Servir-se, então, da instituição, já que sabemos que, fora delas, uma certa arte corre o risco de se diluir no real. Tudo que há nela de antiartístico, de cotidiano, de ordinário, de impermanente, contribui, de fato, para a confusão desses trabalhos com os de outros ativistas, que não têm nenhuma pretensão de pertencer ao sistema das artes, ou com as ações ordinárias próprias da vida urbana.

Notas carimbadas por artistas não diferem, em essência, daquelas em que anônimos deixam telefones ou mensagens, a fachada da oficina mecânica grafitada é igual à de tantas oficinas da cidade, as flores no chão ou no canteiro poderiam obedecer ao capricho de qualquer um. A instância institucional – seja ela galeria, museu, catálogo, publicação – legitimaria essas obras.

Devemos lembrar que, ante a dificuldade de julgá-las a partir de princípios estéticos, políticos ou didáticos, apenas poder-se-ia aferir sua eficácia imediata, quase sempre muito modesta no momento de sua execução. Mas se nos colocarmos frente a esses trabalhos da mesma maneira que seus autores– uma maneira fluida, porosa, instável, desesperançada, enfim –, talvez possamos vê-los e senti-los. Não devemos esperar muito deles no aqui e agora, apenas vislumbrar pequenas vibrações nas arestas do real – esse espaço em ruínas onde tudo se contamina e se deteriora – que nos façam suspeitar que alguma coisa está por acontecer.

Texto originalmente publicado em: SIRACUSANO, *Gabriela (org.).* Original cópia original? *Buenos Aires: Centro Argentino de Investigadores de Artes* (CAIA), *2005.*

Evaporação dos sentidos: o museu e a comunidade

> Às vezes compadeço-me. Tanta dureza,
> tanta fé, tão impassível ou inocente
> soberba, e os anos passam, inúteis.
>
> JORGE LUIS BORGES

MENINO JESUS

No Museu Histórico Nacional, chama atenção uma estranha imagem: é um belo menino, sensualmente deitado de lado, com a cabeça apoiada na mão – à moda indiana –, na mesma posição em que se representa a morte de Buda. A placa museográfica esclarece o enigma: Menino Jesus; uma escultura indo-portuguesa do século XVII.[1] A imagem intrigante pertence à Coleção José Luiz de Souza Lima, um precioso acervo de esculturas religiosas de marfim.

Após o Concílio de Trento, a Igreja propõe-se determinar a clareza didática das imagens usadas na evangelização. Para isso adota a estratégia de favorecer a aproximação do cristianismo com a linguagem estética dos povos a serem evangelizados. Ao atender essa orientação junto aos indianos e aos cingaleses, porém, as claras mensagens iconográficas do cristianismo foram perturbadas. Assim, a imagem do menino adormecido perdeu a clareza da narrativa católica e contaminou-se com o imaginário budista. Nem Menino Jesus, nem Buda menino, a enigmática

---

1 SANTOS, L. M. "A coleção Luiz de Souza Lima". In: *Arte do Marfim* (catálogo). Rio de Janeiro: Centro Cultural Banco do Brasil, 1993, p. 67.

imagem sobrevive num processo de dissolução conhecido como *evaporação de sentido*.[2]

No processo de transculturação houve mais perdas que ganhos, e essa imagem, como muitas outras, permaneceu, errática, num espaço indefinido no qual o sentido, rarefeito, se dissipou.

PUNHAL

"Numa gaveta há um punhal." Assim começa o conto de Jorge Luis Borges. Imaginamos um belo e antigo punhal forjado em Toledo. Aqueles que o veem querem pegá-lo, crispar os dedos na empunhadura. Sentir como se acomoda perfeitamente na curva da mão. Mas o punhal quer uma outra coisa: "quer matar, quer derramar brusco sangue".[3]

Na gaveta da escrivaninha, esquecido entre papéis, "o punhal sonha interminavelmente seu simples sonho de tigre, e a mão se inquieta quando o segura, porque o metal se anima".[4] O punhal de metal deseja, em cada mão que o apanha, a mão homicida para a qual foi forjado.

O breve texto de Borges ilumina, de alguma maneira, a estranha persistência dos objetos nos museus. Como esses objetos sobrevivem em suspensão, alheios para sempre a sua função primordial, transformados em eternas imagens imemoráveis de si mesmos?

As armas, os santos, as moedas, os quadros, a mobília, os documentos já não são o que foram. São apenas "peças de museu". Será que, como o punhal de Borges – do pai de Borges –, ao entrar em contato físico com os homens, recuperam sua antiga vida e anseiam por se encaixar nas mãos ou nos olhos para os quais foram feitos?

---

2 Ibidem, p. 66.

3 BORGES, J. L. *Obras completas*. Buenos Aires: Emecé, 1974, p. 156.

4 Idem.

WUNDERKAMMER

Nos séculos XVI e XVII, na chamada *Wunderkammer* (câmara das maravilhas) – antecessora do museu – acomodava-se uma multidão de objetos selecionados pela sua estranheza, seu exotismo ou sua beleza. No palácio do nobre ou na casa do burguês, em armários e estantes de requintada feitura, acumulavam-se espécimes – verdadeiros ou forjados – das ciências naturais, relíquias históricas ou religiosas, objetos de arte e antiguidades. Microcosmo particular, a câmara das maravilhas funcionava também como um teatro da memória, onde os objetos mais díspares, bizarros e preciosos se reuniam para propiciar analogias, estimular comparações e dar lugar às narrativas fabulosas de um mundo que estava expandindo assombrosamente seus limites.

Em 1639, um viajante de Nuremberg enumera as maravilhas vistas na Arca de Tradescant ou *Musaeum Tradescanianum*, a coleção de John Tradescant, que hoje faz parte do Ashmolean Museum, em Oxford:

> A mão de uma sereia, a mão de uma múmia, uma mão de cera, muito natural, num balcão de vidro [...] uma pintura feita de penas, uma pequena peça de madeira da cruz do Cristo [...] imagens da igreja de Santa Sofia em Constantinopla copiadas por um judeu num livro [...] muitos sapatos e botas turcos e estrangeiros, um peixe-sapo, um casco de alce com três unhas, um osso humano de 42 libras, um instrumento usado pelos judeus na circuncisão, o manto do rei da Virgínia [...] um São Francisco de cera num balcão de vidro [...] um açoite que Carlos V teria usado para se flagelar.[5]

O vago e amplo mundo oferecia seus testemunhos materias para que, com eles e a partir deles, começasse a se tecer o mar de his-

---

5 BLOM, P. *Ter e manter – Uma história íntima de colecionadores e coleções*. Rio de Janeiro: Record, 2003, p. 73.

tórias que nos fundamenta e alguns chamamos de memória ou de história. Provas evidentes da existência de sereias e múmias, relíquias da cruxificção, vestígios de anomalias, animálias.

MUSEU DE TUDO

Idealizado na segunda metade do século XIX, o Museu Mineiro parecia destinado a se configurar dentro do espírito das *Wunderkammer* que proliferavam na Europa a partir do XVII. O senador Camilo de Brito lembra, em 1910, do museu existente em Ouro Preto e já desaparecido "onde os excursionistas iam admirar as coleções e raridades importantes do Estado de Minas",[6] constituídas – como aponta Letícia Julião – por objetos da arte e da natureza.[7]

Assim, ao longo dos anos, o Museu Mineiro foi delineando sua vocação, mais nos anseios dos legisladores que na sua materialidade. "O museu deveria inventariar as riquezas naturais, os talentos e as obras de homens de Minas, assegurando a formulação de um discurso de exaltação da 'pátria mineira'."[8] O projeto incluía a recoleção e exibição de "espécimes interessantes da riqueza de Minas, [...] objetos de arte, cerâmica, estatuária, mobiliário, joias, quadros, gravuras e estampas, numismática, arqueologia, mineralogia, etnografia e outros". Postulava-se, ainda, o cargo de naturalista-viajante. Que museu, então, seria esse? Um museu de tudo: um teatro da memória que conseguisse criar e propagar uma narrativa perfeita e unificadora para a identidade esboroada das Minas Gerais.

Tudo pôde entrar nesse museu porque sua extensão era ilimitada. No Museu Mineiro, um sextante do século XVII, uma pintura de Ataíde ou uma ponta de flecha de quartzo lascado equivalem

---

6 BRITO, C. *apud* JULIÃO, L. "Colecionismo mineiro". In: *Colecionismo Mineiro* (catálogo). Belo Horizonte: Museu Mineiro, 2002, p. 23.

7 JULIÃO, L. "Colecionismo mineiro". In: *Colecionismo Mineiro* (catálogo). Belo Horizonte: Museu Mineiro, 2002, p. 23.

8 Ibidem, p. 28.

ao retrato de d. Pedro II, ao documento do Santo Ofício ou à Pietà do mestre de Piranga. Todos esses objetos perderam sua função; deixaram de ser produções humanas com utilidade e sentido e foram elevadas à categoria do exposto. Essa categoria implica sempre uma evaporação de sentido ao provocar mudanças no espaço, o significado se desloca e, muitas vezes, desaparece. Suspensas, às vezes literalmente, essas obras se transformaram em puras imagens porque delas foi escamoteado todo o valor utilitário, todo o sentido religioso, político, particular.

Hoje, com o Museu estabelecido num prédio eclético que foi a antiga casa do secretário de Agricultura, depois, Senado de Minas e, mais tarde, Pagadoria do Estado, as coleções distribuem-se pelos seus espaços. Os quadros parecem pertencer à Pinacoteca, às imagens, e os objetos de culto à Coleção Parreiras de Arte Sacra, os documentos ao Arquivo Público. Mas tudo se complica porque nesta última também há objetos comemorativos, objetos líticos, moedas, armas, instrumentos de suplício, mapas, objetos de uso pessoal, pinturas e documentos históricos.

Qual é, então, a narrativa que o Museu nos oferece? Uma narrativa fragmentada, estilhaçada nos despojos de uma história local e nacional, monárquica e republicana, um relato em que a lâmina de machado (indígena? Pré-histórica?) partilha sua condição de espectro com a pistola do século XIX, com as pinturas acadêmicas, modernistas e pós-modernistas, com os santos severos, com os oratórios, com a revoada barroca das vestimentas das várias Nossas Senhoras da Conceição. A cultura que criou essas peças foi se dispersando junto com o seu sentido, as vagas da nostalgia e os diacronismos locais buscam, porém, aproximá-las de um presente em que perduram apenas como ruínas.

Nas paredes, nas gavetas, nas vitrines, nos arquivos: os objetos desaparecem no momento mesmo em que são expostos e vistos. Todos eles, imagens-coisas, flutuam e rodopiam num labiríntico museu de tudo o que é mineiro.

Como o punhal do conto de Borges, todos esses objetos anseiam por voltar a sua íntima função, recuperar seu simples ser e estar de coisas: leque trêmulo na mão, tinteiro transbordante, santa no altar, moeda na algibeira.

Gilbert Durand afirma que existem várias formas de iconoclastia; a mais insidiosa, porém, não é a dos fanáticos que dinamitam estátuas milenares, mas aquela que acontece por excesso de exibição, por evaporação de sentido. Esse iconoclasmo, que não opera por destruição da obra, mas por deslocamento de significados, foi e continua sendo o traço constitutivo do Ocidente.[9]

Ante a evaporação de sentido – esse imperceptível e contínuo iconoclasmo – é preciso hoje, mais do que nunca, preservar as memórias das comunidades, restaurar os sentidos esfacelados e gerar novos sentidos através de uma reatualização dos objetos museificados, das narrativas que eles abrigam e da sua possível integração nos rituais do sagrado e do cotidiano.

MUSEU GUARDAS

O projeto Museu Guardas atenta para a ressignificação dos objetos através de um procedimento de deslocamento e recondução. Periodicamente, no mês de seu culto, uma das imagens sagradas da Coleção Parreiras é tirada da vitrine e empossada sobre um pedestal, como um altar. A direção do Museu convida, para essa ocasião, os grupos responsáveis pela guarda espiritual dos santos do seu acervo. Assim, provenientes de diversos municípios mineiros, grupos de Reisado, com suas Irmandades e suas Guardas de Congo e Moçambique, são conduzidos ao Museu, onde, numa das salas, o santo de sua veneração está entronizado.

Nossa Senhora do Rosário, São Benedito, Santa Efigênia, Santo Antônio, São Lázaro, São Jorge, São Cosme e São Damião, até o

---

9 Cf. DURAND, G. *A imaginação simbólica.* Lisboa: Martins Fontes, 1986.

Caravana de Reis Nossa Senhora Aparecida de Justinópolis no projeto Museu Guardas do Museu Mineiro, 2008

Guarda de Marujos São Cosme e São Damião do Bairro São Pedro / Belo Horizonte no projeto Museu Guardas do Museu Mineiro, 2007

presépio, deixam de ser "objetos museificados" e recuperam, nem que seja por algumas horas, seus poderes sagrados.

As Guardas de Congo entram dançantes, lépido o passo, agitando as fitas da roupa multicor ao som do reco-reco e do chocalho, de violas, sanfonas e pandeiros. A cantilena perturbadora, o passo arrastado e grave, gungas nos tornozelos, seguem os moçambiqueiros, com seus cetros cerimoniais, ao som dos tambores.

Por alguns instantes, o espaço laico e republicano da avenida João Pinheiro torna-se adro de igreja ou praça interiorana; por uns instantes, nós, seres urbanos, sentimos que estamos fora de lugar, nosso chão de certezas e taxonomias vacila, cambaleia, treme. Algo maior e esquecido aparece e se distancia subitamente.

Depois vem a festa: confraternizamos, cachaça, queijo e quitandas nos devolvem ao mundo de todos os dias, mas durante um ínfimo lapso de tempo vislumbramos, de viés, o mundo perdido. Uma pergunta não sai da cabeça: e eles, os que viram de longe, o que foi que eles viram?

DESENHO MUSEUGRAFADO

Ao mesmo tempo, em cada um dos eventos do Museu Guardas, o diretor do Museu Mineiro, Francisco Magalhães, instala o material para a ação *Desenho museugrafado: mesa de queijos. Desenho museugrafado* pretende ser, de acordo com o artista, "o registro de uma ação sobre pessoas que se reúnem em torno de um objeto – uma mesa de queijos: uma mesa montada e, sobre ela, quatro pratos brancos com queijos".[10]

São quatro queijos de Minas meia cura e quatro facas para cortar os queijos. Cada vez que a mesa é posta, uma pessoa será convidada a fazer um ensaio fotográfico que não "pretende ser uma construção

10 Acessado em 22 mar 2008 e disponível em: http://sobremesadequeijos.blogspot.com/2006/11/sabido-da-importncia-do-queijo-na.html.

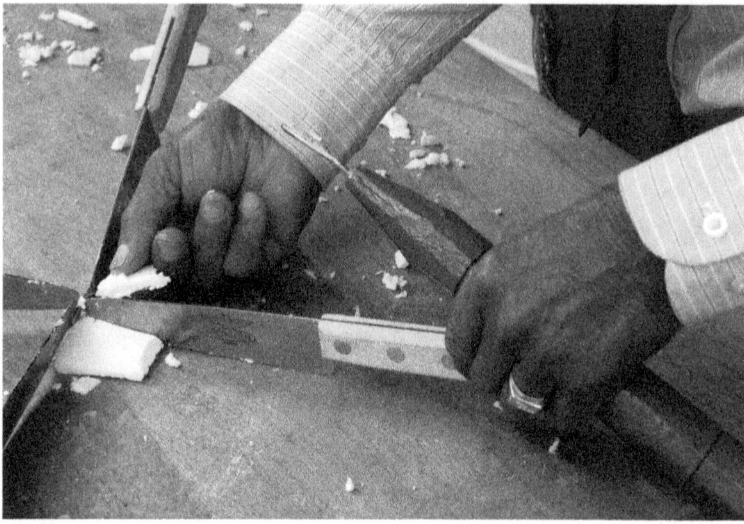

Ação *a quatro mãos* do artista Renato Madureira para o projeto Sobre mesa de queijos do Museu Mineiro, 2007

estética, com lastros em questões formais",[11] o foco é aquele que o convidado preferir. Com o correr do tempo, alguns artistas não se limitaram a fotografar a mesa posta e a devoração do queijo, e montaram, a sua maneira, simulacros da mesa, desenharam os queijos, os entalharam, ensaiaram toalhas ou panos bordados.

A comunhão do queijo – queijo das Minas Gerais, inscrito no Livro dos Saberes como patrimônio imaterial do país –, une a todos, através de laços ancestrais. Inaugura-se um ritual, no qual todos podem ser oficiantes e todos podem ser participantes.

O ritual da devoração do queijo permite que os distantes se unam e os desconhecidos se conheçam ante a mesa escura, os queijos redondos e brancos, as facas afiadas.

TERRITÓRIOS

Ao pronunciar a palavra território, antevemos – em princípio – uma extensão de terra sob o domínio de um animal, de um indivíduo, de um grupo, de uma nação. Se entendermos com Walter Mignolo que a territorialidade é "o lugar de interação de linguagens e de memórias que constroem espaços e definem identidades",[12] podemos pensar os territórios menos como delimitações de espaços predeterminados que como lugares de processos e intercâmbios culturais. Lugares de observação e de enunciação, a partir dos quais é possível imaginar e traçar outros mapas, mesmo que sejam fragmentários, parciais, incompletos. Os territórios são da ordem do poroso, do expansível, do que pode ser penetrado e percorrido, do que se encontra com os outros e se sobrepõe e se entrelaça e se margeia. Entre territórios, há viagens e invasões, contrabando, empréstimos, doações, roubos. Há percursos paralelos, reticulares, concêntricos, aleatórios...

---

11 Acessado em 22 mar 2008 e disponível em: http://sobremesadequeijos.blogspot.com/2006/11/sabido-da-importncia-do-queijo-na.html.

12 MIGNOLO, W.D. *The darker side of the Renaissance; literacy, territoriality, and colonization.* Ann Arbor: The University of Michigan Press, 1995, pp. xv e xvi.

O projeto Territórios do Museu Mineiro pode se inscrever nessa definição. O Museu (uma metonímia das Minas Gerais) se constitui como lugar de diálogo entre linguagens e memórias que visa construir espaços possíveis e resgatar identidades esfaceladas. O projeto quer reconfigurar, sobre os territórios institucionalizados, um movimento que os desestabilize, apontando outros espaços, outras beiradas, outros limites, outras passagens.

Em 2006, Liliane Dardot foi convidada pelo diretor do Museu Mineiro a fazer uma homenagem a João Guimarães Rosa. A obra *Por fundo de todos os matos, amém*, exposta na Sala das Sessões, consistiu na escrita – areia branca sobre um tablado preto – de uma relação dos nomes populares das plantas do cerrado, extraída dos textos de Rosa.

A delicada renda de areia e palavras foi se desfazendo durante a visitação e, no fim da mostra, Dudude Herrmann promoveu o apagamento do texto escrito, a partir de improvisações coreográficas dançadas por ela e bailarinos convidados.

Esse primeiro trabalho, ao propor a delimitação de um novo território – o tablado sobre o chão da Sala das Sessões –, daria início a um projeto maior, dessa vez especificamente relacional. O procedimento é simples: convida-se a um par de artistas: Isaura Pena e Rodrigo Borges em 2006, Lais Myrrha e Cinthia Marcelle em 2007. Esses artistas selecionam um grupo com o qual desenvolverão projetos a partir de e com as instalações e as peças do acervo do Museu Mineiro.

No primeiro projeto, o coletivo recém-formado, coordenado por Isaura e Rodrigo, decidiu trabalhar com a luz no interior dos espaços do Museu. Na Sala das Sessões, um grande plano negro está suspenso por pequenos pilares. O tablado (o mesmo usado na intervenção de Liliane Dardot), levantado a uma altura de 50 centímetros, foi iluminado por baixo. Sob os recortes circulares, poderosos feixes de luz cortam o espaço vazio. O objeto exibido é a luz. Concreta, palpável, a luz obriga a olhar a suntuosidade do assoalho, os muros decorados, o forro pintado. A ausência dos objetos – das pinturas – é substituída pela pura presença imaterial e resplandecente da luz.

Uma luz que também reverbera na sala da Coleção Parreiras, dessa vez ao rés do chão, saindo das lâmpadas em que culminam as singelas torres de plugues de três tomadas. O prosaico da luminária, porém, não retira a carga ritualística da imagem. A sala do Museu volta a ser santuário.

No cofre também foi construído um pequeno tablado, outro território, sobre o qual os artistas e os funcionários do Museu deixaram objetos de valor afetivo ou simbólico. A proposta era que os visitantes trocassem esses objetos por outros de sua propriedade. Desde o dia da abertura da mostra, cada troca foi registrada e o tablado fotografado diariamente. Uma corrente de objetos entrou e saiu do museu e se disseminou pela cidade. Objetos corriqueiros ou insólitos que apareceram e desapareceram durante os dias da instauração do território. Afinal, quem não necessita, imperiosamente, alguma vez, de um casco de tatu, uma estrela de papel prateado ou uma imagem de Nossa Senhora?

A segunda apresentação do projeto Territórios, coordenada por Lais Myrrha e Cinthia Marcelle, em 2007, propôs quatro instalações sucessivas sob o nome de *Reserva*. As artistas afirmam que essa palavra indica "que ali haveria algo à espera de uma solicitação". Ao interditar aos espectadores a possibilidade de olhar as peças do Museu – colocando-as atrás de persianas, dentro de caixas, cobrindo as vitrines com *post-its* ou papel filme – acirra-se o desejo por ver o tantas vezes visto, agora recoberto por camadas opacas, neutras ou coloridas.

A melancolia invade o visitante, pois o acervo está à mostra sob o modo de reserva. Para ver o visível, terá que fazer um esforço: descolar os papeizinhos coloridos, espiar atrás das persianas, se aproximar das vitrines que guardam as imagens sacras, imaginar pelo tamanho das caixas a natureza dos objetos empacotados.

É interessante destacar que as instalações foram invadindo o Museu em ondas, de modo que quando a segunda se inaugurava ainda estava montada a primeira, que era em seguida desmontada. O lento e implacável ocultamento nunca era total, pois sempre os objetos do acervo estavam visíveis em algumas salas.

Como Stephen Dedalus, os artistas parecem nos dizer: "Fecha os olhos e vê:" vê o nada ou quase nada que deixamos para ver. "Fecha os olhos e vê:" aquilo que vistes tantas vezes, que se tornou invisível; vê e revê. Redescobre as imagens: imagina.

CONDENSAÇÃO

Toda mudança no espaço onde se desloca o significado implica sempre uma evaporação de sentido. Assim, cada vez que levamos para o museu um objeto de culto religioso ou de uso cotidiano, arrancamos dele sua essência: o transformamos em apenas "objeto de museu". Fora do altar, do nicho ou da algibeira, sua única função é ser contemplado como resíduo ou ruína de um tempo mais ou menos distante. No museu todos os contextos são apagados, talvez por isso seja recorrente a fantasia que faz as peças retornarem à vida cada vez que as portas são fechadas.

A função do museu seria, então, ressuscitar as memórias impregnadas em cada objeto de sua coleção: aquelas que se extinguiram porque estão ligadas a usos e costumes que já não existem, a culturas que não se propagam através de objetos materiais duradouros ou a culturas destruídas ou descuidadas. Assim, na transparência da vitrine do Museu Mineiro, o nome de Oxum já se sobrepôs ao de Nossa Senhora da Conceição e o de Oxóssi ao de São Sebastião. A dupla denominação aponta para o reconhecimento da cultura subalterna que ocultou suas divindades nas imagens da outra cultura, a dominante. Essas estratégias abrem o sentido das imagens e, ante a impossibilidade de rezar num museu, algo de sua origem perdida floresce de novo. Ao serem ocultos e depois desvelados, os santos ressantificam-se, da mesma maneira que quando separados da coleção são honrados pelas Guardas.

Intervenção na museografia da mostra Colecionismo Mineiro do Museu Mineiro, Coleção de Arte Sacra (detalhe), recorte de vinil translúcido, 2008

E o mesmo acontece com tudo: armas, moedas, utensílios, documentos, pinturas.

Por ser um dos poucos museus da cidade cujo acervo está sempre à vista, o Museu Mineiro nos permite visitar, como se visitam as casas dos amigos, nossas alegrias, nossas dores, nossas lembranças, mesmo que fictícias. *A má notícia*, o espantoso *Retrato do Aleijadinho*, o delicioso *Menino Jesus dos atribulados*; cada um escolherá seus amigos e, talvez, a partir dessa empatia, cada um poderá alinhavar um remendo na sua própria história ou quiçá inventar uma outra.

Nossa comunidade necessita imperiosamente sentir o desejo de ir a um museu, de saber que esse museu lhe pertence, porque será lá que, como num espelho às avessas, poderá se contemplar como parte de um relato que a inclui. Um museu que não faça genealogias de exclusão nem que finque raízes de legitimidade, mas que espalhe sementes e arrebanhe ovelhas perdidas. Um museu, enfim, que não seja o Museu, ou que seja o Museu porque não o é; um museu sempre por vir, que nunca chegue a ser: aberto aos museus possíveis, mas jamais concluído. Se tudo acaba pertencendo ao museu, que ele não seja a matriz de tudo, nem a mãe, nem o modelo; que não seja um templo, uma escola, uma prisão, um cemitério, que seja apenas um lugar de passagem, travessia aberta a todos, onde se possa lembrar, mas também esquecer.

Texto originalmente publicado em: MAGALHÃES, *Francisco (org.).* Desenho museografado: sobre mesa de queijos e outras apropriações de um museu estadual. *Belo Horizonte: Secretaria de Estado de Cultura / Superintendência de Museus e Artes Visuais / Museu Mineiro, 2006 / 2011.*

O museu das insignificâncias: a memória, a arte e os restos da derrota

> Primeiro contemplei no tocador as pequenas joias, as loções e os objetos que usava. Peguei-os e os olhei. Dei-lhe voltas e voltas na mão ao seu diminuto relógio. Depois olhei o armário. Todas aquelas roupas e aqueles acessórios, empilhados uns sobre os outros. Os objetos que completam a todo ser me produziram uma solidão e uma dor terríveis e a sensação e o desejo de ser seu.
>
> AHMET HAMDI TANPINAR

I.

Não é o museu o que me interessa, o que me interessa são as insignificâncias e sua existência precária. Afinal, quem ou o que pode determinar a significância ou a insignificância das coisas? Os objetos descartados, perdidos ou esquecidos perdem o valor de uso, mas ganham, em poder de sugestão, um acréscimo que os coloca em algum lugar entre a relíquia e o testemunho, que os afasta da insignificância e os impregna de sentidos íntimos e pessoais, mas que, paradoxalmente, são uma e outra vez compartilhados.

No Museu Quinta de Bolívar, na cidade de Bucaramanga, nordeste da Colômbia, há, numa vitrine, um *peinetón*: um grande pente convexo de tartaruga que, na época colonial, as mulheres usavam como enfeite de cabelo, sob a mantilha de rendas. A legenda sob a vitrine diz: "*Peinetón usado por una mujer que danzó con el libertador Simón Bolívar.*"[1] E imaginamos – criamos ima-

---

1 "Pente ornamentado usado por uma mulher que dançou com o libertador Simón Bolívar" [tradução livre]. Devo essa informação ao dr. Adolfo Cifuentes.

gens – o garboso oficial, a bela mulher (tem que ter sido bela), os salões iluminados com velas. O pente é quase uma antiguidade, mas o que importa não é seu desenho, nem o material do qual é feito, nem a ocasião em que foi usado, nem sequer a identidade dessa mulher que dançou com o libertador. O significado da bela peça decorada está todo neste homem: Simon Bolívar, *el libertador*, que dançou com a mulher anônima.

Se considerarmos que uma relíquia é um objeto associado a um santo, ou a uma pessoa considerada santa, o *peinetón* é uma relíquia pois, de acordo com o ritual católico, as relíquias podem ser de três graus:

1º grau: Um fragmento do corpo santo,

2º grau: Um fragmento da roupa ou de algo que o santo usara durante sua vida, e

3º grau: Qualquer objeto que tenha sido tocado pelo santo.

Uma relíquia, então, de quarto grau, porque Simón Bolívar dançou, apertou a mão, enlaçou a cintura da dama que usava *el peinetón*.

Sem encarnar a divindade das relíquias, todos os objetos que usamos ao longo da vida nunca perdem o encanto que nos fez desejá-los; esse encanto, porém, se transforma em amargura, em saudade, em melancolia. Na imensa melancolia que parece se desprender das coisas velhas, não das antiguidades, das coisas velhas: as cortinas de macramê da casa paterna, o rádio de baquelita, o leque de papel, o aquecedor a querosene, os botões de madrepérola, os vestidos tubinho, a máquina de escrever, filmadoras super-8, câmaras fotográficas agora inúteis, gravadores de fita cassete.

Já há alguns anos – desde o final dos anos 1980, talvez – os mercados de pulgas foram se transformando em brechós, que se multiplicaram, deixaram de ser frequentados pelos pobres para, pouco a pouco, atrair jovens estudantes, neodândis ou moçoilas enfastiadas. A palavra *modernariato*, neologismo criado a partir do italiano *antiquariato*, começou a difundir-se junto com o termo *vintage*, que provém da enologia, para designar os objetos-fetiches do século passado.

Mas a reabilitação e o uso desses objetos, a meio caminho entre cadáver putrefato e relíquia do corpo consagrado, começou a aparecer nas colagens e *assemblages* surrealistas. Porque, para Benjamin, o surrealismo

> [f]oi o primeiro a ter pressentido as energias revolucionárias que transparecem no "antiquado", nas primeiras construções de ferro, nas primeiras fábricas, nas primeiras fotografias, nos objetos que começam a extinguir-se, nos pianos de cauda, nas roupas de mais de cinco anos, nos locais mundanos, quando a moda começa a abandoná-los. Esses autores compreenderam melhor que ninguém a relação entre esses objetos e a revolução.[2]

A estética do mercado de pulgas (e sua ética) consistiria em substituir o olhar histórico sobre o passado por um olhar político, tal como queria Walter Benjamin. De acordo com o filósofo, os surrealistas descobriram como, nos objetos fora de moda e nas coisas "escravizadas e escravizantes", estavam latentes energias reprimidas que podiam explodir em "niilismo revolucionário".[3]

Na atualidade, corre-se o risco de que o fora de moda que está novamente em moda – como no *modernariato* e no *vintage* – esgote suas energias reprimidas ao ser atualizado pelas múltiplas e indiferenciadas demandas de memória. Hoje, podemos somar às ruínas da burguesia – cujas cinzas ainda estão quentes – as ruínas fumegantes da classe média urbana e – por que não? – as do futuro do proletariado da primeira metade do século XX.[4]

Modernariato, vintage, memorabilia, suvenires: objetos de desenho, joias, roupas, material escolar, rótulos de produtos, películas, fotografias, livros, postais da Grande Guerra, da Segunda Guerra,

---

2 BENJAMIN, W. *Magia e técnica, arte e política – Ensaios sobre literatura e a história da cultura. Obras escolhidas, v.1.* São Paulo: Brasiliense, 1986, p. 25.

3 Idem.

4 Cf. FOSTER, H. "This Funeral is for the Wrong Corpse". In: *Design & Crime*. Londres: Verso, 2002, p. 139.

do primeiro governo peronista, da Revolução Cubana, da Jovem Guarda, da Guerra Fria, da Conquista do Espaço, da Alemanha Oriental, da União Soviética... A cultura contemporânea parece estar sempre em confronto com os signos que criou, desenvolveu e destruiu para se perpetuar. Reprimidos, talvez esquecidos, porém ainda sobreviventes, esses signos conservariam o poder de reacender as cinzas para se incendiar nas ânsias do sonho utópico que os viu nascer.

II.

Em Montevidéu, Uruguai, longe do centro, se encontra o Museu da Memória. Ocupa a Quinta de Santos, um palacete de verão que pertenceu ao ditador Máximo Santos, que governou o país entre 1882 e 1886. Trata-se de uma residência luxuosa no meio de amplos jardins, onde se encontra um pequeno castelo que servia de casa de bonecas para as filhas do ditador, um zoológico cercado de grades, a *leonera*,[5] de triste fama, pavilhões para a criação de pássaros exóticos, uma gruta artificial atravessada por corredores labirínticos e iluminada com luz de gás, fontes, estátuas, cascatas artificiais...

Nessa casa, a memória das ditaduras recentes, ainda que em ruínas, se materializa em uma coleção de objetos residuais que, por sua modéstia extrema, parecem ser indignos de ocupar qualquer vitrine. Abundam as fotos, muitas vezes grandes ampliações de pequenas imagens extraídas da imprensa da clandestinidade, um punhado de uniformes carcerários, portas de celas, panelas de alumínio usadas, a impressora de uma gráfica clandestina, algumas bandeiras, poucos panfletos. O que causa mais emoção, entretanto, o que marca mais o breve passo do tempo são os objetos insignificantes que, destinados ao descarte ou ao esquecimento, testemunham a resistência dos uruguaios durante a ditadura.

---

5 Um fosso onde o ditador criava leões e, dizem, costumava jogar seus opositores.

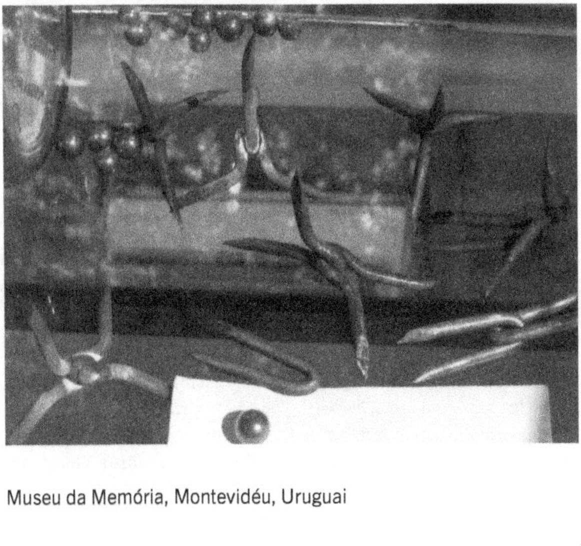

Museu da Memória, Montevidéu, Uruguai

VITRINE 1: Esferas de rolimã, bolinhas de chumbo, uma garrafa de vidro com uma mecha de pano, pregos dobrados ao meio e soldados em cruz, panfletos manuscritos, boletins reproduzidos em mimeógrafo a álcool. A legenda explica: "*Esferas y municiones para hacer cavallos resbalar, miguelitos, bombas de alquitrán, panfletos y diarios de la resistencia.*"[6]

VITRINE 2: Cinto masculino de couro sobre um diário onde se lê "*El drama de la madre de Castagnetto*"[7] e a notícia do desaparecimento do militante Héctor Castagnetto, sequestrado pelas forças paramilitares.

VITRINE 3: Uma pequena caixa de latão que contém um caderninho escrito com letra diminuta. A legenda diz: "*Hojas donde se escribió, copiado, el libro 'Historia del Partido Comunista Vietnamita' Ismael Bassin, hecho en el Penal de Libertad.*"[8]

VITRINE 4: Sobre saquinhos de papel de seda, estão expostos adornos feitos pelos presos políticos: uma cruz, uma aliança, uma agulha, uma pulseira, um anel de sinete e vários medalhões, todos talhados em osso. Há também pequenas esculturas e baixos-relevos feitos em barras de sabão.

A instalação museológica organiza os objetos como se fossem obras de arte, o que lhes confere um encanto inicial, pois estamos longe da aridez de um museu histórico. O efeito do fora de moda se potencializa na consciência daqueles que (como eu) viveram esse passado sem nunca esperar ver tais objetos elevados à categoria de objeto museificado.

Há uma estranha suspensão de valores na exibição das armas rudimentares dos resistentes – não são espadas, nem fuzis, nem metralhadoras –, e, ainda que reconheçamos sua modesta eficácia, passa rapidamente por nossa mente a pergunta sobre seu possível

---

6 "Esferas e munições para fazer com o que os cavalos escorreguem, armadilhas de pregos soldados, bombas de alcatrão, panfletos e diários da resistência" [tradução livre].

7 "O drama da mãe de Castagnetto" [tradução livre].

8 "Folhas onde se escreveu, copiado, o livro 'História do Partido Comunista Vietnamita' Ismael Bassin, feito na Penitenciária de Libertad" [tradução livre].

uso no século XXI. O coquetel-molotov evoca o espectro de um século XX que nunca cessa de acabar.

III.

Na página *Memoria Abierta*, inaugurou-se recentemente uma seção nomeada "Vestigios, un ensayo de transmisión através de los objetos".[9] Os organizadores da página propõem duas questões fundamentais: se os objetos podem estabelecer relações entre passado e presente, e se podem ser utilizados como ferramentas para a transmissão da memória.

> Essa proposta busca explorar a capacidade que têm os objetos para estabelecer relações entre passado e presente, de maneira que possam ser utilizados como veículos para a transmissão da memória e que, ao mesmo tempo, promovam o debate e a reflexão.[10]

Com esse propósito, revelam e colocam na página fotografias de objetos daqueles anos, que familiares e amigos de vítimas da última ditadura militar conservaram. Cada objeto é acompanhado por um relato que o identifica e contextualiza.

Duas vezes vestígio, porque restos e porque fotografias, o que a página exibe são fotos de objetos deixados pelos militantes mortos ou desaparecidos e que são estimados como relíquias por seus parentes e amigos. Essas imagens – fotos de família, cadernos e livros escolares, discos, objetos feitos na prisão, *memorabilia* peronista – encerram e ativam a memória pessoal e afetiva que muitas vezes está ausente dos relatos históricos.

---

9 Disponível em: http://www.memoriaabierta.org.ar/vestigios.

10 Idem [tradução livre].

IV.

O escritor turco Orhan Pamuk acabou de inaugurar o Museu da Inocência, situado em um prédio do século XIX, no bairro de Çukurcuma, Istambul. Museu da Inocência é também o nome do último romance do autor, que narra a história do amor impossível de Kemal, filho de uma rica família burguesa, por Füsun, sua prima distante, muito mais nova que ele, bela e pobre. No final do longo relato, Kemal, que foi colecionando objetos ligados a Füsun, decide exibi-los no Museu da Inocência, um monumento em memória da juventude perdida.

Kemal conserva amorosamente cada relíquia de Füsun que pôde guardar ou roubar: o brinco que ficou entre os lençóis no dia do primeiro encontro, o saleiro que ela, uma vez, tocou, o pequeno cachorro de porcelana que ficava em cima do televisor da sua casa, o triciclo que a família de Kemal emprestou aos parentes pobres, o ralador de marmelo, 4.213 guimbas de cigarro, 237 fivelas de cabelo, 419 bilhetes da loteria nacional, lenços, ingressos de cinema, caroços de azeitona... O museu é o santuário de uma vida desperdiçada, onde os objetos escamoteados estão, como relíquias do corpo de Füsun, a lembrar os momentos em que Kemal estivera próximo da amada.

> Lembro com imensa alegria que uma vez tomei com meu garfo uma das pequenas almôndegas morenas do seu prato e a pus na boca, quando, falando disto ou daquilo, me perguntou "Quer prová-las?", e outra, de novo induzido por ela, as azeitonas que apartava ao lado do prato, cujos caroços exponho aqui.[11]

Como o personagem de seu livro, o escritor organizou um museu de objetos ordinários em 83 vitrines, que correspondem a cada um dos 83 capítulos do romance. Negar Azimi, editora-chefe de

---

11 PAMUK, O. *El Museo de la Inocencia*. Barcelona: Mondadori. 2009, p. 418 [tradução livre].

Bidoun, uma revista sobre arte e cultura do Oriente Médio, sediada em Nova York, relata que Pamuk lhe disse que necessitava desses objetos para escrever seu relato:

> Minhas percepções, ou você pode dizer, minhas antenas, estão atentas a tudo nas vitrines das lojas, nas casas dos amigos, nos mercados de pulgas e nos antiquários. Assim foi como o Museu da Inocência veio à tona.[12]

Como Kemal fizera no romance, durante anos Pamuk percorreu centenas de museus como o recém-inaugurado Museu da Inocência: longínquos, desconhecidos, esquisitos, assustadores monumentos dedicados a vidas insignificantes, a histórias ordinárias. "Meu romance honra os museus onde ninguém vai, aqueles nos quais você pode ouvir o som dos seus próprios passos."[13]

O sentimento que impregna esses museus é identificado por Pamuk como *hüzün*. Em *Istambul*,[14] Pamuk dedica um capítulo à palavra turca *hüzün*, que costuma ser traduzida por melancolia. *Hüzün*, que tem origem árabe, carrega em si um significado teológico de perda espiritual profunda, angústia e luto. Para o sufismo, *hüzün* é a angústia espiritual que se sente ante a impossibilidade de se aproximar ainda mais de Deus. Como a melancolia, *hüzün* é um estado de alma sombrio, entre elegíaco e nostálgico, um sentimento de fracasso terreno e, ao mesmo tempo, de indiferença. O Museu da Inocência, suas páginas e suas vitrines, onde os objetos, isolados do relato, livres talvez dele, estão a contar não somente a história de Kemal e Füsun, mas todas as histórias de amor, é o território do *hüzün*.

---

12 PAMUK, O. *apud* AZIMI, N. "The Objects of the Exercise". Nova York: *The New York Times*, 1 nov 2009.

13 Idem.

14 PAMUK, O. *El Museo de la Inocencia*. Barcelona: Mondadori. 2009, p. 100.

Imagens extraídas do site *Memoria Abierta*,
Buenos Aires, Argentina

V.

a) Em uma foto, vemos um rapaz que levanta no ar um bebê de menos de um ano. O rapaz sorri, a criança olha assustada. Abrem-se outras: em uma, o jovem abraça o menino contra seu peito; na terceira, a família completa: mãe e pai sorriem com o bebê nos braços.

> Essas fotos foram tiradas em uma quinta em San Miguel onde estávamos clandestinos meu marido, meu filho e eu. Meus sogros também tinham vindo de Mendoza e estavam vivendo conosco. Alguns dias antes, meu cunhado havia desaparecido. Vivíamos em uma casa muito simplesinha, em frente havia um arvoredo e atrás outra casa onde viviam meus sogros. Era uma região de quintas, daí havia vizinhos, e por isso queríamos dar a impressão de sermos uma família muito normal. Assim, combinamos fazer um dia de visita familiar no qual veio minha irmã, os filhos etc. Todos chegaram escondidos para que não soubessem onde estava a casa. Minha irmã trouxe uma câmera e aproveitamos para tirar muitas fotos. Isso era janeiro de 1976 e meu marido desapareceu seis meses depois. Essa é a única foto que temos de nós dois com nosso filho.[15]

b) Na vitrine veem-se esferas de rolimã, bolinhas de chumbo, uma garrafa de vidro com uma mecha de pano, pregos dobrados ao meio e soldados em cruz, panfletos manuscritos, boletins reproduzidos em mimeógrafo a álcool. A legenda explica: "*Esferas y municiones para hacer cavallos resbalar, miguelitos, bombas de alquitrán, panfletos y diarios de la resistencia.*"

c) *O Museu da Inocência* – últimos parágrafos –, os personagens olham, sob a pálida luz da rua, uma fotografia:

---

15 http://www.memoriaabierta.org.ar/vestigios/objeto.php?id=81 [tradução livre].

Ambos olhamos a fotografia de Füsun com um maiô negro no qual levava o número 9, com respeito, amor e admiração, por seus braços cor de mel, seu nada alegre rosto, pelo contrário, bem triste, seu corpo maravilhoso e a intensidade humana e a espiritualidade que nos maravilhavam trinta e quatro anos justos depois que tiraram a fotografia.

– Por favor, ponha essa foto no seu museu, Kemal Bey...[16]

d) As fotos de cinco porta-retratos empilhados comprados na Cidade do México: aquele que está por cima mostra o retrato de um menininho, o seguinte deixa adivinhar a imagem de uma menina, depois as imagens estão cobertas e só se veem marcos dourados. Não se sabe quem são essas crianças, onde estão; adivinhamos por suas roupas que já não devem mais estar vivas.

LOTE 16

EMPILHAMENTO DE PORTA-RETRATOS

C.D.O. MERCADO DE RUA [*TIANGUIS*] DE SANTA CRUZ, CIDADE DO MÉXICO

P.P.P.O. 37,00

L.I. 130,00

5 PORTA-RETRATOS EM MATERIAIS DIFERENTES, METAL E/OU MADEIRA FOLHEADA A OURO, SOBREPOSTOS.

30 X 22 X 8 CM

VI.

Nos anos 1970, Christian Boltanski deu início aos seus *Inventários*. Tudo começou com uma carta manuscrita que o artista enviou em janeiro de 1973 a vários museus de história e ciências naturais e a vários curadores que conheciam sua obra.

Eu gostaria de apresentar a vocês, em uma das salas do seu museu, todos os objetos que rodearam uma pessoa durante sua vida, os quais,

---

16 PAMUK, O., *op. cit.*, p. 641.

depois de sua morte, restam como testemunhos de sua existência. [...] Todos esses elementos devem ser apresentados em vitrines e cuidadosamente classificados.[17]

Um dos primeiros a responder foi o Staatliche Kunsthalle em Baden-Baden, que realizou o projeto e mostrou os objetos de uma mulher que tinha morrido recentemente. Outras cinco versões foram montadas entre 1973 e 1974, entre elas *Inventário dos objetos que pertenceram a um residente de Oxford* (Museum of Modern Art, Oxford) e *Inventário dos objetos que pertenceram a uma mulher de Bois-Colombes* (Centre National d'Art Contemporain – CNAC, Paris)

Na 29ª Bienal de São Paulo, em 2010, no primeiro pavimento, em um pequeno espaço delimitado por duas paredes debaixo do mezanino, encontrava-se a instalação *Menos-valia (leilão)*, de Rosângela Rennó, que constava de 73 objetos dispostos nas paredes e sobre uma mesa escalonada que ocupava o centro da sala. Cordões de isolamento separavam os objetos dos visitantes. Cada objeto estava perfurado e por esse furo passava uma corrente fina que sustentava uma plaqueta na qual se lia o nome da artista, o nome da instalação e o lugar onde o objeto fora adquirido. Uma placa na parede esclarecia que os objetos seriam leiloados em data próxima ao final da 29ª Bienal, pelo leiloeiro oficial Aloísio Cravo, especializado em pintura brasileira.

O trabalho *Menos-valia (leilão)* já havia sido realizado – como um ensaio piloto com o título de *Menos-valia (subasta)* – no Museo Universitario de Arte Contemporáneo (Muac) da Unam, dentro da programação do evento Jardín de Academus, organizado e curado pelo artista mexicano José Miguel Casanova.

---

17 BOLTANSKI, C. *apud* GUMPERT, L. *Christian Boltanski*. Paris: Flammarion, 1994, p. 41.

Esse leilão, realizado em maio de 2010, investigava as possibilidades de atribuir um valor de exposição legitimado a objetos comprados nos *tianguis* da Cidade do México. Os lotes incluíram objetos variados, não apenas relacionados ao campo da imagem técnica. O que todos tinham em comum era estar à venda nos mais humildes mercados de usados e, talvez, uma certa aparência carinhosamente *kitsch.* No muro do museu e sobre a mesa de exposição, coberta de veludo vermelho, havia brinquedos infantis, bibelôs, frascos de vidro, mas também porta-retratos, visores estereoscópicos, fotografias emolduradas.

Em São Paulo, a artista montou 73 objetos nos quais usou como matéria-prima equipamentos fotográficos e filmográficos descartados, comprados nos mercados de pulgas mais pobres de dois continentes. Em suas derivas pelas feiras de Montevidéu, Rio de Janeiro, São Paulo e Lisboa, pelos *tianguis* do México, por *El Rastro* de Madri ou pelo *marché aux puces* de Paris, Rennó coletou câmeras fotográficas, carrosséis, visores e projetores de slides, dispositivos de estereoscopia, lanternas mágicas, praxinoscópios, microscópios, telescópios, binóculos, lunetas, lupas, espelhos, quebra-cabeças, silhuetas, álbuns de fotos, retratos, porta-retratos e também velhas fotografias.

Na figura contemporânea do artista nômade, à deriva entre centros e periferias, subsiste a imagem modernista do trapeiro – o catador – à deriva também entre o centro e a periferia da cidade para juntar o lixo dos que têm lixo para jogar.

Esse paradigma do artista como herói da modernidade se desdobra, para Baudelaire, numa coorte orgulhosa de despossuídos: o esgrimista, o salteador, o apache, mas sobretudo o trapeiro.

> [...] tem de recolher na capital o lixo de cada dia que passou. Tudo o que a cidade grande jogou fora, tudo o que ela perdeu, tudo o que desprezou, tudo o que destruiu é reunido e registrado por ele. Compila os anais da devassidão, o cafarnaum da escória: separa as coisas, faz uma seleção inteligente; procede, como um avarento com seu te-

Rosângela Rennó, *Menos-valia (leilão)*, 2010,
exposição e ação/performance na 29ª Bienal de São Paulo,
73 objetos adquiridos em mercados de pulgas de diversos
países foram leiloados.

> souro e se detém no entulho que, entre as maxilas da deusa Indústria, vai adotar a forma de objetos úteis e agradáveis.[18]

"Baudelaire percorria seu bairro e a cidade com um andar aos trancos, nervoso e lânguido ao mesmo tempo, como o de um gato, escolhendo cada paralelepípedo como se evitasse esmagar um ovo."[19] Esse andar abrupto de Baudelaire que Nadar descreve – nos fala Benjamin –, seria "o passo do poeta que erra pela cidade à cata de rimas",[20] um andar de trapeiro, que se interrompe, a todo instante, para escolher e guardar objetos ou pensamentos descartados.

O trapeiro é também um colecionador: coleciona "os anais da devassidão, o cafarnaum da escória", os restos das catástrofes que flutuam atrás de nós em pura perda. As coisas que o trapeiro resgata desse limbo, que nem sequer são ruínas, serão transformadas, pois, diferentemente do colecionador, ele não amealha para si, apenas recolhe e encaminha.

Com elegância, delicadeza e, às vezes, humor, Rosângela Rennó montou esses restos e os transformou em objetos-fetiches, objetos-relíquias: objetos ambíguos que deslizam do sagrado ao profano, do sublime ao grotesco, da ironia à melancolia. Por acaso não é melancólico o sorriso que esboçamos ao ver aquela câmera fotográfica que tanto desejamos décadas atrás enclausurada em uma vitrine que a conserva e a alija de nós, como se fosse uma tânagra ou um pequeno hipopótamo egípcio de cerâmica vitrificada?

Em cada objeto se sobrepõem camadas de recordações. É possível que a primeira percepção seja a escassa temporalidade das coi-

---

18 BAUDELAIRE, C. *apud* BENJAMIN, W. *Charles Baudelaire, um lírico do auge do capitalismo*. Obras escolhidas, v. 3. São Paulo: Brasiliense, 1989, p. 79.

19 Cit. em *Firmin Maillard, La cité des Intellectuels*. Paris, 1905, p. 362 *apud* BENJAMIN, W. *Passagens*. BOLLE, W. (org) Belo Horizonte / São Paulo: Editora UFMG / Imprensa Oficial do Estado de São Paulo, 2006, p. 227.

20 BAUDELAIRE, C. *apud* BENJAMIN, W. *Charles Baudelaire, um lírico do auge do capitalismo*. Obras escolhidas, v. 3. São Paulo: Brasiliense, 1989, p. 79.

sas em si, porém, a partir desse dado, começam a brotar as memórias do uso, das condições de uso, do lugar onde foi comprada, das imagens que quase sempre vêm junto, das situações cotidianas nas quais se incluíram e, por fim – *last but not least* –, da preexistência mnemônica de obras da própria artista e de outros artistas.

Os objetos de *Menos-valia (leilão)* ativam a memória e, inconscientemente, a modificam, porque a hipotética memória primeira se acresce à memória do objeto evocado. Nesse processo de subtextualidade de "imagens mnemônicas anteriores",[21] que não é citação e muito menos pastiche – no sentido de transmissão de elementos visuais –, reside o fundamento de uma tradição artística.

Defronte da instalação, se percebe que vários objetos evocam obras anteriores de Rennó como *Realismo fantástico*, *Puzzles [homem e mulher]*, *Arquivo universal*, *In oblivionem*, série *Vulgo*, série *Vermelha*, *Cartologia*, *Bibliotheca*, *Corpo da alma* e *A última foto*, nomeando-os em ordem cronológica. Alguns objetos passeiam pela fotografia do século XIX, pela fotografia surrealista, pela jornalística ou pelo voyeurismo das fotografias pornográficas. Sobre outros objetos, flutuam alusões aos bichos de Lygia Clark, a um *Bólide* de Hélio Oiticica – a inesquecível foto de Mosquito da Mangueira com as mãos no rosto, olhando o *Bólide Luz 1, Apropriação 3, plastiscope, 1966* –, aos agrupamentos de fotografias de Annette Messager. Um sentido sutil de ridículo impregna os objetos perfeitos que Rosângela constrói com elementos populares de sua geração: os abajures feitos com os carrosséis de diapositivos dos projetores Kodak, coroados por cúpulas como as que se usavam nas construções populares dos anos 1980, ou os simulacros de televisores montados com visores de meio quadro, como os que os fotógrafos de rua vendiam na mesma época. Objetos simples que evocam o consumo de imagens da classe média baixa no saudoso *kitsch* daquela década – não inteiramente perdida.

---

21 FOSTER, H., *op. cit.*, p. 67.

No texto que introduz o trabalho, a artista evoca uma nova disciplina: a *Ruinologia*,

> [n]o campo das ideias, *Menos-valia [leilão]* pode ser compreendida, também, como uma das práticas contemporâneas mais fortemente vinculadas às atuais teorias da Ruinologia, como a do "recuperacionismo ativo de transformação", entre outras consolidadas recentemente.[22]

As ruínas que Rennó recupera são restos de um passado mais ou menos próximo, resíduos da vida moderna que ainda parece existir e proliferar, cada vez mais degradada, nas periferias pobres de nossas cidades opulentas. O que move a artista é um sentimento melancólico que não se regozija no perdido, mas que aceita a perda e a torna produtiva.

As ruínas perturbam porque anunciam a iminente perda de sentido que ameaça toda obra humana, mas essa falha na significância (essa insignificância) transforma-se numa vertiginosa proliferação discursiva. Na Renascença, os restos arquitetônicos das antigas civilizações adquiriram o estatuto de testemunhos, ainda vivos, de tempos mais gloriosos. Objetos e fragmentos de objetos do passado, sem significado nem função, foram investidos com valores estéticos, políticos ou históricos do presente. Os objetos de Rosângela Rennó apontam para pontos cegos na indagação sobre sua própria origem; são lugar onde se confrontam estratégias de reflexão que podem nos dizer mais sobre quem as olha que sobre o que é olhado.

Texto originalmente publicado em: FLORES, *Maria Bernadete Ramos;* PETERLE, *Patrícia (orgs.).* História e arte, imagem e memória. *Campinas: Mercado das Letras, 2012.*

---

22 Texto de apresentação de *Menos-valia (leilão)*, de Rosângela Rennó. Texto de parede na 29ª Bienal de São Paulo.

A invenção de Inhotim: uma paragem para a arte contemporânea

A PARAGEM

A instituição que hoje leva o nome de Instituto Inhotim nasceu a partir da coleção de arte moderna do empresário mineiro Bernardo Paz, que teve início em meados da década de 1980. A casa e os jardins do seu sítio foram se transformando, paulatinamente, em um espaço singular, onde se aloja um relevante acervo de arte contemporânea, em um jardim botânico que reúne espécies raras. Inhotim é um Museu de Arte Contemporânea, um Jardim Botânico e um Centro de Educação Ambiental.

> O Inhotim, uma Oscip (Organização da Sociedade Civil de Interesse Público), tem construído ainda diversas áreas de interlocução com a comunidade de seu entorno. Com atuação multidisciplinar, o Inhotim se consolida, a cada dia, como um agente propulsor do desenvolvimento humano sustentável.[1]

De acordo com o próprio site,[2] o Instituto é o segundo empregador do município e vem sendo fundamental na formação profissional dos jovens do distrito vizinho, que têm na instituição o pri-

---

1 A Oscip é uma qualificação decorrente da Lei nº 9.790/99, regulamentada pelo Decreto nº 3.100, de 30 junho de 1999 (Lei do Terceiro Setor). É um título fornecido pelo Ministério da Justiça do Brasil, cuja finalidade é facilitar o aparecimento de parcerias e convênios com todos os níveis de governo e órgãos públicos (federal, estadual e municipal) e permite que doações realizadas por empresas possam ser descontadas no imposto de renda.

2 Cf. www.inhotim.org.br.

Vista aérea do Instituto Inhotim, 2014

meiro emprego. Por volta de mil pessoas trabalham lá e a maioria – jardineiros, empregados de manutenção, operários, camareiros, guias e vigilantes – procede da pequena cidade de Brumadinho, de 35 mil habitantes.

"Sempre pensei nisto como em algo público, o único objetivo foi sempre que fosse público. Por isso, minha obsessão é que seja rentável para que perdure para sempre", diz Bernardo Paz, que considera Inhotim uma grande obra social e menciona os planos educativos dos empregados, que, mediante seu estímulo, ingressam na universidade; os grupos de crianças de escolas públicas que visitam constantemente o museu, seus projetos de botânica; e, finalmente, suas propostas de recuperação da cultura local dos povoados próximos habitados por descendentes de escravos. Ao perambular pelos arredores de Inhotim, através das montanhas que mal ocultam as cicatrizes da mineração, nos perguntamos até que ponto o Instituto, seus idealizadores e administradores são conscientes do contraste entre o parque, suas obras valiosas, seus serenos jardins e a cidade mineradora impregnada de poeira vermelha.

A ILHA DA FANTASIA

Em setembro de 2004, alguns dias após a inauguração da 26ª Bienal de São Paulo, teve lugar a abertura ao público do então Caci, Centro de Arte Contemporânea Inhotim. Os convidados que participaram do evento – muitos deles vindos de São Paulo e do Rio em aviões fretados para a ocasião –, depois de percorrer, em ônibus executivos que partiram do aeroporto da Pampulha, longas estradas e caminhos de terra, comparavam o lugar com uma ilha paradisíaca onde qualquer desejo poderia ser realizado: *A Ilha da Fantasia.*[3]

---

3 *Fantasy Island* (no Brasil, *A Ilha da Fantasia*) é uma famosa série de televisão produzida entre 1978 e 1984.

Não era para menos; chegava-se lá depois de vencer mais de 60 quilômetros desde Belo Horizonte, atravessando distritos industriais empoeirados e léguas de campos e mato ainda avermelhados pela seca do inverno. Logo após passar pela pequena cidade de Brumadinho, chegava-se ao ainda menor distrito de Inhotim, onde crianças descalças observavam, atônitas, as caravanas de ônibus e carros. Percorriam-se mais alguns quilômetros de terra e, então, a caravana chegava a um magnífico portão de ferro forjado que se abria para um sendeiro verdejante ladeado por gigantescas palmeiras-imperiais.

> Choque e deslumbramento. Após viajar 60 km de Belo Horizonte, passa-se por Brumadinho. Chega-se, então, a Inhotim, bairro ainda mais popular, com barracos numa situação quase favela. É quando há um corte na paisagem; de repente, a mata fica organizada, palmeiras imperiais dão ar majestático. É o Caci (Centro de Arte Contemporânea de Inhotim), inaugurado anteontem pelo colecionador Bernardo Paz.
>
> Na recepção, os convidados, mais de 700, galeristas, artistas, colecionadores e curadores, a maioria vinda de avião com passagens pagas pelo anfitrião, recebiam uma taça do espumante, um chapéu-panamá e claro, as boas-vindas de Paz.[4]

"Bem-vindos à Ilha da Fantasia." Ninguém pronunciou essa frase, mas não era necessário, estava implícita no sorriso dos jovens que nos recebiam com uma taça de champanhe gelado e um chapéu-panamá à nossa escolha. Os poucos pavilhões que existiam naquele tempo (pareciam muitos, então) abrigavam as obras de alguns dos artistas contemporâneos mais renomados: brasileiros, como Cildo Meireles e Tunga, e internacionais, como Paul McCarthy e Olafur Eliasson. Eles (os artistas) também estavam lá, circulando como todos nós, taça na mão, sob a sombra portátil do panamá...

---

4 Disponível em: http://www1.folha.uol.com.br/fsp/ilustrad/fq2909200409.htm.

A INVENÇÃO DE MOREL

En la parte más alta de la isla, que tiene cuatro barrancas pastosas (hay rocas en las barrancas del oeste) están el museo, la capilla, la pileta de natación. Las tres construcciones son modernas, angulares, lisas, de piedras sin pulir. La piedra, como tantas veces, parece una mala imitación, y no harmoniza perfectamente con el estilo.[5]

Assim descreve o narrador de *A invenção de Morel*, um fugitivo sem nome, as construções da ilha. O homem está sendo perseguido, "*[u]n italiano que vendía alfombras en Calcutá*"[6] lhe dá a ideia de se refugiar na ilha Villings, à qual finalmente chega em um bote roubado, com uma bússola que ele não entende, sem orientação, sem chapéu, doente, com alucinações. Escreve o relato para deixar testemunho do *adverso milagre*. Na ilha, sem esperanças, mas com anseios de sobreviver, inicia uma vida nova, precária, mas aventurosa, entre as imagens espectrais que perambulam pelos edifícios.

No livro de Bioy, o viajante percebe que a ilha, em princípio deserta, é habitada por seres humanos vestidos com roupas elegantes que "[b]ailam entre os campos alagados ao som de Valencia e 'Tea for two'."[7] Depois de se esconder por dias, o narrador descobre que os visitantes repetem sempre os mesmos diálogos, dançam as mesmas músicas. Logo após, o viajante encontra, no porão do Museu, uma máquina gigantesca. A invenção de Morel é essa máquina que captura e projeta no espaço real as falsas imagens dos falsos moradores da ilha. O narrador constata que, à exceção

---

5 "Na parte mais alta da ilha, que tem quatro barrancos pastosos (há rochas nos barrancos do oeste) estão o museu, a capela, a piscina. As três construções são modernas, angulares, lisas, de pedras sem polimento. A pedra, como tantas outras vezes, parece uma má imitação, e não harmoniza perfeitamente com o estilo" [tradução livre]. In: BIOY CASARES, A. *La invención de Morel*. Buenos Aires: Emecé, 1953, p. 24.

6 Ibidem, p. 18.

7 Ibidem, p. 53.

dele, não há seres humanos vivos no local. Os que perambulam por ela, repetindo rituais desconhecidos, são apenas espectros.

Por que ilha, por que Villings, por que Inhotim? A ilha, primordialmente um símbolo feminino, é um sintoma do isolamento e, ao mesmo tempo, do inalcançável, o paraíso perdido. Chega-se a ela apenas depois de uma viagem perigosa, navegação, voo, travessia. Também é, na imaginação secular e sagrada, um mundo em miniatura, uma imagem do cosmo completa, perfeita e limitada. Templo e santuário, a ilha é um lugar de silêncio e paz em meio à impiedade e à agitação do mundo profano.[8] A ilha evoca o refúgio, o centro primordial da vida resguardada ou o derradeiro pouso melancólico.[9]

Se bem que Inhotim não é uma ilha – Inhotim está situado no município de Brumadinho,[10] no interior de Minas Gerais, um estado sem saída para o mar – e os edifícios lá construídos excedem, em muito, aos da ilha imaginária do romance; a ilha da *Invenção de Morel* emerge na imaginação de muitos dos que acodem ao Museu.

Na instalação *Desert Park* (2010), de Dominique Gonzalez-Foerster, uma coleção de simulacros de abrigos de concreto para pontos de ônibus foi colocada sobre uma superfície coberta com areia branca, nas bordas da floresta. *Desert Park* é desenhada para que os visitantes descansem e leiam. O material de leitura que Gonzalez-Foerster coloca à disposição inclui, entre outros livros: *As crônicas marcianas*, de Ray Bradbury (1950), *O mundo de cristal*, de J. G. Ballard (1966) e *A invenção de Morel*, de Adolfo Bioy Casa-

---

8 CHEVALIER, J. e GHEERBRANT, A. *Dicionário de símbolos (mitos, sonhos, costumes, gestos, formas, figuras, cores, números)*. 12ª ed., Rio de Janeiro: José Olympio, 1998.

9 Nesse sentido, podemos mencionar *A Ilha dos Mortos*, uma conhecida série de quadros de Arnold Böcklin, onde se representam duas figuras que, em um pequeno barco, dirigem-se a uma ilha rochosa.

10 Localizada no vale do Paraopeba, Brumadinho possui uma população de 35 mil habitantes e está situado no final do maciço do Espinhaço e início do Tabuleiro do Oeste. Começou a ser colonizado quando os "insubmissos" da Guerra dos Emboabas se dirigiram para lá, fugindo da repressão, a fim de garimpar ouro, livres dos elevados tributos da Coroa. Junto com a freguesia de Bonfim do Paraopeba, foram também criados pelo Regente Feijó, em 1832, os municípios de Matheus Leme e Piedade do Paraopeba.

res (1940). Mais de uma dissertação de mestrado aborda o livro de Bioy como comparação a Inhotim.[11]

Em um sentido metafórico, Inhotim aparece como uma ilha esplêndida e verdejante, a que aportamos após atravessar uma massa escura e potencialmente perigosa de periferias industriais, ruas empoeiradas, estradas de chão e vilarejos miseráveis. É, também, sem dúvida, um microcosmo, um espaço resguardado de ordem e abundância, no meio do mar de caos e abandono em que se encontram grande parte das periferias do Brasil.

Ilha e invenção; entre esses dois termos, desenvolveremos uma interpretação de Inhotim que começa desde seus primeiros momentos. Em português, as acepções da palavra "invenção" apontam para um campo ambíguo no qual fundem-se e confundem-se criação e simulacro, ficção e realidade. Do dicionário *Houaiss*, destacamos as acepções:

> 3 faculdade de criar, de conceber algo novo ou de pôr em prática, de executar uma ideia, uma concepção; criação;
> 5 *p.ext. fig.* coisa imaginada que se dá como verdadeira; invencionice, fantasia;
> 5.1 coisa imaginada de modo astucioso, freq. com objetivos escusos.[12]

A criação de um museu a céu aberto, que divide seus espaços com um jardim botânico, em uma área total de 140 hectares, pareceu insólita até para o Brasil, que, a partir da inauguração do então Caci, foi incluído no roteiro internacional das artes, do qual participava apenas com a já cinquentenária Bienal de São Paulo.

Vozes críticas, entre cínicas e invejosas, várias, mas não todas, provenientes de fora do estado, falaram em invencionice, fantasia, quando não de ostentação e, claro, lavagem de dinheiro. Apare-

---

11 Ver NASCIMENTO, C. V. *Exposição ficcionada, entre A invenção de Morel e o Inhotim.* Dissertação de mestrado, Programa de Pós-Graduação em Artes, EBA, UFMG.

12 Etimologia de *invenīre*: achar, encontrar, descobrir; imaginar, inventar; saber; achar, ver (na história); ler; adquirir, granjear; ver *-vir*; f. hist. S XV *invençom.*

ceram textos, debochados e acusadores, sobre os motivos escusos que teriam levado à astuciosa invenção de Inhotim.

Esqueceram, porém, que algumas das principais instituições brasileiras dedicadas às artes visuais foram criadas (ou inventadas) entre as décadas de 1940 e 1950, em São Paulo, por empresários audazes que pretendiam para sua cidade os ouropéis culturais do Velho Continente. Estavam inventando um passado distinto (e ocidental) para um país que ainda tropeçava nos estigmas da monarquia e, sobretudo, da escravatura. Os novos museus que surgiram no Rio de Janeiro[13] e em São Paulo, entre as décadas de 1940 e 1960 – Masp,[14] MAM[15] e MAC-USP[16] – alinhavavam as narrativas culturais estabelecidas na metrópole e estabeleciam o domínio do novo, sobretudo em São Paulo, a velha cidade que crescia pujante em comparação à capital do império. A Bienal de São Paulo (1951), a segunda exposição de arte mundial e a primeira do hemisfério sul, teve por modelo a Bienal de Veneza; os outros museus queriam ser o MoMA.

Mas a ilha não é a invenção de Morel; a invenção de Morel é a máquina. Qual é a máquina que Bernardo Paz inventa?

O livro de Bioy não deixa de ser uma história de amor: o fugitivo, apaixonado por Justine, um dos espectros da ilha, trata de incluir-se no registro da máquina, recebendo a atenção amorosa da mulher. Sabe que vai morrer: os efeitos do processo de gravação são terríveis; o dispositivo parece devorar os homens por camadas

---

13 O Museu de Arte Moderna do Rio de Janeiro foi inaugurado em 1948, por iniciativa de um grupo de empresários presidido por Raymundo Ottoni de Castro Maya.

14 O Museu foi fundado em 1947, por iniciativa do paraibano Assis Chateaubriand, dono dos Diários Associados.

15 O museu foi fundado por Francisco Matarazzo Sobrinho em 1948, concomitante ao surgimento do Museu de Arte Moderna do Rio de Janeiro, ambos inspirados pelo Museu de Arte Moderna de Nova York (MoMA).

16 O Museu de Arte Contemporânea da Universidade de São Paulo foi instituído em 1963. Além das obras transferidas do MAM, somam-se ao seu acervo as obras advindas das coleções particulares de Francisco Matarazzo Sobrinho e de sua esposa, Yolanda Penteado, bem como a doação de obras internacionais realizada pela Fundação Nelson Rockefeller e os Prêmios das Bienais Internacionais de São Paulo.

– cabelos, pele, unhas, músculos, ossos –, até fazê-los desaparecer. Como Morel, ele sabe o que lhe espera e pede aos futuros visitantes da ilha (a nós, que lemos seu relato) que o contemplem, que testemunhem o triste simulacro do seu amor.

O que a máquina Inhotim faz conosco? O que fez com Bernardo Paz? Qual a Justine que nos seduz e nos obriga a ter com ela, mesmo sabendo que seremos consumidos pelo desaparecimento?

Inhotim não nos faz perdurar em imagem, como a invenção de Morel, mas memórias fantasmais vagueiam pelo museu, pelos jardins, pela mata.

Os rostos perplexos dos Ianomâmis fotografados por Claudia Andujar, as mulheres que seriam rainhas de Eugenio Dittborn, a cidade incendiada de Carlos Garaicoa, o ateliê em sombras de Victor Grippo, o moteto de Thomas Tallis que escutamos na sóbria instalação de Janet Cardiff, as teias luminosas da *Tteia*, os garotos perdidos de Larry Clark, as *Cosmococas* e seu delírio apagado para sempre e, por que não?, o *Beam Drop*, ruína de nada. Há muitas outras histórias, em qual delas iríamos adentrar? Por qual delas iríamos morrer?

A ARTE NA CIDADE MODERNISTA

O modernismo demorou para chegar às Minas Gerais. O então prefeito, Juscelino Kubitschek, promoveu a Exposição de Arte Moderna no Edifício Mariana, na avenida Afonso Pena, em 1944. Foi nesse período, também, a convite de Juscelino, que Alberto da Veiga Guignard chegou à capital. A arte moderna chegou à cidade moderna, mas não havia lugar onde se alojar, e se a escola de Guignard funcionou durante muito tempo nas ruínas do Palácio das Artes, ainda em construção, os objetos de arte acabaram encontrando precário abrigo nas suntuosas salas do Cassino da Pampulha, esvaziadas depois da proibição do jogo, em 1946.

Criado em 1957, o Museu de Arte da Pampulha ocupou o prédio do antigo cassino e começou seu acervo com doações de traba-

Museu de Arte da Pampulha (antigo Cassino da Pampulha) de Belo Horizonte em 2017

lhos de Alberto da Veiga Guignard, Emiliano Di Cavalcanti, Ivan Serpa, Tomie Ohtake, Franz Weissman e Amilcar de Castro, além de uma significativa coleção de gravuras brasileiras. Outra parte da coleção provém dos prêmios aquisitivos dos Salões de Arte, que tiveram grande repercussão e influência nas décadas de 1960 e 1970. Nos primeiros anos do século XXI, sob a direção de Priscila Freire e as curadorias de Adriano Pedrosa e Rodrigo Moura, respectivamente, foram também feitas algumas aquisições importantes. E isso é tudo. O MIP, hoje, carece de curador, é dirigido por um gestor (como os outros museus da prefeitura) e carece, também, de programação regular e quase nunca, para não dizer nunca, exibe seu acervo.

Inhotim colocou o estado de Minas Gerais e, em consequência, sua capital, na cena da arte contemporânea. Os turistas já não chegavam a Belo Horizonte para passar a noite e depois rumar em direção às cidades históricas. Se algum de nós queria explicar a um estrangeiro onde ficava Belo Horizonte, deixava de dizer "a cem quilômetros de Ouro Preto" para especificar "perto de Inhotim". Jornais e revistas de arte internacionais não pouparam as visões deslumbradas nem os elogios desmesurados, e, muito menos, deixaram de lado ironias colonialistas.

Não raramente, a imprensa estrangeira, depois dos elogios à paisagem, à magnitude do empreendimento e às qualidades da coleção, dirige cinicamente suas farpas à imagem do colecionador, que foi descrito como um "*soft-spokenbwana*"[17] – em um artigo, sintomaticamente intitulado *South Park*[18] – ou um "Don Bernardo",[19] usando o vocativo colonial e colocando-o em um lugar ambíguo entre dono de escravos e mafioso ao acusá-lo de professar uma "*filosofía algo sesentera*"[20]. O crítico cultural do *New York Times* Guy Trebay, descreve Bernardo Paz como:

> [...] uma aparição, com profundos olhos azuis e juba cinzenta, que deambula diariamente pela propriedade (sua residência está localizada entre as brumas), uma bebida numa mão, a outra segurando um Carlton Menthol ou, alternativamente, brincando com o canudinho da água de coco que, evidentemente, é tudo o que consome.[21]

---

17 *Bwana*: o termo usado por Lucia Guimarães, significa, em suaíli, língua africana falada na Tanzânia e no Quênia, "amo", "senhor".

18 *South Park* é uma série de televisão de animação dirigida ao público adulto e satiriza a sociedade norte-americana em histórias que têm como protagonistas quatro meninos que residem em um pequeno povoado chamado, justamente, South Park.

19 Disponível em: http://cultura.elpais.com/cultura/2015/04/08/actualidad/1428519276_569961.html.

20 Idem.

21 TREBAY, G. "Planet Art". "[...] *an apparition with hooded blue eyes and a gray mane who wanders the grounds daily (his private house is nestled in its midst), a drink in one hand, the other clutching*

Retrato de Bernardo Paz

Logo após, alude à sua tendência a se aproximar de estrangeiros e acossá-los sem parar de falar em tom oracular, "como um maluco, o tipo de sujeito que poderia se encontrar numa ilha deserta...".[22] O jornalista destaca que, mesmo que no início, seus desvarios pareçam sem sentido, em seguida deixam entrever um visionário, um homem com a única obsessão de dedicar sua fortuna a um projeto cuja conclusão não viverá para ver: a ambição de transformar sua fazenda – "não demasiado grande num país onde os ricos possuem propriedades do tamanho de alguns estados norte-americanos – no maior jardim botânico do mundo".[23]

No maior jardim botânico do mundo, os caminhos lajeados de pedras enormes conduzem às galerias, aos pavilhões e às instalações nos jardins, a obras de artistas contemporâneos, como Matthew Barney, Chris Burden, Paul McCarthy, Cildo Meireles e Dóris Salcedo. Em uma colina, uma piscina, cuja borda de granito simula a de uma agenda telefônica, torna concreta a ironia de uma pequena aquarela de Jorge Macchi. A natureza da obra (e a vontade do colecionador) permite mergulhar nela, mas não só. Próximo da obra, há um vestiário confortável com duchas quentes e toalhas impecáveis.

Tudo em Inhotim: o museu, o jardim, a mata, o sertão, *el bosque, the jungle*, ou o que seja, está feito para proporcionar o mais puro e elegante prazer. Lugares de repouso e contemplação, amplos bancos entalhados em troncos gigantes, mesas e cadeiras confortáveis, redes estendidas, tudo parece convidar ao desfrute da arte ou da natureza. Nessa Arcádia tropical, parece que a dor e a morte foram, por fim, afastadas. Até os buracos deixados na paisagem pela mineração foram convenientemente cobertos pela vegetação, e nem no ponto mais alto do paraíso, lá onde *Beam Drop*

---

a Carlton Menthol or alternately fiddling with the straw from a container of the coconut juice that is evidently all he consumes". Disponível em: www.nytimes.com/2009/09/27/ t-magazine/travel/27brazilw.html.

22 Idem.

23 Idem.

de Chris Burden campeia como a última ação heroica da arte do século XX, divisam-se paisagens desoladas.

BEAM DROP INHOTIM

Beam Drop Inhotim é a recriação de uma obra de Chris Burden realizada originalmente em 1984 no Art Park, um parque de esculturas no estado de Nova York, e destruída três anos depois. *Beam Drop* (1984) foi uma instalação efêmera, da qual só resta hoje o vídeo que foi feito durante a execução. A escultura foi refeita duas vezes: *Beam Drop Inhotim* (2008) e *Beam Drop Antwerp* (2009).

Para o então curador de Inhotim, Rodrigo Moura,

> *Beam Drop*, acordada de uma hibernação de duas décadas, prometia trazer um ingrediente ainda mais explosivo ao que se planejava em Inhotim: uma escultura monumental que desafiava a própria monumentalidade da escultura por um processo de fabricação "errado" – fragmentado, voltado ao acaso, violento.[24]

Era o ano de 2008, e Burden, que nunca tinha cruzado a linha do equador, estava, de acordo com Moura, "curioso para ver o céu do hemisfério Sul". O entusiasmo de Moura nesse texto beira a ingenuidade. Nada poderia haver de "errado" nem de "voltado ao acaso" na instalação *Beam Drop*. Não era a primeira vez que Burden jogava, com ajuda de um guindaste de 45 metros de altura, vigas de aço em um grande poço cheio de terra e concreto fresco. Ele sabia que a peça, por um momento ativa, permitiria que o concreto aceitasse as vigas que se acomodariam nele flutuando, antes de solidificar. A violência e a aparente desordem da execução são significantes. Podemos associar a penetração das vigas no solo com a penetração da bala no braço de Burden, na ação *Shoot*, em 1971, mas o acúmulo aleatório de vigas de perfil I, elemento

---

24 Disponível em: www1.folha.uol.com.br/.../1629192-arquivo-aberto.

Montagem de *Beam Drop Inhotim*, Chris Burden, 2008

fundamental na construção da arquitetura corporativa, aponta para uma espécie de manifesto da antiarquitetura e da antiarquitetura-corporativa. A aposta no fracasso dessa arquitetura é flagrante quando evocamos as imagens dos destroços do World Trade Center e suas vigas retorcidas e desalinhadas.

Outra escultura de Burden, *Samson* (*Sansão*, 1983), abria a mostra da Galeria Lago, até pouco tempo atrás. *Samson* consiste em um macaco mecânico de cem toneladas, conectado a um sistema de transmissão e uma catraca. O macaco pressiona duas grandes vigas apoiadas contra as paredes da galeria. Para entrar no espaço expositivo, o visitante deve passar pela catraca que, a cada passagem, aciona quase imperceptivelmente o mecanismo do macaco. Se o número de visitantes for grande o suficiente, *Samson* poderá, teoricamente, provocar o colapso do edifício. "Sempre nos pareceu excitante começar o percurso de uma galeria e de um novo museu por uma escultura que potencialmente os destruiria."[25] Potencialmente, pois as engrenagens que o fariam estavam desabilitadas.

A instalação dessa peça desnuda não só as táticas de simulação que operam abertamente no sistema da arte atual, como, também, as operações contemporâneas de mediação que se destinam a aparar as arestas das obras que exibem conflitos.

O mesmo acontece com *Beam Drop*, que, tendo sido concebida e feita em Nova York, em 1984, foi refeita em Inhotim, em 2008, nos "fundos de uma fazenda desativada, no alto de uma montanha com ampla vista para a região, [que] fora terraplanada para criar o lugar da escultura, segundo desenhos precisos do artista".[26] A obra e o vídeo que registra a ação ganham significações diferentes nas duas versões. Em Nova York, a obra existe apenas na memória dos seus registros. Em Inhotim, na paisagem rural de Minas Gerais, a obra se constitui como um monumento de si mesma, um simulacro.

---

25 Idem.

26 Idem.

Qualquer referência à cidade, à antiarquitetura-corporativa, ao *dripping* de Pollock, ao corpo do artista em perigo, desaparece ante o monumento – ruína aparente – que, inexplicavelmente, domina a paisagem. Por isso, *Beam Drop* vive sem drama no ponto mais alto de Inhotim e serve de palco a atividades prazerosas ou lúdicas. Não raro vemos os visitantes usarem as vigas para fazer percussão ou como cenário de infinitas *selfies*. Como lembrar de ruínas e destruição nessa Arcádia simulada?

A COLEÇÃO

Os pavilhões de Inhotim, cuja aparência remete ao projeto, hoje em diluição, da arquitetura modernista brasileira, exibem trabalhos de artistas brasileiros consagrados, como Cildo Meireles, Hélio Oiticica, Lygia Pape e de outros mais jovens, como Alexandre da Cunha, Rivane Neuenschwander e Adriana Varejão, além de obras de artistas de renome internacional como Doug Aitken, Matthew Barney, Chris Burden, Janet Cardiff & George Bures Miller, Dan Graham, Dominique Gonzalez-Foerster, Dóris Salcedo, Jorge Macchi, Rirkrit Tiravanija e Yayoi Kusama, entre outros.

Os primeiros edifícios feitos em Inhotim, nos quais se exibia a coleção em exposições temporárias, seguiam todos, elegantemente, o modernismo genérico do escritório Arquitetos Associados. Nos últimos anos, os artistas, convidados a criar instalações permanentes, começaram a se envolver com seus próprios pavilhões. Um dos primeiros foi o Sonic Pavilion (2009), de Doug Aitken, outro foi o de Adriana Varejão.

O arquiteto e crítico de arquitetura Guilherme Wisnik destaca que o pavilhão Adriana Varejão, que apresenta uma espécie de experiência concentrada e solene da visita ao conjunto, mostra quanto a arquitetura pode ser capaz de potencializar a apreensão estética. Aparentemente encravada em um pendente natural, a caixa cega de concreto sem aberturas balança e equilibra-se sobre a praça de entrada, onde, cobrindo um espelho d'água azul que

Galeria Adriana Varejão, Arquiteto: Rodrigo Cerviño Lopez, 2008

provém do exuberante jardim externo no fundo do edifício, surge a escada que leva ao piso superior.

> Uma estudada *promenade architecturale*: a escada "boia", e a construção se comprime e levita à medida que a escalamos. Do outro lado, simultaneamente, o edifício é suspendido pela viga-empena do fundo, destacando-se do terreno por uma fresta corrida coberta por claraboia. Não se trata de exibicionismo técnico. O jogo entre peso e suspensão reforça o sentido de passagem, de retração e expansão.[27]

Dan Fox enxerga a persistência de um ambiente de ciência e ficção em Inhotim. Os pavilhões que hospedam as obras do fotó-

---

27 Cf. WISNIK, G. *Experiência concentrada*. Disponível em: www.editoramonolito.com.br/edicoes/04.

grafo Miguel Rio Branco, ou a cobertura geodésica da estrutura que abriga a escavadora coberta de terra que faz parte da obra *De lama, lâmina*, de Matthew Barney, lhe parecem destroços de naves espaciais ou domos abandonados como os de Buckminster Fuller. O autor declara, não sem ironia, que a pacífica, porém controlada tranquilidade do lugar, e ainda, a ideia da bilionária coleção de caríssimos trabalhos de arte ocultos em uma remota região do Brasil poderia ter saído diretamente de um filme de James Bond.

E conclui:

> Ao caminhar perto do edifício onde está instalado o *40 Part Motet* (2001), de Janet Cardiff, as tensões da obra *Spem in Alium* (1570), de Thomas Tallis, podiam podem ser ouvidas entre palmeiras e aráceas: esta justaposição de vida vegetal tropical e música renascentista, sem mencionar a natureza do projeto de Inhotim, pôs na minha mente o filme *Fitzcarraldo* (1982), de Werner Herzog – a história de um barão da borracha que tenta construir um teatro de Ópera na cidade peruana de Iquitos.[28]

A realidade está além do que o autor poderia imaginar, pois o teatro de ópera que aparece no filme é o Teatro Amazonas,[29] de Manaus. O edifício, de estilo eclético, foi inaugurado nessa cidade em 1896 e serviu de cenário a *Fitzcarraldo*. A observação sarcástica desmascara as opiniões da crítica hegemônica, que considera normalíssima a aquisição do Palazzo Grassi, em Veneza, para abrigar a coleção François-Henri Pinault.

Voltemos à ideia de paragem, que parece uma definição modesta para a esplêndida geografia de Inhotim, mas, entre os sen-

---

28 Disponível em: http://www.frieze.com/article/nature. Acessado em 14 nov 2017.

29 O material para o teto veio da Alsácia e a cúpula exterior está recoberta por 36 mil azulejos de cerâmica pintados nas cores da bandeira nacional. A mobília, estilo Luís XV, chegou de Paris. Da Itália, procede o mármore de Carrara para as escadas, estátuas e colunas. As paredes de aço foram pedidas à Inglaterra. O teatro conta com uma iluminação de 198 lustres, 32 deles de cristal de Murano. A grande tela, com sua pintura o *Encontro das águas*, foi realizada em Paris, por Crispim do Amaral. Os belos painéis que decoram os tetos foram pintados pelo artista italiano Domenico de Angelis.

tidos da palavra, existem dois que me interessam. O primeiro é o mais comum, lugar onde algo ou alguém pode ser encontrado, mas o outro – região marítima alcançável pela navegação – reforça perfeitamente a noção de ilha.

Onde a arte contemporânea pode ser encontrada nas Minas Gerais? Longe daqui, bem longe, na floresta, em uma ilha, no sertão, em outras paragens...

Queria terminar evocando Mário Pedrosa, que considerou o projeto da Pampulha "um capricho magnífico", comparável às loucuras dos príncipes absolutistas dos séculos XVII e XVIII, construído graças ao impulso experimentalista do "pequeno ditador local", Juscelino Kubitschek, então prefeito de Belo Horizonte.[30] Suponho que podemos também pensar em Inhotim como "um capricho magnífico". Não existiriam o Teatro Amazonas, nem Pampulha, nem Brasília, nem Inhotim sem esses ditadores locais, estadistas ou empresários, grandes ou pequenos, os que Mário Pedrosa temia tanto.

Texto originalmente publicado em: MALTA, *Marize;* NETO, *Maria João;* CAVALCANTI, *Ana;* OLIVEIRA, *Emerson Dionísio de;* COUTO, *Maria de Fátima M. (orgs.).* História da arte em coleções: modos de ver e exibir em Brasil e Portugal. *Rio de Janeiro: Faperj / Rio Book's, 2016.*

---

30 Cf. PEDROSA, M. *Introdução à arquitetura brasileira I*. In: *Dos murais de Portinari aos espaços de Brasília*. São Paulo: Perspectiva, 1981. pp. 321-336.

Referências bibliográficas

ABRIOUX, Yves. "El jardín como figura poética", *El Paseante*, Madri, n. 13, 1989, pp. 74-90.

ACHA, Juan. *Las culturas estéticas de América Latina*. Cidade do México: Universidad Nacional Autónoma de México, 1993.

ACHUGAR, Hugo. "Leones cazadores e historiadores, a propósito de las políticas da memoria y del conocimiento", *Revista Iberoamericana*, Pittsburgh, n. 180, jul-set 1997, pp. 379-390.

ADORNO, Theodor. *Teoría estética*. Madri: Taurus, 1980.

____. *Prismi – Saggi sulla critica della cultura*. Turim: Einaudi, 1972.

____; HORKHEIMER, Max. *Dialética do esclarecimento: fragmentos filosóficos*. Trad. Guido Antônio de Almeida. Rio de Janeiro: Jorge Zahar, 1985 / 1999.

AGAMBEN, Giorgio. *Desnudez*. Trad. Mercedes Ruvituso, María Teresa D'Meza, Cristina Sardoy. Buenos Aires: Adriana Hidalgo, 2011.

____. *Infância e história*. Trad. Enrique Burigo. Belo Horizonte: Editora UFMG, 2005.

____. *Lo que queda de Auschwitz – El arquivo y el testigo*. Homo Sacer III. Trad. Antonio Gimeno Cuspinera. Valência: Pre-textos, 2002.

____. *Profanaciones*. Trad. Flavia Costa e Edgardo Castro. Buenos Aires: Adriana Hidalgo, 2005.

AGUILAR, Gonzalo. "El combate tipográfico", *Syc*, Buenos Aires, n. 6, ago 1995, pp. 53-76.

ALBERTI, León Battista. *On Painting*. Trad., intro. e notas John R. Spencer. Avon: The Bath Press, 1966.

ALIGHIERI, Dante. *Divina Commedia*. Florença: La Nuova Italia, 1963.

ALTAMIRANO, Carlos (org.). *La Argentina en el siglo* XX. Buenos Aires: Ariel, 1999.

ANAYA, Jorge López. "El Absurdo y la Ficción en una Notable Muestra", *Diario La Nación*, Buenos Aires, 1 ago 1992.

ANDERSON, Benedict. *Comunidades imaginadas – Reflexiones sobre el origen y la difusión del nacionalismo.* Trad. Eduardo L. Suarez. Cidade do México: Fondo de Cultura Económica, 1993.

ANDRADE, Carlos Drummond. "Poema de sete faces". In: *Alguma prosa.* Belo Horizonte: Edições Pindorama, 1930.

ARANTES, Otília. *Mário Pedrosa: itinerário crítico.* São Paulo: Página Aberta, 1991.

ARDENNE, Paul. *Un art contextuel: création artistique en milieu urbain, en situation d'intervention, de participation.* Paris: Flammarion, 2004.

____. "Art et politique: ce que change l'art contextuel". Disponível em <http://www.lartmeme.cfwb.be/n0014/pages/page1.htm>.

____. "L'Art contextuel. Un entretien avec Paul Ardenne". Disponível em: http://esse.ca/en/dossier-lart-contextuel-un-entretien-avec-paul--ardenne. Acessado em 14 nov 2017.

ARENDT, Hannah. *Homens em tempos sombrios.* Trad. Denise Bottmann. São Paulo: Companhia de Bolso, 2000.

ARFUCH, Leonor. "Álbum de familia & Arte, memoria y archivo". In: *Memoria. Antología de Punto de Vista.* Buenos Aires: Punto de Vista / Libronauta, 2001.

ARGAN, Giulio Carlo. *L'arte moderna.* Florença: Sansoni, 1988.

AZIMI, Negar. "The Objects of the Exercise", *The New York Times*, 1 nov 2009.

BALLENT, Anahí. "'All about Eve' – Eva Perón y los equívocos de la biografía", *Punto de Vista*, Buenos Aires, n. 58, ago 1997.

BARR, Jr., *Prefácio.* In: JANIS, Sidney. *They Taught Themselves: American Primitive Painters of the 20th Century.* Nova York: MoMA, 1942 (reimpressão 1999).

BARTHES, Roland. *A câmara clara.* Trad. Júulio Castañón Guimarães. Rio de Janeiro: Nova Fronteira, 1984.

BASUALDO, Carlos. "Ejercicio de Lejanía". In: *The Racional Twist* (catálogo). Nova York: Apexart, 1996.

BAUDELAIRE, Charles. *Les fleurs du mal.* Digireads.com Publishing, 2015 (Kindle edition).

BENJAMIN, Walter. *Charles Baudelaire, um lírico no auge do capitalismo.* Obras escolhidas v. 3. São Paulo: Brasiliense, 1989.

____. *Diario de Moscú.* Buenos Aires: Taurus, 1990.

____. *Escritos: La literatura infantil, los niños y los jóvenes*. Trad. Juan J. Thomas. Buenos Aires: Nueva Visión, 1989.

____. *Magia e técnica, arte e política – Ensaios sobre literatura e história da cultura*. Obras escolhidas, v. 1. Trad. Sergio Paulo Rouanet. São Paulo: Brasiliense, 1986.

____. *Reflexiones sobre niños, juguetes, libros infantiles, jóvenes y educación*. Buenos Aires: Nueva Visión, 1974.

____. *Rua de mão única*. Obras escolhidas, v. 2. Trad. Rubens Rodrigues Torres Filho e José Carlos Martins Barbosa São Paulo: Brasiliense, 1993.

____. *Passagens*. BOLLE, Willi (org.). Trad. Irene Aron, Cleonice Paes Barreto Mourão. Belo Horizonte / São Paulo: Editora UFMG / Imprensa Oficial do Estado de São Paulo, 2006.

BERENSTEIN JACQUES, Paola. "Elogio aos errantes. Breve histórico das errâncias urbanas". Disponível em <http://www.vitruvius.com.br/arquitetos/arq000/elp256.asp. Acessado em 25 nov 2017.

BESHTY, Walead; SCHWAB, Eric. "Stumped", *Cabinet Magazine*, n. 20, Ruins, inverno 2005/06. Disponível em <http://www.cabinetmagazine.org/issues/20/beshty.php>. Acessado em 27 out 2007.

BIOY CASARES, Adolfo. *La invención de Morel*. Buenos Aires: Emecé, 1953.

BISHOP, Claire. "Antagonism and Relational Aesthetics", *October*, n. 110, outono 2004, pp. 55-71.

BLOM, Philipp. *Ter e manter – Uma história íntima de colecionadores e coleções*. Trad. Berilo Vargas. Rio de Janeiro: Record, 2003.

BORGES, Jorge Luis. "Buenos Aires", Revista *Sur*, n. 83, ago 1941.

____. *Obras completas*. Buenos Aires: Emecé, 1974.

____. *Obras completas*. Buenos Aires: Emecé, 1975.

____. *Obras completas*. 1923-1972. Buenos Aires: Emecé, 1981.

____. *Obras completas*. Tomo III – 1975-1985. Buenos Aires: Emecé, 1991.

BOURDIEU, Pierre. *Photography – A Middle-brow art*. Trad. Shaun Whiteside. Stanford: Stanford University Press, 2001.

BOURRIAUD, Nicolas. *Altermodern Manifesto*. Disponível em <http://www.tate.org.uk/whats-on/tate-britain/exhibition/altermodern/explainaltermodern/altermodern-explained-manifesto>. Acessado em 6 abr 2009.

____. *Estética relacional*. Buenos Aires: Adriana Hidalgo, 2006.

BOYM, Svetlana. "Ruinas de la vanguardia – De la torre de Tatlin a la arquitectura de papel", *Punto de Vista*, n. 88, ago 2007, pp. 20-27.

BRODSKY, Joseph. *Marca-d'água*. Trad. Julio Castañón Guimarães. São Paulo: Cosac Naify, 2006.

BRODSKY, Marcelo. *Nexo*. Buenos Aires: La Marca, 2001.

BROSSA, Joan. "Poemas objetos; el poeta prestidigitador", *El Paseante*, Madri, n.10, 1997.

BUCK-MORSS, Susan. *Dialéctica de la mirada*. Trad. Nora Robotnikof. Madri: Visor, 1995.

BUERGEL, Roger. *S/t*. Disponível em <www.documenta12.de/index.php?id=geschichte010&L>. Acessado em 14 out 2017.

BULHÕES GARCIA, Maria Amélia. *Artes plásticas: participação e distinção; Brasil anos 60/70*. São Paulo: Faculdade de Filosofia, Letras e Ciências Humanas da USP, 1990 (tese, doutorado em História Social).

BURUCÚA, José E. *Historia, arte e cultura. De Aby Warburg a Carlo Guinsburg*. Buenos Aires: Fondo de Cultura Económica, 2003.

____. "El señor de las imágenes – Entrevista a Martín Paz". Disponível em <www.pagina12.com.ar>.

____. "Después do Holocausto ¿qué?", *Ramona, Revista de Artes Visuales*, n. 24. Buenos Aires, Cooltour, 2002. Disponível em <www.cooltour.org/ramona>.

CALVINO, Italo. *Colección de arena*. Madri: Alianza Editorial, 1987.

____. *Le città invisibili*. Turim: Einaudi, 1972.

CAMPOS, Adalgisa Arantes. *Artistas populares de Belo Horizonte*. RIBEIRO, Marília Andrés; SILVA, Fernando Pedro da (orgs.). *Um século de História das artes plásticas em Belo Horizonte*. Belo Horizonte: C/Arte; Fundação João Pinheiro; Centro de Estudos Históricos e Culturais, 1997.

CAMPOS, Augusto de. *Balanço da bossa e outras bossas*. São Paulo: Perspectiva, 1978.

CAMPOS, Augusto de; PIGNATARI, Décio; CAMPOS, Haroldo de. *Teoria da poesia concreta; textos críticos e manifestos, 1950-1960*. São Paulo: Brasiliense, 1975.

CANCLINI, Néstor García. "Arte desurbanizado, desinstalaciones fronterizas", *Insite97* (catálogo). San Diego: Installation Galery, 1998.

____. *Culturas híbridas. Estratégias para entrar y salir de la modernidad.* Cidade do México: Grijalbo, 1989.

CANONGIA, Ligia (org.). *Artur Barrio.* São Paulo: Modo, 2002.

CERTEAU, Michel de *apud* VAN DER ABBEELE, Georges. *Travel as Metaphor: From Montaigne to Rousseau.* Minneapolis: University of Minnesota Press, 1992.

CHEVALIER, Jean; GHEERBRANT, Alain. *Dicionário de símbolos (mitos, sonhos, costumes, gestos, formas, figuras, cores, números).* 12ª ed. Rio de Janeiro: José Olympio, 1998.

CLARK, Lygia. *Lygia Clark.* Rio de Janeiro: Funarte / Instituto Nacional de Artes Plásticas, 1980.

CLARK, Lygia; OITICICA, Hélio. *Cartas: 1964-74.* Rio de Janeiro: UFRJ, 1996.

COGGINS, David. "Ai Weiwei's Humane Conceptualism", *Art in America*, set 2007.

COMPAGNON, Antoine. *O demônio da teoria – Literatura e senso comum.* Trad. Cleonice de Paes Barreto Mourão; Consuelo Fortes Santiago. Belo Horizonte: Editora UFMG, 2003.

CONSTANTINO, Nicola. "Épater le Bourgeois", *Página 12*, 9 nov 2008.

CORTÁZAR, Julio. *Rayuela.* Buenos Aires: Sudamericana, 1963.

CRIMP, Douglas. *In the museum ruins.* Cambridge: The MIT Press, 1995.

DAIBERT, Arlindo. *Caderno de escritos.* GUIMARÃES, Julio Castagñón (org). Rio de Janeiro: 7Letras, 1995.

DAVID, Catherine; CHEVRIER, Jean-François (orgs.). *Politics/poetics – documenta x: the book.* Ostdildern-Ruit: documenta / Cantz Verlag, 1997.

DE BRY, Theodore. "America Tertia pars". In: *Grands Voyages*, v. 3, Frankfurt, 1592.

DEBORD, Guy. *Commentari sulla società dello spettacolo* e *La società dello spettacolo.* Milão: Sugarco, 1990.

____. *Panegírico.* Trad. Edison Cardoni. São Paulo: Conrad Editora do Brasil, 2002.

DELEUZE, Gilles e GUATTARI, Félix. *Kafka – Por uma literatura menor.* Trad. Julio Castañón Guimarães. Rio de Janeiro: Imago, 1977.

DERRIDA, Jacques. *Mal de archivo: una impresión freudiana.* Madri: Trotta, 1997.

DIAS-PINO, Wladimir. *Processo: linguagem e comunicação.* Petrópolis: Vozes, 1971.

DIDI-HUBERMAN, Georges. *Ante el tiempo – Historia del arte y anacronismo de las imágenes*. Trad. Antonio Oviedo. Buenos Aires: Adriana Hidalgo, 2006.

____. *Fra Angelico – Dissemblance and Figuration*. Chicago: The University of Chicago Press, 1995.

____. *Ninfa moderna – Essai sur le drapé tombé*. Paris: Gallimard, 2002.

DUJOVNE ORTIZ, Alicia. *Eva Perón – La Biografía*. Buenos Aires: Aguilar, 1995.

DURAND, Gilbert. *A imaginação simbólica*. Lisboa: Martins Fontes, 1986.

FALGUIÈRES, Patricia. "Merzar el mundo". In: *United Nations Miniatura* (catálogo). Málaga: CAC Málaga, set-nov 2003.

FARGE, Arlette. (com Michel Foucault). *Le désordre des familles – Lettres de cachet des Archives de la Bastille*. Col. Archives. Paris: Gallimard, 1982.

FAVARETTO, Lara. *I Momentary Monument (The Swamp)*. Berlim: Archive Books, 2010.

FEINMANN, José Pablo. "Si ella viviera, hoy sería piquetera", *El Clarín Digital*, Suplemento Especial, 12 out 2004.

FERREIRA, Gloria; MELLO, Cecília Cotrim de. *Clement Greenberg e o debate crítico*. Rio de Janeiro: Funarte / Jorge Zahar, 1997.

FINLAY, Ian Hamilton. "Entrevista a Nicholas Zurbrugg", *Art & Design Magazine*, Londres, n. 45, 1995, pp. 47-55.

FOSTER, Hal. *An Arquival Impulse*. In: MEREWHETHER, Charles. *The Archive, Documents in Contemporary Art*. Cambridge: The MIT Press, 2006.

____. *Design and Crime (and other diatribes)*. Londres: Verso, 2002.

____. *The Return of the Real; the avant-garde at the end of the century*. Cambridge: The Mit Press, 1996.

____. *Recodificação, arte, espetáculo, política cultural*. Trad. Duda Machado. São Paulo: Casa Editora Paulista, 1996.

FOUCAULT, Michel. *A arqueologia do saber*. Rio de Janeiro: Forense Universitária, 2008.

____. "Fantasia of the library", *Cahiers Renaud-Barrault*, n.59, 1967.

____. *As palavras e as coisas*. Rio de Janeiro: Nova Fronteira, 1981.

____. "Posfácio a Flaubert (*A tentação de Santo Antão*)". In: *Estética: literatura e pintura, música e cinema*. Rio de Janeiro: Forense Universitária, 2006.

____. *O que é um autor?* Lisboa: Vega, 1992.

FREITAS, Verlaine. *Adorno & a arte contemporânea*. Rio de Janeiro: Jorge Zahar, 2003.

GABLIK, Suzi. *The Reenchantment of Art*. Nova York: Thames and Hudson, 1991.

GALFARSORO, Imanol. "From subaltern silence to diasporic voices: the language of double consciousness". Disponível em: <http://criticalstew.org/?author=2&paged=2>. Acessado em 14 out 2017.

GARAICOA, Carlos. *S/t*. Acessado em 15 nov 2007 e disponível em http://www.universes-in-universe.de/car/documenta/11/brau/s-garaicoa.htm.

GARCÍA MÁRQUEZ, Gabriel. *Cien años de soledad*. Buenos Aires: Sudamericana, 1970.

GASPARI, Elio; HOLLANDA, Heloísa Buarque de; VENTURA, Zuenir. *70/80 Cultura em trânsito: da repressão à abertura*. Rio de Janeiro: Aeroplano, 2000.

GIBERTI, Eva. "Memoria Activa", *Página 12*, dez 1992. Disponível em <http://spot.net.ar/evagiberti/articulos>.

GIUNTA, Andrea. "Polémicas entorno a las imágenes de Eva Perón". Disponível em <http://www.agenciapacourondo.com.ar/cultura/polemicas--en-torno-las-imagenes-de-eva-peron-por-andrea-giunta>. Acessado em 14 out 2017.

GORELIK, Adrián. "Tentativas de compreender uma cidade moderna", *Revista Block*, n.4, 1999. p. 62.

____. "Politicas de representación urbana: el momento situacionista", *Punto de Vista*, n. 86, Buenos Aires, dez 2006, pp. 23-30.

GRÖBER, Karl. *Children's Toys of Bygone Days: A History of Playthings of all Peoples from Prehistoric Times to the Nineteenth Century*. Londres: Batsford, 1928.

GUMPERT, Lynn. *Christian Boltanski*. Paris: Flammarion, 1994.

HALLEY, Peter. "Notes on Abstraction", *Arts Magazine*, Nova York, v. 61, jun/verão 1987. Disponível em <http://www.peterhalley.com. Acessado em 29 ago 2007.

HOLLANDA, Heloísa Buarque de. *Impressões de viagem: CPC, vanguarda e desbunde: 1960/1970*. Rio de Janeiro: Aeroplano, 2004.

HOLSTON, James. *The Modernist City*. Chicago: The University of Chicago Press, 1989.

HUG, Alfons. *Revendo Brasília* (catálogo). Brasília: Goethe Institut / Fundação Athos Bulcão, 1995.

HUGHES, Robert. *The Shock of the New: Art and the Century of Change*. Londres: Thames and Hudson, 1991.

HUIDOBRO, Vicente. *Poesía y prosa; antología*. Madri: Aguilar, 1957.

HUYSSEN, Andreas. "El Parque de la Memoria – Una glosa desde lejos". In: *Memoria – Antología Punto de Vista*. Buenos Aires: Libronauta, 2001.

____. *Seduzidos pela memória*. Rio de Janeiro: Aeroplano, 2000.

ITAÚ CULTURAL. "Hélio Oiticica". Disponível em: <http://enciclopedia.itaucultural.org.br/pessoa48/helio-oiticica>.

JAPPE, Anselm. "O 'fim da arte' segundo Theodor W. Adorno e Guy Debord". Disponível em <http://www.krisis.org/1995/sic-transit-gloria-artis-portugues>. Acessado em 14 out 2017.

JULIÃO, Letícia. "Colecionismo Mineiro". In: *Colecionismo Mineiro* (catálogo) Belo Horizonte: Museu Mineiro, 2002.

KALLIR, Jane. "European Self-Taught Art: Brut or Naïve?", Exhibition essay, 18 jan a 11 mar 2000 (Nova York: Galerie St. Etienne, 2000) [s.n.].

KANTOROWICZ, Ernst H. *Os dois corpos do rei: um estudo sobre teologia política medieval*. Trad. Cid Knipel Moreira. São Paulo: Companhia das Letras, 1998.

KIMMELMAN, Michael. "Out of Minimalism, Monuments to Memory", *The New York Times*, 13 jan 2002. Disponível em <http://www.nytimes.com>.

KRISTEVA, Julia. *Estrangeiros para nós mesmos*. Trad. Maria Carlota Carvalho Gomes. Rio de Janeiro: Rocco, 1994.

____. *Poderes de la perversión*. Buenos Aires: Siglo XXI, 1988.

KUBLER, George. *La forma del tempo*. Turim: Einaudi, 1989.

LAGNADO, Lisette. *Leonilson são tantas as verdades*. São Paulo: Pancrom / Sesi, 1995.

LÉVI-STRAUSS, Claude. *Tristes trópicos*. Buenos Aires: Eudeba, 1970.

______; ERIBON, Didier. *De perto e de longe*. Trad. Léa Mello e Julieta Leite. São Paulo: Cosac & Naify, 2005.

LIMA, Marisa Alvarez. *Marginália: arte e cultura na "Idade da Pedrada"*. Rio de Janeiro: Salamandra, 1996.

LISPECTOR, Clarice. *A descoberta do mundo*. São Paulo: Nova Fronteira, 1986.

____. *Água viva*. São Paulo: Círculo do Livro, 1973.

LYOTARD, Jean-François. "Los judíos", *Confines*, Buenos Aires, La Marca / UBA, ano I, n. I, 1995.

MACCHI, Jorge. Texto para o catálogo da exposição El Final del Eclipse. Madri: Fundación Telefónica, set 2001.

MALRAUX, André. *Les voix du silence*. Paris: La Galerie de la Pléiade, 1956.

MANGONE, Carlos; WARLEY, Jorge. *El manifiesto; un género entre el arte y la política*. Buenos Aires: Biblos, 1994.

MANUEL, Antonio. *Antonio Manuel*. Rio de Janeiro: Funarte / Instituto Nacional de Artes Plásticas, 1984.

MARIN, Louis. *Calligram; essays in the new art history from France*. Londres: Norman Brysson, 1988.

MARTÍNEZ, Tomás Eloy. *Santa Evita*. Buenos Aires: Planeta, 1995.

MARX, Ursulla *et alii* (orgs.). *Walter Benjamin's Archive, Images, Texts, Signs*. Londres / Nova York: Verso, 2002.

MEIRELES, Cildo. *Cildo Meireles* (catálogo). Valencia: IVAM Centre del Carme, 2 fev a 23 abr 1995.

MEREWHETHER, C. *The Archive. Documents in Contemporary Art*. Cambridge: The MIT Press, 2006.

MIGNOLO, Walter D. *The darker side of the Renaissance – Literacy, territoriality, and colonization*. Ann Arbor: The University of Michigan Press, 1995.

MORAIS, Frederico. *Opinião 65: Ciclo de Exposições sobre Arte no Rio de Janeiro*. (catálogo). Rio de Janeiro: Galeria de Arte Banerj, ago 1990.

____. 1ª Bienal de Artes Visuais do Mercosul (catálogo geral). Porto Alegre: Fundação Bienal de Artes Visuais do Mercosul, 1997.

____. *Panorama das artes plásticas; séculos* XIX *e* XX. São Paulo: ICI, 1990.

NASCIMENTO, Carolina Vieira de. *Exposição ficcionada, entre A invenção de Morel e o Inhotim*. Dissertação de mestrado, Programa de Pós-Graduação em Artes, EBA, UFMG.

NAVA, Pedro. *Baú de ossos* – Memória I. Rio de Janeiro: Livraria José Olympio Editora, 1974.

NEWMAN, Marisa. "Chess Players Stripped Bare by the Scientists". Disponível em <http://archive.rhizome.org/exhibition/ars99/12.html>.

OITICICA, Hélio. "Tropicália". In: *Hélio Oiticica* (catálogo). Barcelona: Fundació Antoni Tapies, 1992.

PADÍN, Clemente. "Paralengua, la otra poesia; los quiebres en la tradición poética argentina del siglo XX", *Graffiti*, Montevidéu, v. 6, n. 55, ago 1955, pp. 22-28.

____. "Paralengua, la ohtra poesía", 24 abr 2017. Disponível em http://eksperimentaskribo.blogspot.com.br/2017/04/paralengua-la-ohtra-poesia-clemente.html.

PAMUK, Orhan. *El Museo de la Inocencia*. Barcelona: Mondadori, 2009.

PANOFSKY, Erwin. *Significado nas artes visuais*. Trad. Maria Clara Kneese e J. Guinsburg. São Paulo: Perspectiva, 1976.

PEDROSA, Mario. *Arte, forma e personalidade*. São Paulo: Kairós, 1979.

____. *Arte, necessidade vital*. Rio de Janeiro: Casa do Estudante do Brasil, 1949.

____. "Conversa". In: *Antonio Manuel*. Rio de Janeiro: Funarte / Instituto Nacional de Artes Plásticas, 1984, p. 16.

____. *Dos murais de Portinari aos espaços de Brasília*. In: AMARAL, Aracy (org.). São Paulo: Perspectiva, 1981. (Publicado originalmente no *Correio da Manhã*, a 26 jun 1966.)

____. *Forma e percepção estética*. ARANTES, Otília Fiori (org.). São Paulo: Edusp, 1997.

____. *Política das artes*. In: Textos escolhidos I. São Paulo: Edusp, 1995.

PERNIOLA, Mario. *L'arte e la sua ombra*. Turim: Einaudi, 2000.

____. *Pensando o ritual: Sexualidade, morte, mundo*. Trad. Maria do Rosário Toschi. São Paulo: Livros Studio Nobel, 2000.

PERÓN, Eva. *La razón de mi vida*. Buenos Aires: Peuser, 1951.

PHOTIUS, Biblioteca sine Myriobiblion.Transcrito por Roger Pearse, Ipswich, Reino Unido, p. 1.

PONTUAL, Roberto. *Entre dois séculos; arte brasileira do século* XX *na Coleção Gilberto Chateaubriand*. Rio de Janeiro: JB, 1987.

PORTER, Liliana. *Drum solo*, 2000. Música de Sylvia Meyer. Disponível em http://vimeo.com/149803291.

RAMA, Ángel. *La ciudad letrada*. Hanôver: Edições do Norte, 1984.

RAMÍREZ, Mari-Carmen (org.). *Blue-print circuits: conceptual art and politics in Latin America*. Nova York: Museum of Modern Art, s. d. (mimeo.)

____. *El Taller Torres-García; the School of South and its legacy*. Austin: University of Texas Press, 1992.

RENNÓ, Rosângela. *Rosângela Rennó*. São Paulo: Edusp, 1997.

RETAMAR, Roberto Fernández. *Martí*. Montevidéu: Marcha, 1970.

RICHARD, Nelly. *Intervenções críticas. Arte, cultura, gênero e política*. Trad. Rômulo Monte Alto. Belo Horizonte: UFMG, 2002.

____. "Memoria, fotografía y desaparición: drama y tramas", *Punto de Vista*, n.68, Buenos Aires, dez. 2000.

ROSSI, Cristina *et alii*. *Concurso de esculturas "Parque de la Memoria"*. Buenos Aires: Eudeba / Comisión Monumento a las víctimas del terrorismo de Estado, 2000, p. 250.

SAID, Edward W. *Representations of the Intellectual*. Londres: The 1993 Reith Lectures, 1994.

SANTIAGO, Silviano. *Nas malhas da letra: ensaios*. São Paulo: Companhia das Letras, 1989.

SANTORO, Daniel. *Manual del niño peronista*. Buenos Aires: La Marca, 2002.

SANTOS, Lucília Morais. "A Coleção Luiz de Souza Lima". In: *Arte do Marfim* (catálogo). Rio de Janeiro: Centro Cultural Banco do Brasil, 1993.

SARLO, Beatriz. *La pasión y la excepción*. Buenos Aires: Siglo XXI, 2003.

SCARPA, Carlo. "Base for the 'Partigiana' by Augusto Murer". Disponível em <http://www.mimoa.nl/projects/Italy/Venice>.

SCHAFFNER, Ingrid. "Cursive", *The Parkett Series with Contemporary Artists*, n. 42, 1994.

SCHOLEM, Gershom. *Walter Benjamin y su ángel*. Trad. Ricardo Ibarlucía y Laura Carugati. Buenos Aires: Fondo de Cultura Económica, 1998.

SCHWARZ, Roberto. *Sequências brasileiras*. São Paulo: Companhia das Letras, 1999.

SEGA, Maria Teresa. "Passaggi di memoria. Le donne, la Resistenza, la storia", *Venetica. Rivista di Storia Contemporanea*, 2005. Disponível em www.italia-liberazione.it/ita/doc/Passaggi di memoria.doc

SHOLETTE, Gregory. "Fidelidad, traición y autonomía: Dentro y más allá del museo de arte de la posguerra fría". Disponível em <http://republicart.net/disc/institution/sholette01_es.htm>. Acessado em 14 out 2017.

SILVA, Armando. *Álbum de família – La imagen de nosotros mismos*. Colômbia: Norma, 1998.

SILVEIRA, Nise da. *Imagens do inconsciente*. Rio de Janeiro, Alhambra, 1981.

SILVESTRI, Graciela. "El arte en los límites de la representación", *Punto de Vista*, n. 68, Buenos Aires, dez 2000.

SILVESTRI, Gabriela. "La presencia del ausente. Problemas de la representación pública en las artes plásticas". Disponível em http://pt.scribd.com/document/327613531/silvestri-Gabriela-la-Presencia-Del-Ausente.

SIMMEL, Georg. "La rovina", *Rivista di Estética*, n. 8, 1981.

SPINELLI, Italo; VENUTI, Roberto. *Mnemosyne. L'Atlante della memoria de Aby Warburg*. Siena: Artemide, 1998.

STEWART, Susan. *On longing*. Durham: Duke University Press, 1993.

TERÁN, Oscar. "Tiempos de memória", *Punto de Vista*, n. 68, Buenos Aires, dez 2000.

THÉVOZ, Michel. *L'art brut*. Genebra: Éditions d'Art Albert Skira, 1980.

TORRES-GARCÍA, Joaquim. *Torres-García y 10 artistas del Taller* (catálogo), abr-mai 1997, Buenos Aires: Galería Ruth Benzacar, 1997.

TREBAY, Guy. "Planet art". Disponível em <www.nytimes.com/2009/09/27/t-magazine/travel/27brazilw.html

VERZOTTI, Giorgio "Lara Favaretto", *ArtForum*. Acessado em 21 out 2009. Disponível em <http://findarticles.com/p/articles/mi_m0268/is_9_42/ai_n6081703>.

VEZZETTI, Hugo. "El cuerpo de Eva Perón", *Punto de Vista*, n. 58, Buenos Aires, ago 1997.

____. "La memoria nos involucra", *Página 12*, 8 jul 1999. Disponível em <https://www.pagina12.com.ar/1999/suple/psico/99-07/99-07-08/psico01.htm>.

VICH, Víctor. "Desobediencia simbólica. Performance y política al final de la dictadura fujimorista". Disponível em <http://biblioteca.clacso.edu.ar/clacso/gt/20100918085432/4vich.pdf>.

VIGO, Edgardo-Antonio. *Anteproyecto de proyecto de un pretendido panorama abarcativo*. Buenos Aires: Fundación San Telmo, 1991.

____. "De la poesía/proceso a la poesía y/o a realizar", *Diagonal Cero*, La Plata, n. 6, 1970, pp. 9-13.

VIRILIO, Paul. *A bomba informática*. Trad. Luciano Vieira Machado. São Paulo: Estação Liberdade, 1999.

WARBURG, Aby. *La rinascita del paganesimo antigo. Contributi alla storia della cultura*. Florença: La Nuova Italia, 1987.

WISNIK, Guilherme. "Experiência concentrada". Disponível em www.editoramonolito.com.br/edicoes/04.

WITKIN, Joel-Peter. *Joel-Peter Witkin*. Coleção Photo Poche. Introd. Eugenia Parry Janis. Paris: Centre National de la Photographie, 1991, s. n.

SITES

http://ccwf.cc.utexas.edu/~ifki311/softbomb/zapart.html

http://spot.net.ar/evagiberti/articulos

http://www.frieze.com/issue/article/on-nature/4/7

http://www.itaucultural.org.br/aplicexternas/enciclopedia/ho

http://www.librosmalditos.com/files/libros_pele_humana.php

http://www.memoriaabierta.org.ar/vestigios

http://www.nytimes.com/indexes/2009/09/27/style/t/index.html#pagewanted=1&pageName=27brazilw&

http://www.pianostreet.com/blog/video-picks/john-cage-suite-for-toy-piano-4723/

http://www.pobresdiablos.com.ar/

http://www.universes-in-universe.de/car/venezia/bien50/survival/s-calle.htm

http://cultura.elpais.com/cultura/2015/04/08/actualidad/1428519276_569961.html

http://www.ccel.org/p/pearse/morefathers/photius_03bibliotheca.htm

Agradecimentos

Em primeiro lugar, agradeço aos meus alunos, integrantes do grupo de pesquisa "Estratégias da arte em uma era de catástrofes", que começou em 1999, num cubículo sem janelas, na Escola Guignard da UEMG, e continua até hoje na Escola de Belas Artes da UFMG. Durante todos esses anos, nos enriquecemos mutuamente com leituras e discussões estimulantes. Posso dizer que a iniciativa de publicar meus textos num livro, à qual eu inicialmente relutava, foi de Clara Albinati e Alexis Azevedo, aos quais agradeço muito.

Tenho uma dívida de gratidão imensa com os amigos do Centro de Investigações Estéticas da Universidad Nacional Autónoma de México (Unam), do Centro Argentino de Investigadores de Arte (Caia), da Universidad de Buenos Aires (UBA) e da Universidad Nacional de San Martín (Unsam), pois foi com eles que comecei a debater sobre arte latino-americana e seus problemas na contemporaneidade. *Gracias*: Cuauhtémoc Medina, Rita Eder e Deborah Dorotinsky. *Gracias*: Silvia Dolinko, Mariana Marchesi, Maria Isabel Baldasarre, María Amalia Garcia, Fabiana Serviddio, Gonzalo Aguilar, Laura Malosetti, Andrea Giunta e Ana Longoni. *Gracias*: José Emilio Burucúa, querido Gastón, amigo da juventude felizmente reencontrado nos mesmos claustros tanto tempo depois.

No Brasil, o Comitê Brasileiro de História da Arte (CBHA) me proporcionou um valioso espaço de intercâmbio e debate. Obrigada: Maria de Fátima Morethy Couto, Dária Jaremtchuk, Maria Amélia Bulhões, Maria Lúcia Bastos Kern, Blanca Brites, Sheila Cabo Geraldo, Maraliz Christo, Tadeu Chiarelli e aos demais companheiros.

Obrigada a Isabel Diegues e a toda a equipe da Editora Cobogó.

Agradeço, também, à Fapemig, que me outorgou em diversas oportunidades apoios inestimáveis, tanto através do Programa Pesquisador Mineiro quanto na forma de bolsas de apoio técnico, iniciação científica e de organização de eventos; à Capes e ao CNPq, que de diversos modos apoiaram minhas pesquisas.

À Fundação Municipal de Cultura, pela viabilização desta publicação.

Um agradecimento especial a Eduardo de Jesus, por sua cuidadosa leitura dos originais que compõem este livro e por sua sensibilidade, seu entusiasmo e sua dedicação na organização deste.

Aos meus mui queridos amigos: Dora Salas, Luiz Henrique Horta, Francisco Magalhães, Thiers Matos, Rosângela Rennó, Paulo Schmidt, Sebastião Miguel, Alicia Duarte Penna, Leonardo Castriota, Lincoln Volpini e Adriano Gomide. A Marilá Dardot, Lais Myrrha, Sara Ramo, Cinthia Marcelle, João Castilho, Paulo Nazareth, Júlia Rebouças, Inês Linke, Juliana Mafra, Erika Machado, Fabíola Tasca, Guilherme Machado, Janaína Melo, Melissa Rocha, Hélio Nunes, Jairo dos Santos, Gladston Costa e Bárbara Ahouagi.

A Nino Andrés, Paula Lena e Mauro Bruno, meus filhos, que conseguiram viver em meio ao *cheiro dos livros desesperados*, a Flávia e Ana, e a meus netos, León, Félix e Irene.

CRÉDITOS FOTOGRÁFICOS

pp. 32, 46, 49, 51, 54, 69, 253, 256, 266, 270, 274, 361: Maria Angélica Melendi
p. 27: Association Marcel Duchamp / AUTVIS, Brasil, 2017
p. 91: Garden Visit (www.gardenvisit.com/gardens/little_sparta_garden) e The Junket (www.thejunket.org/2012/10/issue-five/three-notes-in-scotland/)
p. 100: Eric Hanson (in: www.sandiegoreader.com/news/1995/apr/06/disobedience-exile/#)
p. 122: Desdémone Bardin
p. 137: Lincoln Volpini
pp. 143, 145: Pinélides Aristóbulo Fusco
p. 188: Gustavo Lowry
pp. 204, 205: Marcelo Brodsky
p. 213: Reprodução feita do livro *Walter Benjamin's Archive, Images, Texts, Signs.* Londres / Nova York: Verso, 2002.
p. 297: Flávio Lamenha
p. 314: cortesia das artistas
p. 318, 337: Lais Myrrha; cortesia da artista
p. 320: cortesia grupo GAC
p. 326: Sávio Reale
pp. 328, 330: cortesia grupo Poro
pp. 347, 350: Luiz Henrique Vieira
p. 348: Inês Gomes
p. 355: Daniel Mansur
p. 371: Edouard Fraipont
p. 376 Marcelo Coelho
p. 384: Alexis Azevedo
p. 386: Nino Andrés
p. 389: Bruno Magalhães
p. 392: Marcelo Coelho

ACERVOS E COLEÇÕES

p. 28: Museo Torres-García, Montevidé
pp. 118, 175-177, 226, 371: Rosângela Rennó, acervo da artista
p. 122: © César e Claudio Oiticica
p. 138: acervo do artista
pp. 143, 145: Subsecretaría de Informaciones de La República Argentina
p. 152: Museo Bicentenário, Buenos Aire
p. 188: acervo do artista
pp. 204, 205: acervo do artista
p. 250: Colección de Arte Amalia Lacroze de Fortabat, Puerto Madero, Buenos Aires
p. 297: MaMam
p. 326: acervo do artista
pp. 347, 348, 350, 355: Museu Mineiro, Belo Horizonte
p. 361: Museo de La Memoria
p. 366: www.memoriaabierta.org.ar
p. 376, 389, 392: cortesia Instituto Inhotim

EDITORA-CHEFE Isabel Diegues
ORGANIZAÇÃO Eduardo Antonio de Jesus
IDEALIZAÇÃO, COORDENAÇÃO GERAL E PRODUÇÃO Alexis Azevedo
COORDENAÇÃO EDITORIAL Julia Barbosa
PRODUÇÃO EDITORIAL Natalie Lima
GERENTE DE PRODUÇÃO Melina Bial
ASSISTENTE DE PRODUÇÃO Maria Isabel Iorio
REVISÃO FINAL Eduardo Carneiro
FOTO DE CAPA Nino Andrés
PROJETO GRÁFICO Flávia Castanheira

Nesta edição, foi respeitado o Acordo Ortográfico da
Língua Portuguesa de 1990, que entrou em vigor no Brasil em 2009.

CIP-BRASIL. CATALOGAÇÃO NA PUBLICAÇÃO
SINDICATO NACIONAL DOS EDITORES DE LIVROS, RJ

M467e
Melendi, Maria Angélica [1945-]
Estratégias da arte em uma era de catástrofes /
Maria Angélica Melendi
1ª ed. – Rio de Janeiro: Cobogó, 2017.
416 p., 77 ils.
Inclui bibliografia

ISBN 978-85-5591-042-5

1. Artes. 2. Memória. I. Título.

17-45684 CDD: 709
CDU: 7.036

27/10/2017 30/10/2017

Editora de Livros Cobogó Ltda.
Rua Jardim Botânico, 635/406
Rio de Janeiro – RJ – 22470-050
www.cobogo.com.br

Este livro é realizado com recursos da Lei Municipal de Incentivo à Cultura.
Fundação Municipal de Cultura. Projeto: 488/2014

2017

1ª impressão
Este livro foi composto em
Amalia e Trade Gothic e
impresso pela gráfica Santa Marta
em papel pólen soft 70 g/m²